JN113507

航路を守れ

STAY THE COURSE

バンガードとインデックス革命の物語

The Story of Vanguard and the Index Revolution

ジョン・C・ボーグル

JOHN C. BOGLE

石塚順子 訳

幻戯書房

航路を守れ

バンガードとインデックス革命の物語

ジョン・C・ボーグル

石塚順子 訳

STAY THE COURSE: The Story of the Vanguard and the Index Revolution
by John C. Bogle

This translation published under license with
the original publisher John Wiley & Sons, Inc.
through The English Agency(Japan)Ltd.

著者について

アメリカの投資家に最も貢献した人間の像を立てるとしたら、ジャック〔著者の愛称〕・ボーグルに決まっている。

――ウォーレン・バフェット（バークシャー・ハサウェイ会長）

ジャック・ボーグルはキャリアを通じて、孤独な因習打破主義者から有名なロックスターのような存在になった。彼が着想して発展させたインデックス・ファンドは、個人投資家や機関投資家の世界を一変させた。ジャックのおかげで、多くの投資家がインデックス・ファンドを購入している。

――デイビッド・スウェンセン（イェール大学最高投資責任者）

ジャック・ボーグルは金融にとって、印刷におけるグーテンベルグ、自動車におけるヘンリー・フォード、英語におけるシェイクスピアと並ぶ存在だ。

――ウィリアム・J・バーンスタイン（『The Investor's Manifesto: Preparing for Prosperity, Armageddon, and Everything in Between』著者）

今から百年後の歴史に残る投資家は、ウォーレン・バフェットとジャック・ボーグルの二人しかいないだろう。本と言えば、バフェットのバイブルともいえるベン・グレアムの『賢明なる投資家』と、ジャック・ボーグルの著作全部だろう。キツネに満ちた投資の世界で、ジャックだけは断固たるハリネズミのままでいる。

——スティーブ・ガルブレイス（キンドレッド・キャピタル業務執行社員）

ジャック・ボーグルは全世界の投資家に、金融市場の歴史に残る誰よりも、見識と金融における当たり前の良識を示した。

——アーサー・レビット（米国証券取引委員会元委員長）

ジャック・ボーグルは金融界で最も明晰な人のひとりだ。

——ナシーム・N・タレブ博士（『Black Swan（ブラック・スワン）』著者）

本書への賛辞

バンガードを作ることのできた人間は一人しかいないし、この本を書くことができた人間も一人しかいない。両方をしてくれたジャックに感謝したい。一般の投資家にはずっとやりやすくなった。その経緯を是非読んでほしい。

――クリフォード・アスネス（AQRキャピタル・マネジメントLLC共同経営者・創設者）

ジャック・ボーグルは、個人投資家のために、地球上の誰よりも多くのことを成し遂げてくれた。彼は大きな影響力を持つ洞察と、不屈の粘り強さによりミューチュアルファンド業界に革命を起こし、永続的な改善を果たした。

私にとっての彼の偉大さは、何よりもまず、あらゆる人にとっての素晴らしい教師であろうとする情熱にある。選び抜かれた言葉に、投資というテーマを七〇年近く厳しく問い続けたボーグルの鋭い思考と考え抜かれた見識が常に反映されている。

――ジム・コリンズ（『Good to Great（ビジョナリー・カンパニー2）』著者、『Built to Last（ビジョナリー・カンパニー）』共著者）

金融を民主化した人の思考と動機へのバックステージパスのようなこの本を手にできることは滅多にない特権だといえる。ジャック・ボーグルは、誰よりも、何百万人もの投資家の生活を向上させ、私たちが航路を守り続けられるように、貯めた資金を最低限のコストで投資できるようにしてくれた。これ以上は思いつけないほどの重要な物語を、ジャックは見事に伝えてくれている。

——アンドリュー・W・ロー（マサチューセッツ工科大学チャールズ・EおよびスーザンT・ハリス講座教授、『Adaptive Markets（適応的市場仮説　危機の時代の金融常識）』著者）

ジャック・ボーグル、使命を帯びた男。

私は長い間、ウォール・ストリートの支配層に、市場と連動する実用的で経済的な手段を、個人投資家や機関投資家に提供させることなど、無理な相談だと思っていた。

ボーグルの全部で一二冊の著作は核心をついている。最も鋭敏な投資家であっても、毎年市場平均を上回り続けることは非常にまれである。報酬は高く、アクティブな売買にはコストがかかるので、やってみるにはお金がかかりすぎた。

ジャック・ボーグルは勝ち、「インデックス運用」は投資分野をほぼ独占している。これは、恵まれない家庭で育った強い決意を持った少年が、ボーディングスクールとプリンストンを経て、投資界の権力者たちや生まれつき弱かった心臓と戦って勝ち抜き、投資の世界で成功した物語であり、ジャックの告別の辞といえる。

『航路を守れ』は、あらゆる物事に広い観点を与えてくれる。戦いの勝ち負けや公私にかかわらず、より大きな責務——家族、大小のコミュニティ、国——以上に大切なものはない。

——ポール・A・ボルカー（元連邦準備制度理事会議長［一九七九～八七年］、『Keeping at It（ボルカー回顧録）』著者）

献辞

私の人生を形作ってくれた素晴らしい人々に捧ぐ。

祖先、家族、先生方やメンターとなってくれた方々、長いキャリアの間私を助けてくれた同僚たち、私にやる気を起こさせてくれた（そして、サラリーを払ってくれた）バンガードの投資家の皆様、すべての友人たちに。

九〇歳を迎えるにあたって

もうすぐ九〇歳になろうとしているが、今でも、スコットランド人のハリー・ラウダー卿（一八七〇～一九五〇年）〔歌手・コメディアン〕の熱烈なアドバイス〔次頁。同題曲の歌詞〕は守ろうとしている。

Keep Right on to the End of the Road（最後まで進み続けよ）

Every road through life is a long, long road,（人生の道はとても長い）
Filled with joys and sorrows too,（悲しみと喜びに満ちている）
As you journey on how your heart will yearn（旅の途中で、心は）
For things most dear to you.（大切なものを請い求めるだろう）
With wealth and love 'tis so,（愛と富によって）
But onward we must go.（だが私たちは進み続けなくてはならない）

With a big stout heart to a long steep hill,（長く急な坂も勇敢に越え）
We may get there with a smile,（微笑みながら到達するのだ）
With a good kind thought and an end in view,（善良で親切な思いと目的があれば）
We may cut short many a mile.（何マイルも縮められるかもしれない）
So let courage every day（だから常に勇気を）
Be your guiding star always.（導き星にして）

Keep right on to the end of the road,（最後まで進み続けよ）
Keep right on to the end,
Though the way be long, let your heart be strong,（道は長いが、心を強く持ち）
Keep right on round the bend.（峠を越してまっすぐに進め）
Though you're tired and weary still journey on,（疲れ果てても進み続けよ）
Till you come to your happy abode,（幸せな家にたどり着くまで）
Where all the love you've been dreaming of
Will be there at the end of the road.（道の終わりに、夢見ていた愛を見出すことができるだろう）

本書について

本書は、私のキャリアがどう始まったか、どうして突然中断されたか、キャリアの再開後に何が起こったかについて書いたものであり、独創性やイノベーション、勝利や敗北、笑いや涙、全くの偶然や純然たる幸運、高い価値観への献身、決意、頑固さ、強情さについて語っている。どれも、直接、あるいは従業員貯蓄制度を通じて、懸命に暮らす人々に、単純に金融市場への投資から得られるリターンの公平な分け前を提供することによって、大小すべての投資家に奉仕するためだ。

これはまた、革命の物語でもある。火炎瓶を投げる過激派が出てくるわけではない。出てくるのはたった一人、インデックス・ミューチュアルファンドと呼ばれる、金融の世界を根本的に変えるアイデアを持った男である。このアイデアはミーム、あるいは宗派のように広がっている。これが、バンガードが指揮するインデックス革命である。

思い当たる限り、私は「航路を守れ（ステイ・ザ・コース）」という言葉を、投資家に対し、株式市場の毎日のから騒ぎに振り回されることなく、長期保有をするよう促すために使ってきた。『航路を守れ』とは、バンガードを構築し、長期的なビジネス戦略を堅持し、逆境や敵（結局は私たちの台頭を阻止することはできなかったが）を克服した時の私のモットーでもある。

本書の内容

第Ⅰ部は本書の中心である。「バンガードの物語」は、ブレア・アカデミーやプリンストン大学で過ごした日々から、ウェリントン・マネジメント・カンパニーでの下積み時代、トップ就任から失脚まで、そして私のキャリアを救うことになった、一九七四年のバンガードの設立と、その直後一九七五年のインデックス・ファンドの創設に至るまで、おおよそ時系列に沿って記述している。バンガードのミューチュアル構造とインデックス戦略は慣習を破り、相まってバンガードを世界最大のミューチュアルファンド複合体の地位に押し上げた。

それまでの間に、たくさんの「転機」が訪れた。いずれも、バンガードの最初の骨組みを、今日の、同業他社と平等な条件で競争することが可能な、ファンドの管理、マーケティング・販売、投資運用を行う完全なファンド複合体に変容させるために必要な転機だった。これらの変容がなければ、バンガードは、今日のパワフルなインデックス・ファンド業界に広がる価格競争に加わることはできなかっただろう。

第Ⅱ部では、ウェリントン・ファンド、各インデックス・ファンド、ウィンザーやプライムキャップのファンドや債券ファンド等、バンガードの主要ファンドの歴史を詳しく述べる。

第Ⅲ部「投資運用の将来」では、将来の投資運用について述べ、今後私が予見するいくつかの大きな変化について考察する。

第Ⅳ部「思い出」は、金融のテーマを離れ、人生や私が尽力した組織についての回想、特別な思い出のある忘れられない引用文などについて書いている（少し変わった形で）。

『航路を守れ　バンガードとインデックス革命の物語』は、投資家や金融史家、あらゆるタイプの起業家、ビジネス関係者、研究者、学生、そしてハッピーエンドで終わる面白い物語が好きな読者なら誰でも、興味を持ってもらえると思う。

正確さの追求

私がバンガードとインデックス革命についての物語を書いたのは、一つには私自身がこれを実際にリードしたからであり、もう一つには、私の他には、バンガードの設立以来の長い歴史をすべて知っている人間がもうこの世にはいないからである。できる限り客観的になるよう、これまで取ってきた記録を参照しながら、ファイルや記憶に基づいて事実に忠実であるように努めたが（読者には疑う権利がある）、一次資料は参照できていない。

私は、バンガードの会長職にあった時代のミューチュアルファンドの議事録を見せてほしいと頼んだが、バンガードの取締役会によって拒否されてしまった。この不可解な拒否にあって、本を書くのを止めることもできたが、結局、航路を守って、独力でやり抜くことにした。

本書の刊行に当たっては、多くの人から協力（マイケル・ノーラン、エミリー・スナイダー、キャシー・ヤンカー）や編集上の意見（クリフ・アスネス、アンドリュー・キャッセル、アンドリュー・クラーク、レイフ・サガリン、ビル・ファルーン、そして特に、モニー・ハードウィックとスーザン・セラ）を得た。この機会を借りて、一人ひとりに感謝したい。

最後になるが、『航路を守れ』は、私自身の率直で確固たる意見を表したものであり、必ずしもバンガードの現経営陣の意見ではないことをお断りしておく。

楽しんで（エンジョイ）ほしい！

JCB

二〇一八年九月一日

目次

第Ⅱ部　バンガードのファンド

第Ⅲ部　投資運用の将来

本文中の（　）および［　］内の記述は原著による補足を、〔　〕および訳注は訳者・編集部による補足を示す。

序文

バートン・G・マルキール

バンガードという、比類なき金融機関の重要な歴史を物語るこの本の序文を書かせていただくことを光栄に思う。「ミューチュアル（相互的）」を謳う会社の多くは、名ばかりのものだ。ジャック・ボーグルが作ったバンガードは、資金を委託した投資家のみを念頭に置いて、真にミューチュアルな運営をしている。「利益」は、報酬の減額という形でオーナー（投資家）に還元され、新しい投資商品は、投資家にとっての真の利益が約束されている場合にのみ、組成することが認められる。

私は、二八年間バンガードの取締役を務めたので、取締役会に提出された方針案はすべて、「個人投資家にとって良い方針かどうか」という単純な基準を適用して可決されてきたと断言できる。ジャック・ボーグルが、「個人投資家がこれまで得た中で最高の親友」と呼ばれるのも当然だろう。ジャックに対する感想で、私が最も気に入っているのは、ボーグルヘッドと呼ばれる、ボーグルの投資アイデアを広めようとする信奉者たちのグループによるものだ――「ミューチュアルファンドの創設者の中には何百万ドルも稼ぐことを選んだ者がいる一方で、「ジャックはバンガードを作り」変化を起こすことを選んだ」。

どれだけ大きな変化だったか。高い報酬を課すことで知られている業界で、バンガードの報酬は常に最も低い。また、このファンド複合体は、スケールメリットがあれば投資家に分配し、徐々に報酬を下げることを目的として運営されてきた。ジャックは自らの研究により、報酬が投資パフォーマンスの重要な決定因であることを明らかにした。パフォーマンスが上位四分の一に入るミューチュアルファンドが欲しいなら、報酬が下位四分の一のファンドを買えば、一番その可能性が高まる。まさにジャックが言ったように、「払わなかっただけのものが得られるビジネス」なのだ。

だが、報酬の引き下げは、バンガードが商業的に成功し、運用資産が五兆ドルを超えた理由の一つに過ぎない。

バンガードはまた、様々に目的が異なり、状況も異なる投資家の需要に合うように、数えきれないほどの新しい金融商品を市場にもたらしたという意味でも、非常に革新的であった。

短期、中期、長期と、満期の異なる三種類の非課税債券ファンドを取り扱い始めたのは、バンガードが最初であり、またこのアイデアはその後、課税対象ファンドにも拡大された。総合債券市場インデックス・ファンドも、総合的な債券と総合的な株式の両方を保有するバランス型インデックス・ファンドも、生みの親はバンガードである。また、常にコストを下げることを追求して、「アドミラル」ファンドのシリーズも生み出した。一九九二年には、今では人気の投資手法となった、ファクター投資の先駆けである最初の「バリュー」ファンドを発売している。

これらのイノベーションよりもさらに輝かしいのは、一般投資家向けのインデックス・ファンドを初めて提供したことだろう。私自身は、このインデックス・ファンドこそ、個人投資家のために生み出された中で最も重要な金融イノベーションだと思う。

金融イノベーションは、考案者すらよく理解しておらず、格付会社や投資家にも間違いなく誤解されている金融工学や、複雑なデリバティブ商品と結びつけられることが多く、過小評価されがちである。その悪影響に苦しんだのは、不運な投資家や過酷な損失を被った世界の金融機関に限られない。複雑なモーゲージ担保証券の存在も、巨大な不動産バブルに拍車をかけた。バブルが破綻すると、厳しい不況が続き、反動で世界の金融システム全体が実質的に停止してしまった。この種の金融テクノロジーが憎悪されるのは当たり前で、過去一世紀の間になされた金融イノベーションで、価値があるのはＡＴＭ機だけだといった意見が多いのも当然だ。

すべての金融イノベーションが社会に恩恵をもたらしたわけではないし、実際、有害なものもある。だが、新しい金融商品のすべてに、まったく、あるいはほとんどメリットがないと決めつけるのは大きな間違いだ。私は、インデックス・ファンドは間違いなく、私たちの時代で最も重要な金融イノベーションだと思うし、退職後、安心して暮らすために貯金し投資している個人投資家には、明らかに、大きなメリットをもたらしていると思う。

単純に、広範な株式市場指数の銘柄を購入して保有するインデックス・ファンドは、市場で生み出される収益率を投資家に保証する。売買回転率が少ないので、売買コストが最小限に抑えられ、税務効率にも非常に優れている。

インデックス・ミューチュアルファンドと上場ファンド〔ETF〕は、ほぼ経費率ゼロで購入できるので、個人投資家も初めて、市場で生じる収益をフルに得られるようになった。

スタンダード&プアーズの調査によれば、二〇一七年末までの一五年間、アクティブ運用ファンドの九〇%以上が、ベンチマーク指数をアンダーパフォームしており、アクティブファンドは平均で、対象指数を年間一ポイントも下回っている。投資家がインデックス・ファンドから得られるのは、平均的なパフォーマンスではなく上位一〇分位のリターンである。インデックス・ファンドは、貯めた資金を投資して可能な限り最大のリターンを得るには、理想的な手段である。

ジャック・ボーグルが「ファースト・インデックス・インベストメント・トラスト」〔現バンガード500インデックス・ファンド〕を作った時、投資業界は嘲笑で迎え、「ボーグルの愚行」や、「失敗する運命にある」、「アメリカらしくない」などと酷評された。このファンドや姉妹ファンドのトータル株式市場ファンドが世界の二大ミューチュアルファンドになるとは、ジャック自身も予想していなかった。

だが、ジャックには、自分のイノベーションが一般投資家に公平な機会を与えること、また、バンガードという組織をあくまでも、資金を委託した投資家の利益のためにのみ運営することで、人々が経済的な安定を得る能力を根本的に変えられる確信があった。

あまり資産のない人が、一九七七年末のスタート時に、バンガード500インデックス・ファンドに五〇〇ドル投資して、以後毎月、一〇〇ドルずつ追加したとする。次の表が、二〇一七年末までの結果である。少額の投資でも、資金が七五万ドルに増えたことが分かる。もし、月一五〇ドル

図表：バンガード５００インデックスにドルコスト平均法で投資した場合

年度（12 月 31 日時点）	累積投資の総額	取得した投資口の総価値
1978	$1,600	$1,669
1979	2,800	3,274
1980	4,000	5,755
1981	5,200	6,630
1982	6,400	9,487
1983	7,600	12,783
1984	8,800	14,864
1985	10,000	20,905
1986	11,200	25,935
1987	12,400	28,221
1988	13,600	34,079
1989	14,800	46,126
1990	16,000	45,803
1991	17,200	61,010
1992	18,400	66,817
1993	19,600	74,687
1994	20,800	76,779
1995	22,000	106,944
1996	23,200	132,768
1997	24,400	178,217
1998	25,600	230,619
1999	26,800	280,565
2000	28,000	256,271
2001	29,200	226,622
2002	30,400	177,503
2003	31,600	229,524
2004	32,800	255,479

年度（12月31日時点）	累積投資の総額	取得した投資口の総価値
2005	34,000	268,933
2006	35,200	312,318
2007	36,400	330,350
2008	37,600	208,941
2009	38,800	265,756
2010	40,000	306,756
2011	41,200	313,981
2012	42,400	364,932
2013	43,600	483,743
2014	44,800	550,388
2015	46,000	558,467
2016	47,200	625,764
2017	48,400	762,690

出典：バンガード

投資していたなら、百万ドルに達していただろう。インデックス・ファンドが「投資家の親友」、ジャックが「ファンド業界に名誉をもたらす投資家の最大の擁護者」と言われるのも不思議はない。

二〇一六年、投資家はアクティブ運用型ミューチュアルファンドから三四〇〇億ドルの資金を引き上げる一方で、五〇〇〇億ドル以上をインデックス・ファンドに投資しているが、この傾向は一七年と一八年にも続いている。現在、投資資金の四五％以上がインデックス運用されており、ファンド業界は完全に様変わりしている。

アクティブ運用会社は最早、優れた投資結果を謳うことができなくなったために、インデックス運用は株式市場と経済一般の両方に重大な危機をもたらすとし、改めてインデックス運用を批判し反撃している。

ウォール・ストリートで最も定評ある調査機関の一つである、サンフォード・C・バーンスタインは、二〇一六年に、「農奴制に向かう静かな道　パッシブ投資がマルクス主義よりも悪い理由」と題する四七ページの報告書を発表した。この報告書は、投資家が資本主義市場システムにおいてインデックス・ファンドへのパッシブ投資を行うことは、政府が資本投資をすべて指示する中央計画経済よりも悪いと主張している。インデックス運用は、収益性や成長機会等を考慮することなく、一連の投資に資金を流入させるものであり、新しい情報を株価に正しく反映させるのはアクティブ運用会社である、とする。

誰もがインデックス・ファンドのみに投資したら、インデックス運用が巨大に成長し過ぎて、株価の大幅なミスプライシングが発生することになるのだろうか？　誰もがインデックス運用をするとしたら、各企業の見通しについての情報をすべて株価に反映させるようにするのは誰なのか？　市場が十分に効率的であるように、株を売買するのは誰なのか？

インデックス運用のパラドックスは、「投資家が株式市場で売買するには、株価が効率的に設定され、十分な流動性が確保されるように、新しい情報を分析し、それに基づいて行動するアクティブなトレーダーが必要だ」という点にある。アクティブ投資家はこの点で、証券の価格や資本の配分を決定する上で重要な役割を果たしているのである。

アクティブ運用会社は、多額の運用報酬を請求することにより、この機能を果たすインセンティブを得ている。しかし、「自分たちには平均を上回る洞察力があるから、市場を上回ることができる」と主張して彼らはサービスを売り込み続けるだろうが、ギャリソン・キーラが創作したレイク・ウォビゴンの人々〔平均以上の住人ばかりが住む架空の町〕とは違って、常に平均を上回る市場リターンを達成することはできない。もし、アクティブ運用会社の割合が、全体の一〇〜五％程度に減ったとしても、情報を市場価格に反映させるには十分だろう。今でも、アクティブ運用は少ないどころか、多過ぎるくらいだ。

思考実験として、誰もがインデックス運用をして、各銘柄の株価に新しい情報が反映されないと仮定してみよう。製薬会社が新しいガン治療薬を発明して、売上や収益が倍増するはずであるにもかかわらず、ニュースが反映されず、株価が上昇しないとしよう。資本主義システムでは、必ず、何らかのトレーダーやヘッジファンドが現れて、株価を競り上げ、ミスプライシングから利益を得ようとするはずである。自由市場システムでは、インデックス運用を行う投資家の数に関わらず、利益を追求する市場参加者が、有利なアービトラージの機会を活用すると予想される。

実際のところ、指数にアウトパフォームされるアクティブ運用会社の割合は、時間と共に増えていることが証拠から示されている。インデックス運用の成長にもかかわらず、株式市場の効率性は減るどころか、増している。グラフにデータを示す。

実線はインデックス運用の経時成長を示し、インデックス運用されている株式ファンドの比率を測定したものである。点線は、スタンダード＆プアーズの１５００ベンチマーク指数にアウトパフォームされたアクティブ運用型株式ファンドの割合である。ここに示したデータは、二〇一八年のＳ＆Ｐレポートから引用した三年平均で、二〇一七年末までのアクティブ運用会社のパフォーマンスと指数のリターンを比較した。時間の経過とともに、広範なＳ＆Ｐ１５００指数をアウトパフォ

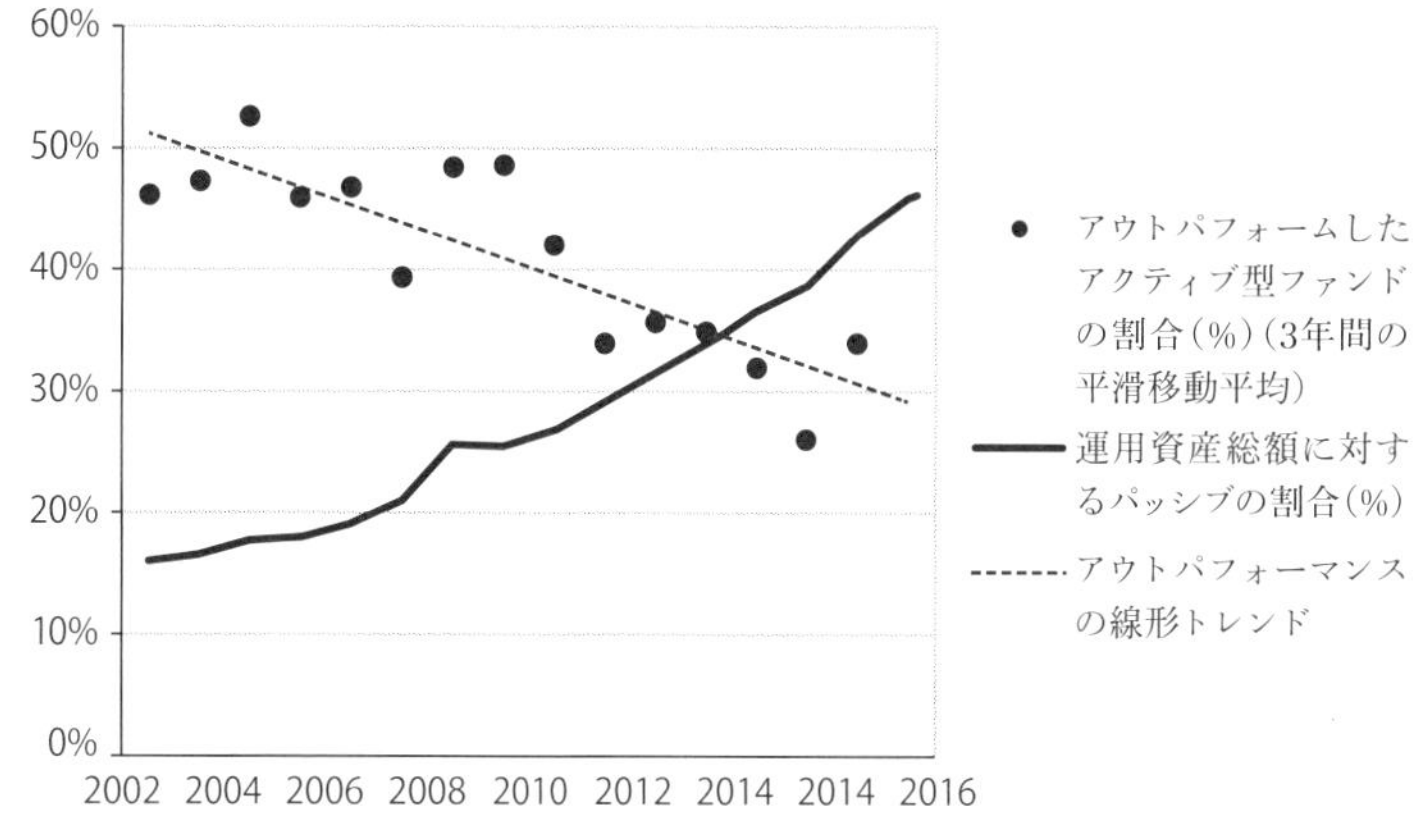

出典：ストラテジック・インサイトおよびS&P SPIVA報告書（2018年3月）

ームしたファンドの比率が減る一方で、パッシブ運用されるファンドの比率が増えたことが明らかに分かる。

インデックス投資家はコストを負担せずにアクティブな売買から生じる利益を享受しているのだから、タダ乗りしているようなものであることは間違いない。だが、他者が示した価格シグナルにタダ乗りすることは、資本主義の欠陥とはいえず、システムの本質的な特徴である。自由市場経済では、誰もが、他者が決定した市場価格に依拠することによって利益を得る。

インデックス運用に対するもう一つの批判は、「ロックフェラー・トラストの時代以降見られることがなかった不健全な所有権の集中を生み出してきた」というものである。二件の学術論文と、法律評論誌、販売部数の多い雑誌の論説が、「一社が一業界の複数銘柄を保有すると、望ましくない競争制限効果を生じさせる恐れがあり、経済全体の損失を防ぐための改善措置が必要になる」という仮説を立てている。[*1]

エイザー／シュマルツ／テキューは、株式の共通所有は、競争のインセンティブを損なうと主張する。例えば、ある資産運用会社が全航空会社の最大株主となれば、その運用会社は、業界のすべての会社のマージンを減らすことになるような激しい運賃競争を望まないだろうとし、航空業界における所有権の集中の経時的な変化が、競争制限的なインセンティブと結びつき、所有権が分かれている場合よりも、運賃が三～五％高くなっていると主張する。

エルヘイグは、規制当局も、民間の原告の弁護士も、水平株式所有を行う機関投資家に対して反トラスト訴訟を起こすべきだと提案している。

ポスナー他は、機関投資家が複数の企業の株式を所有する場合には、業界の株式持ち分全体の一％以下に制限すべきだと提案する。これらの対応策のいずれも、バンガードのような会社が投資家にインデックス・ファンドを提供する能力に致命的な打撃を与えることになるだろう。

株式の共通所有が競争制限効果を生み出し得るという主張はもっともらしく思える。だが実際には、この仕組みが価格を高騰させることを示す直接的な証拠は全くない、という点に注意すべきである。また、競争阻害を実証的に論じるだけでは、こうした対応策の裏付けとして到底十分とはいえない。低コストのインデックス・ファンドが利用できなくなった場合に生じる害については、一切検討されていないのである。

長年バンガードの取締役を務めた私の経験から言えば、反競争的行為を助長させるような議決がなされたことは一度もない。単純に、業界の大手企業の株式を共通所有することにより、ブラックロックやステート・ストリート等、他の大手インデックス運用会社においても、反競争的行為が実際に促されたという証拠はないし、それはインデックス運用会社の利益にもならない。

同じ投資会社が、市場すべての大企業の普通株のかなりの部分を支配しているとする。もしかすると、結束して航空会社に値上げさせれば、保有する航空銘柄には有利かもしれない。しかし一方では、保有ポートフォリオにある、出張に飛行機を使う他の会社のコストは上がる。だとすれば、インデックス・ファンドには、ある業界を他の業界よりも優遇するインセンティブはないことになる。実際、インデックス・ファンドは経営陣に、絶対的ではなく相対的なパフォーマンスに基づく報酬システムを採用するよう働きかけており、あらゆる業界の企業間で、激しい競争を明示的に促してきたのである。

インデックス・ファンドは、個人投資家に多大な利益をもたらしている。競争やスケールメリットにより、広範なインデックス・ファンドのコストをほぼゼロにしてきた。人々は今、以前よりもずっと、効率的に退職後の生活に備えることができるようになった。バンガードが先駆けとなったインデックス運用は、何百万人もの投資家の投資経験を変容させ、分散ポートフォリオの構築を可能にする効率的な手段を提供することにより、退職後の資金の備蓄をはじめとする投資目的を達成させてきた。社会にとっては明らかに有益である。

優れた公共政策において、各世帯が長期的な財務目標を達成する能力を妨げる可能性のある包括的な対策を検討する時には、あらゆるステークホルダーの利益を考慮することが必要となる。史上最も消費者に配慮しているイノベーションがもたらす利益と、仮定のコストを比較して検討すれば、最終的にどちらが有利かは明白だろう。もし機関投資家による相互所有が競争制限につながると証明されたとしても、バンガードのような組織を破壊する要件の追求は、最後の方策とすべきである。

＊1　T. F. Bresnahan and S. C. Salop, "Quantifying the Competitive Effects of Production Joint Ventures," International Journal of Industrial Organizations 4, no. 2(1986): 155–175; J. Azar, M. C. Schmalz, and I.Tecu, "Anti-Competitive Effects of Common Ownership," Competition Policy International 1, no.3 (2016); E. Elhauge, "Horizontal Shareholding," Harvard Law Review 129 (March 10, 2016): 1267–1317; and E. Posner, F. S. Morton, and G.Weyl, "A Monopoly Trump Can Pop," New York Times, December 7, 2016.

第I部　バンガードの物語

第1章　一九七四年

——予言

一九七四年七月、私は米国投資信託協会で理事長、また二期にわたり会長を務めている間に知己を得た友人たちに会うため、ロサンゼルスのアメリカン・ファンズの本部へと出向いた。同ファンド創設者の息子であり、当時トップであったジョン・ラブレスがその場にやって来て、緊急の問題があるので私と話したい、と言った。ジョンは誠実で自立し、見識に富む人物として知られていたので、彼と話すのは望むところであった。

ただ、同社への訪問後にはディナーミーティングの予定が入っていて、翌朝には七時半の飛行機でフィラデルフィアに戻らねばならないと告げると、ジョンは「構わないよ、ロサンゼルス国際空港のブレックファストルームのカウンターで六時に会おう」と答えた。

私が着いた時には、ジョンはもうカウンターに座っていた。簡単な挨拶を交わすとすぐ、本題を切り出した。

「君は、ファンドの出資者が所有する、真にミューチュアルな構造の新しいミューチュアルファンド複合体を創設しようとしていると聞いたが」

私は、その通りです、そういう会社を作りたいと思っていますと答えた。控えめに言って、ジョンは、嬉しそうには見えなかった。「完全にミューチュアルな構造を作ったら、業界をぶち壊す(デストロイ)ことになるぞ」と厳しい言葉で言われたことを、今でもそのまま覚えている。

四〇年以上経った今になって、彼が確かに、重要なことに気づいていたと分かる。あの悲観的予測を「今我々が知っている業界をぶち壊すことになるぞ」と修正すれば、正しい予言だったといえるだろう。

構造と戦略

確かに、一九七四年には、誰も想像できなかった。ひどい下げ相場が底にあった時に創設された新興の会社が、あらゆる困難を克服して、かろうじて生き残るどころか、最終的にはミューチュアルファンド業界を席巻するようになるとは。そのミューチュアル構造（ファンドの出資者が所有し、「実費」ベースで運営される）はそれまで、誰も試したことはなかった。

われわれの取締役たちは、すでに失敗した実績のある外部の投資顧問会社に委託することを強要した。当社はポートフォリオ運用や株式の割当をすることは禁じられていたので、役割は始めのうち、ファンド管理に限定されていた。そして私たちは、投資顧問に依存しない株式ポートフォリオという、前例のない戦略に将来を賭けようとしていた。

これだけでも相当な負担なのに、**バンガード**というまったく新しい社名でスタートすることになっていた。

この新しい組織は、自社の出資者のために高い利益を挙げようとする外部の運用会社ではなく、

図表 1.1 バンガードのミューチュアル構造と伝統的な企業構造との比較

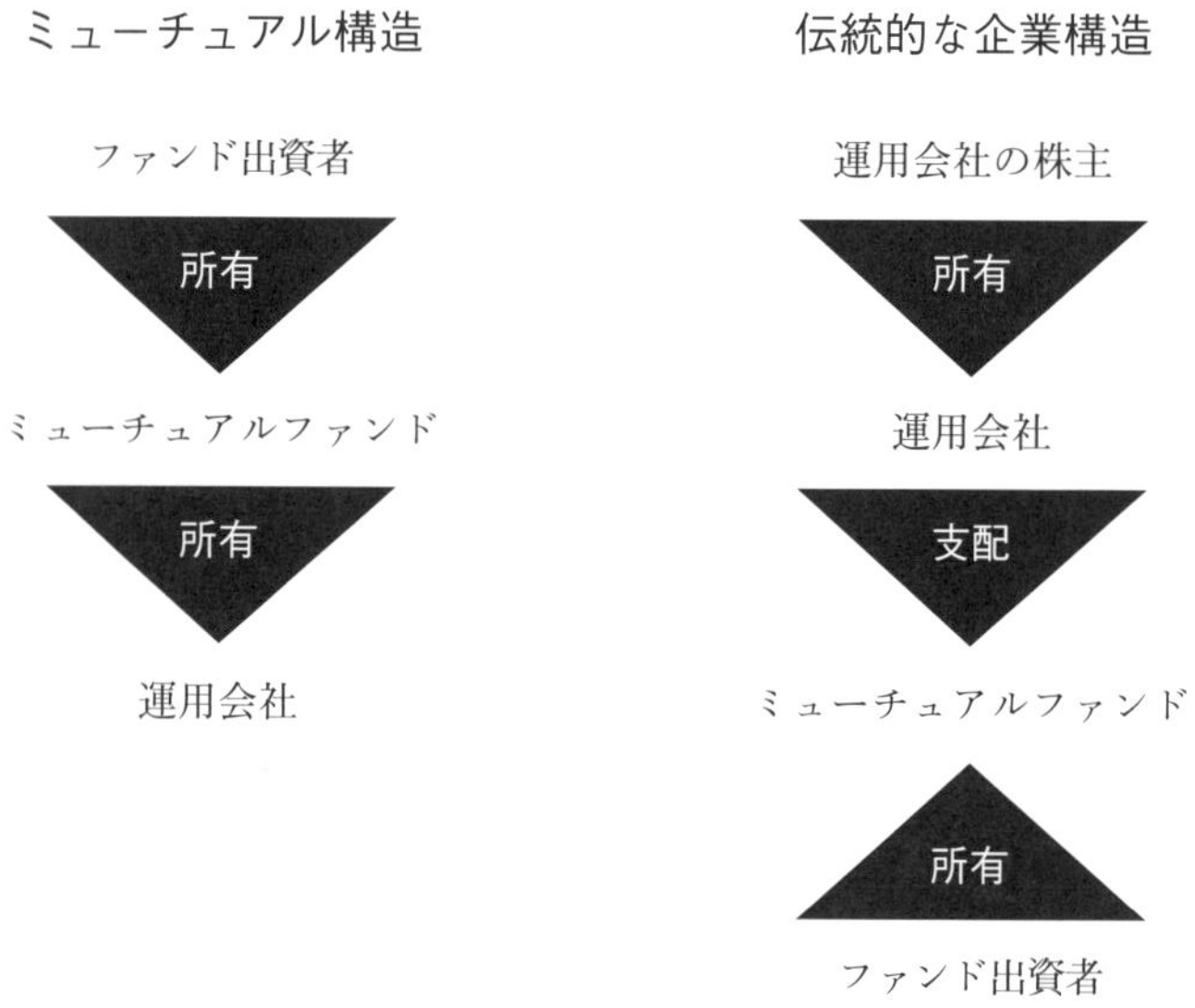

ミューチュアル構造

ファンド出資者

所有

ミューチュアルファンド

所有

運用会社

伝統的な企業構造

運用会社の株主

所有

運用会社

支配

ミューチュアルファンド

所有

ファンド出資者

ファンド自体、そして究極的にはファンドの出資者によって「実費」ベースで運用される、世界初の（そして今日でも、唯一の）ミューチュアルなファンド組織になる予定だった。

私たちはこれを、ミューチュアルファンドのガバナンスにおける「バンガード・エクスペリメント」と呼んだ。バンガードのミューチュアル構造が、業界の他の（文字通り）すべての会社が取っている従来の形態とはどのように異なっているか、参考のために示す[訳注]（図表1・1参照）。

訳注　投資信託には、日本で一般的な「契約型」と、アメリカで一般的な「会社型」がある。また会社型には「オープンエンド型」と「クローズエンド型」があり（四六頁参照）、会社型・オープンエンド型の投資信託の形態が「ミューチュアルファンド」と呼ばれる。この場合、一九四〇年投資会社法に基づき、運用を目的として設立された投資会社（ファンド）の株式を買うかたちで出資者は投資する。

二〇一八年――実現された予言

それに続く十年間、バンガードの名前が（その独自の形態と、世界初のインデックス・ミューチュアルファンドの創設を中心とする前例のない戦略と共に）、当時の我々が知るミューチュアルファンド業界の本質を変えてしまったことは間違いない。

それは創造的破壊とか、破壊的イノベーションといえるかもしれない。単に幸運だったのかもしれない。私自身のキャリアを救うためにやったことだ、と言われたこともある（少しは当たっている）。しかしそれは何よりも、ちょうどよいタイミングで、良い影響を及ぼす力になった、といえるだろう。時間が経つにつれて、投資界は、「投資家全体が得る利益は、コストが差し引かれなければ、市場全体の利益とまったく同じである」という根本的な真実に気づいてしまった。

したがって、コストが差し引かれれば、投資家が得る利益は市場の利益を下回る。「ミューチュアルファンドを利用している一億世帯が、全体として金融市場で得る取り分を最大化する唯一の方法は、コストを最小化することだ」という事実に反論の余地はない。一七七六年のアメリカ独立宣言の言葉を借りれば、「我々はこの真理を自明のものと信じる」。バンガードは、投資コストの引き下げにおいてリーダー的役割を果たし、最終的には世界で最も低いコストでミューチュアルファンドを提供する会社となった。

バンガード——投資家のコストを削減

一九七四年の創設以来、バンガードは投資コストの引き下げに力を注いできた。その結果、現在バンガードは巨大企業となり、全世界約二〇〇〇万人の顧客のために、五兆ドル以上〔二〇一八年時点〕を運用している。これは、規模にして第二位・第三位の競合先二社を足してもそれを上回る。

バンガードの長期ミューチュアルファンド資産は現在、かつて他の三社が業界で達成していた最高値である一五％の二倍近いほぼ二五％のシェアを誇り、過去五年間、業界全体に対するネットキャッシュフローのシェアも六五％と、史上最高である。

バンガードは一般投資家からも目覚ましい支持を得ており、近年、投資家による運用委託額は一営業日当たりほぼ一〇億ドルと、これも業界で他に類を見ない。

インデックス戦略は、ミューチュアル構造に従う

バンガードはなぜ、市場で受け入れられたのか？　バンガードの成長が、ジョン・ラブレスがあれほど懸念していたミューチュアル構造と、それに伴う戦略に根差しているのは間違いない。主に、ミューチュアル構造によって生じる最低限のコストのおかげで、バンガードのファンドが投資家／所有者のために挙げた長期リターンは、業界トップクラスになることが多い。設立後の波乱に満ちた、不確かな数年間には、このように受け入れられるとは想像もできなかった。実際、当初は八三カ月間連続で資金を流出させてしまったのである。

ましてや、このような形態が、バンガードが始まった時には影も形もなかったインデックス・ファンドというものを中心とする戦略の策定につながろうとは。「戦略は構造に従う」とは誰でも知っていることだが、バンガードの設立から一年も経たないうちに、私たちは世界初のインデックス・ミューチュアルファンドを生み出すことになったのである。

「はだかの王様」

一九二四年に米国初のミューチュアルファンドが設立されてから、ほぼ一世紀が経ったが、バンガードが自明の理とする真実について、投資家が完全に受け入れるようになったのは、この二〇年間のことに過ぎない。ミューチュアルファンドの王様〔運用会社〕は、市場を凌ぐ「プロフェッショナルな運用」の服を着ているどころか、まったく何も身に着けていなかった。実際、ミューチュ

アルファンドの王様だけでなく、「プロフェッショナルなファンドマネージャーが一丸となって、ファンド投資家の得るリターンを増やす」という最も重要な約束（暗黙かもしれないが）を果たすことができない業界、ミューチュアルファンド王国全体が裸だったのだ。

かつては異端視されていた、「ファンドマネージャーは顧客の資産に価値を付加することはできない」という考え方は、今では広く受け入れられている。これが、主にインデックス・ファンドの台頭に牽引されて、ミューチュアルファンド業界の破壊的な革命につながった。このインデックス革命を牽引したのがバンガードである。

しかし当初は、一〇年間生き延びるどころか、設立の見込みすら、非常に危ういものだった。ヒットミュージカルの『ミス・サイゴン』のセリフを借りれば、バンガードはまさに「地獄で命を宿し、戦いの中で生まれた（conceived in Hell and born in strife）」。その設立は、ウェリントン・マネジメント・カンパニーの支配権をめぐる醜い争い――私がCEOの職を失い、私が愛していたファンド業界でのキャリアが一時は終わったと思わせた争い――に終止符を打った、不満足な妥協の結果だった。だが、一連の思いがけない幸福な出来事や、偶然のおかげで、私はカムバックを果たした。

その結果、二〇一八年半ばには、バンガードは五兆ドルの資産を監督し、コストの低さやリターン、倫理的価値観によって幅広く尊敬される、世界最大のミューチュアルファンド会社となった。転換はどのように起きたのか？　最初から話そう。

第2章　一九四五～一九六五年

――背景（ブレア、プリンストン、フォーチュン、そしてウェリントン）

物語は大昔、私がニュージャージー州にある一流の寄宿学校、ブレア・アカデミーに入学した一九四五年九月から始まる。私は、かなり多額の奨学金と、きつい仕事（最初はウェイター、その後ウェイターのリーダー）のおかげで、二年間をここで過ごした。ここで受けた準備教育は素晴らしかった。卒業する頃にはクラスで二番で、「最も成功しそうな人」と評されていた。

ブレアでは努力して好成績を収め、一九五一年度卒業生の一人としてプリンストン大学に入学できた。ここでも、奨学金とアルバイトで持ちこたえたが、プリンストンでの下級生時代は厳しいものだった。最悪だったのは二年生になった一九四八年秋で、経済学の最初の課程を取った時。教科書はポール・サミュエルソン博士の『経済分析の基礎』の初版だった。正直に言って教科書は難解で、この初めて取り組む（私にとって）新しい課題にはかなり苦労した。

二年生になった時の中間成績は振るわず（D＋）、学期中ずっと続いたせいで、奨学金を危うくした。それは、プリンストンでのキャリアも危ういことを意味していた。外部からの資金援助は一銭もなかったからである。だが、できる限りの努力を尽くし、学期を終えた時にはC－の成績を取った。小さくはあったが、勝利には違いなかった。

一九四九年──「ボストンのビッグマネー」

幸運が私に微笑んだのはその一年後だった。卒業論文では、それまでどの学生も取り組んだことのないテーマについて書こうと決めていたので、アダム・スミスやカール・マルクス、ジョン・メイナード・ケインズは問題外だった。では、何をテーマにしたらいいのか？

これも、長い人生の間に起きた多くの幸運な出来事のうちの一つだが、一年生の終わり頃、私は当時まだ真新しかったファイアストーン図書館の読書室で、フォーチュン誌の一九四九年一二月号をめくっていた。今まで想像したこともなかった、自分の知らないビジネスについて書かれた、一一六ページの記事が目に留まり、読み始めた。見出しには「ボストンのビッグマネー」とあり、すぐに、これを私の論文のテーマにしようとひらめいた。

その下には太字で「小規模な投資家に心の平和を売って成功したマサチューセッツ・インベスターズ・トラスト（ＭＩＴ）は、お金はすべてではないという。同社の発明はオープンエンド型ファンド。未来は広く開かれている」という小見出しが続き、私の直感を裏付けていた。続く一〇ページに様々な事実を並べて、マサチューセッツ・インベスターズ・トラストの歴史や理念、業務慣行を説明していた。一九二四年に設立されたＭＩＴは、最初の、そして当時、群を抜いて最大の「オープンエンド」ファンドだった。[*1]

この古い時代には、「ミューチュアル」ファンドは、恐らく一つの明らかな例外を除いて、真の意味でミューチュアルではなかったから、「ミューチュアルファンド」という用語もまだ、一般的には使われていなかった。現実に、それらは一九四〇年投資会社法の前文に規定されている原則にまるきり反し、出資者の利益を最優先するのではなく、管理する運用会社の利益のために組成され、運営され、運用されていたのだ。

＊1　「オープンエンド型」ファンドでは投資口の換金は請求に応じて行い、（通常）販売は継続的に行うことができる。「クローズエンド型」ファンドでは一定の資本プールを保有し、どちらも行わない。

「ザ〝ミューチュアル〟ファンド」

その後、一九六四年から六九年まで米国証券取引委員会（SEC）の委員長を務めたマニュエル・F・コーエンは、ミューチュアルファンドにおける「ミューチュアル性の欠如」について、次のように明確に指摘している。

ファンドマネージャーたちは、発明の才で羨むほどの名声を得ているが、（ミューチュアルファンドの）報酬体系は、その才を発揮するためのチャンスとなろう。結局、お金があるのはそこである。「ミューチュアル」という言葉が一般的に使われているにもかかわらず、こうしたファンドが作られ、売られる主な理由は、販売会社と運用会社が利益をあげるためなのだ。[＊2]

フォーチュン誌の〔一九四九年の〕記事では「ミューチュアル」という言葉は使用されておらず、

「投資会社」、「信託」、「ファンド」などが主に使われていた。だが、まだ萌芽期にあった業界の将来については楽観的で、この小さな業界（同誌は市場全体における「非常に小さな変化」と表現していた）はそれでも、「急速に拡大しており、多少議論を呼びそうだ」、もっと重要なことに、この業界は「非常に大きな影響力を持ち、（中略）企業経営（中略）に異論のある小規模な株主にとって、理想的な英雄になる可能性がある」としていた。

＊2　当時SECの委員長であったマニュエル・コーエンが一九六八年三月一日にカリフォルニア州パームスプリングスにおけるミューチュアルファンド会議で行ったスピーチ、「ザ〝ミューチュアル〟ファンド」から引用。

一九五一年――『投資会社の経済的役割』

この偶然の瞬間が、私の全キャリアと私の人生を形作ることになった。

フォーチュン誌の記事がきっかけとなって、私はその場で、オープンエンド型投資会社の歴史と将来的な見通しに関する論文を書くことに決めた。題名は『投資会社の経済的役割』とした（既に述べたように、「ミューチュアルファンド」という言葉はまだあまり使われていなかったので、当時標準的だった「投資会社（インベストメント・カンパニー）」という言葉を使った）。私は作業に没頭し、研究と論文の執筆に一年半を費やしながら、このテーマに夢中になった。二〇億ドルという小規模なミューチュアルファンド業界は巨大なものになり、「議論を呼び」続けると確信した。

私は、両方の点で正しかった。今日の二一兆ドルという巨大な規模を持つミューチュアルファンドは、我が国の最大かつ最も優勢な金融セクターの一つになっている。

書き上げた論文で私は、業界について綿密な分析をした上で、以下のように結論している。

「投資会社は、可能な限り最も効率的、誠実、経済的な方法で運営されるべきである」

「販売手数料と運用報酬を下げることによって、将来の成長を最大化することができる」

「ファンドは、市場平均［インデックス］を上回ると主張することはできない」

「投資会社の中心［的な活動］は、投資ポートフォリオの運用である。他のことはすべて付随的なものである」

「投資会社の主な役割は、投資家に奉仕することである」

「［投資会社が］企業の方針に影響を及ぼすことを控える理由はない。ミューチュアルファンドはこの経済的責任の重要な部分を果たす運命にあると思われる」

確かに、この結論は多分に理想主義的である。まだやっと十代を終えたばかりの私は、理想を追う典型的な学生だった。ただ、フォーチュン誌の記事を初めて読んだ時から六〇年以上経っても、私の理想主義はほとんど衰えていない。それどころか、恐らく生涯にわたる投資経験のせいで、この理想主義はさらに情熱を増し、今日も揺らいでいない。

あの論文の中で明らかにした価値観の多くが、バンガードの目覚ましい成長の中核となったことは疑いようがない。

当時何を考えていたにせよ、「ミューチュアルファンドの出資者はフェアな扱いを受けるべきだ」と、私は論文で明確に述べていた。

一九五一年七月——ウェリントンへの入社とウォルター・モルガン

ファイアストーン図書館の閲覧席で、数えきれないほどの時間を、業界の研究・分析に費やしたおかげで、私の論文はトップの成績を取り、プリンストンを「極めて優等（マグナ・クム・ラウデ）」で卒業することができた。それよりも幸運だったのは、一九五一年の卒業後、やはりプリンストンの卒業生（一九二〇年度）だったウォルター・L・モルガンが一三〇ページから成る私の論文を読み、フィラデルフィアにあった自分の会社、ウェリントン・マネジメント・カンパニーでの仕事を提供してくれたことである。彼は社員たちに、「主にこの論文が理由で、ボーグル君をウェリントンに迎え入れることにした」と書面で伝えている。最初は実感できなかったが、これは一生にまたとないチャンスだった。

モルガン氏（私の長いキャリアにおけるメンターであり、素晴らしいヒーロー）は業界のパイオニアだった。一九二八年に設立されたウェリントン・ファンドは、私が入社した一九五一年七月には、一億五〇〇〇万ドルの資産を擁していた。当時、米国では一二五のミューチュアルファンドが業務を運営しており、資産総額は三〇億ドルだった。ウェリントンを含む一〇社で、業界資産の四分の三近くを占めていた。

ボストンはファンド界の中心で、上位五〇ファンドのうち、業界資産の四六％を占める二二ファンドが所在していた。最大の会社がマサチューセッツ・インベスターズ・トラストで、一九五一年時点の資産は四億三八〇〇万ドルだった（業界の一五％のシェアに相当）。MITは会社として優勢なだけでなく、経費率も〇・二九％と圧倒的に低コストだった（六一年には、その経費率は資産の〇・一七％と安値を更新）。ボストン以外では、ニューヨークを本拠とするファンドが業界資産の二七％を占め、次がミネアポリスの一三％、フィラデルフィアはわずか七％に過ぎなかった。

一九五一年のやり方——運用会社ごとに一ファンド

当時、ウェリントンを含め、ファンド業界の大半の会社は、たった一つのファンドしか運用していなかった（時には二つ目のファンドを運用していることもあったが、通常は非常に規模の小さなものだった）。例えば、その時代のMITの五社の受託会社は、マサチューセッツ・インベスターズ・セカンド・ファンド（現代のミューチュアルファンドのマーケターにはおよそアピールしない名称で、のちにマサチューセッツ・インベスターズ・グロース・ストック・ファンドと改称した）も運用していた。セカンド・ファンドは資産わずか三四〇〇万ドルで、MITの総資産四億七二〇〇万ドルの八％を占めるに過ぎなかった。

私がウェリントンのフィラデルフィア・オフィスに初出社したのは一九五一年七月九日である。そこはこじんまりとしてフレンドリーな、キャリアをスタートするには完璧な環境で、若い新卒者にとってチャンスに満ち溢れていた。私は少人数（六〇人）のスタッフに迎えられ、すぐに管理からマーケティング・販売、証券分析、投資家対応に至るまで、あらゆる業務に関わるようになった。

また、モルガン氏の代理として投資家向けの書面を書くようにもなり、数年のうちに、ウェリントン・ファンドの年次報告書の「社長挨拶」を任されるようになった。一〇年が過ぎる頃には、モルガン氏の確実な後継者とみなされるようになっていた。自分は永久に、ウェリントンにいるものだと思っていた。

ウェリントンでの年月は、喜びと挑戦に満ちていた。一九五八年に、バランスファンドを補完する株式ファンドを追加するため、ウェリントン・エクイティ・ファンド（現ウィンザー・ファンド）を新規株式公開（IPO）することになり、その目論見書の起草をリードする機会を得ると、はやる思いで飛びついた。[*3]

＊3　一九六〇年には、モルガン氏のウェリントン・マネジメント・カンパニーの（非支配）株式の公開のためのIPO目論見書の作成も主導した。

保守的な投資の力

入社後の一四年間は、バランスファンドに主に注力したことが非常な強みとなり、ウェリントンは業界のバランスファンド・セクターを牽引するリーダーとして、尊敬を集めた。当時の業界では、大半のファンドのポートフォリオは優良な普通株に分散されており、まさに「保守的」だったといえる。さらにウェリントンでは、株式と債券のバランスを取っていたので、中でも最も保守的だと思われていた。当時のモットーに言う通り、ウェリントン・ファンドでは「完全な投資プログラムを一枚の証券で」提供していた。

だが、ウェリントン・マネジメントで私が望んでいた安定は長く続かなかった。まるでロケットのような速さで、一九六五年四月に社長の座に上り詰める頃には、私がプリンストンの論文で書いた伝統的なミューチュアルファンド業界は変わってしまっていた。そして、それは良い方向とはいえないものだった。

「ゴーゴー」時代が本格化すると、投資家たちは、野心的で積極的な株式ファンドならすぐに利益を挙げられるといった誘惑の言葉に惹かれ、ウェリントンのような保守的なバランスファンドから、大挙して離れるようになった。私はその後も、長いキャリアを通じてずっと、何とかしてこの問題（と、数多くの新しい問題）に立ち向かおうとすることになる。

航路を守る（ステイング・ザ・コース）

一九四九年に初めて、「ボストンのビッグマネー」の記事からひらめきを得て以来、ミューチュアルファンド業界は、私の人生の大きな部分を占めてきた。ウェリントン・マネジメント・カンパニーでのキャリアも決まったし、六五年には、会社のトップに任命された。それは、私のキャリアの最初の絶頂期だった。だが、逆説的に言えば、ほぼ一〇年間にわたって投機で成長することになった市場において、ウェリントンは保守的な方向性に長く留まり過ぎた。その先に待つ問題に備えて、私には導き星と、それを表すモットーが必要だった。そのモットーが「航路を守れ」で、今も変わらない。

第3章　一九六五〜一九七四年

――「ゴーゴー」時代とその余波、バンガードの設立

	1965年12月	1974年9月	年間成長率
ウェリントン*の資産 (単位十億)	$2.2	$1.5	-2.6%
業界資産 (単位十億)	$35.2	$34.1	-0.2%
ウェリントンのシェア	6.3%	4.4%	-
			年次リターン†
S&P 500 指数	92	61	-1.1%
中期米国債利回り	4.9%	8.0%	5.7%
株式 60% ／債券 40%	-	-	1.9%

*バンガードの前身企業
†それぞれ，配当金と利息を含む
出典：Yahoo! Finance

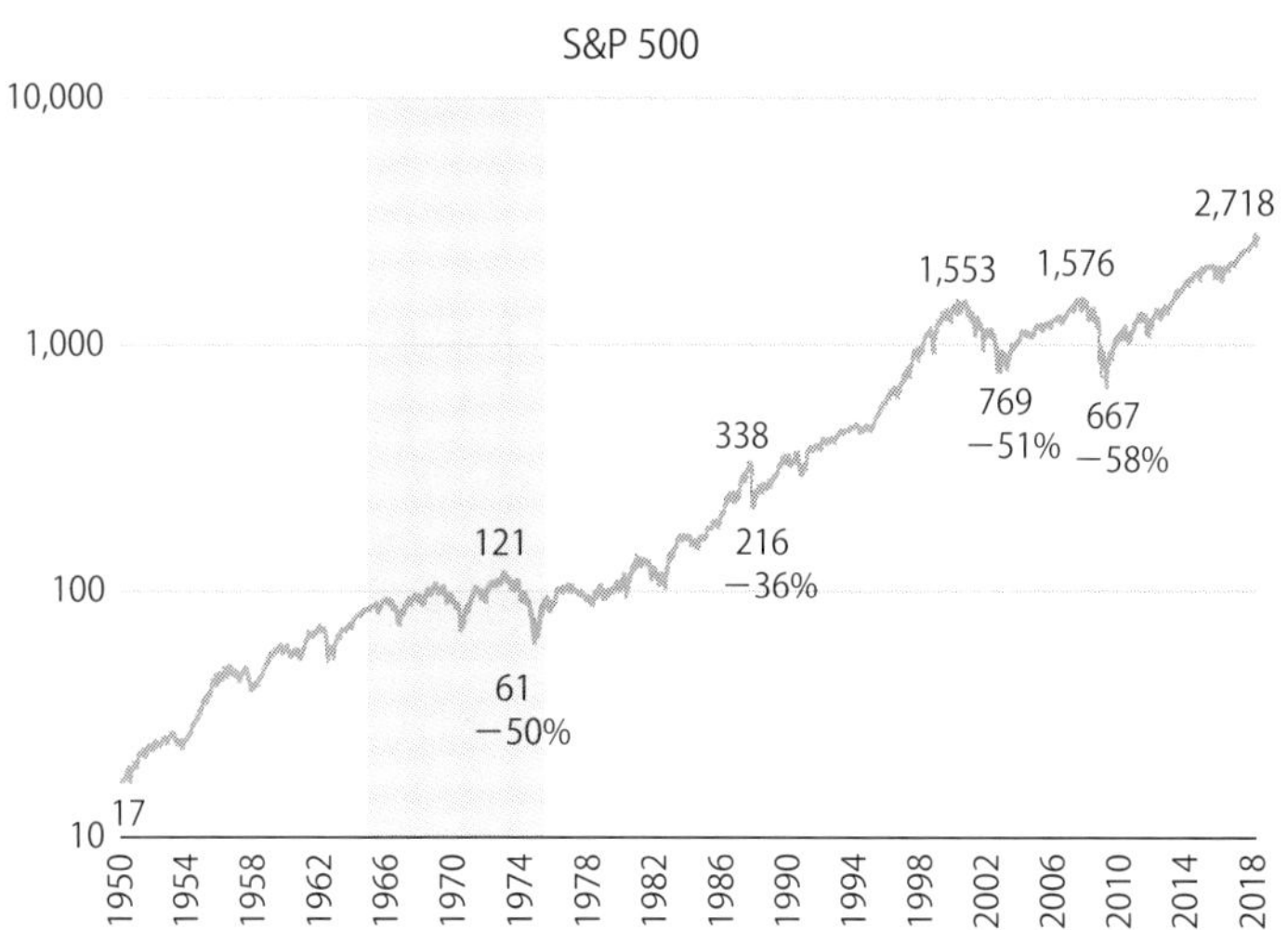

バンガードに至る前の時代の初期には、まず、話だけは素晴らしいがバランスシートは弱い（か、存在しない）投機銘柄、次に、バリュエーションが過剰になった成長企業に牽引されて株価が上昇した。必然的に、これに続いて市場は五〇％暴落し、最終的に収まったのは一九七四年一〇月一日のことであった。

「ゴーゴー」時代

一九六〇年代半ば、ファンド業界は保守的な伝統から離れ始めていた。「ゴーゴー」時代の到来である。新しいファンドマネージャーたちが投機銘柄を中心としたファンド投資をし始め、既存のファンドマネージャーの多くも続いた。これらの銘柄には甘い話がつきものだったが、大抵は、実質（サブスタンス）も栄養（ニュートリエント）も伴っていなかった。しかしそれまで業界の中心だった、比較的少数の「優良」銘柄を保有する中堅の株式ファンドやバランスファンドはやがて姿を消し、はるかに野心的な株式ファンドの集団に取って代わられてしまった。

ベーグルは廃れ、ドーナツが流行る

食べ物に例えれば、ウェリントンは業界のベーグルだった（堅くて、噛み応えがあって、栄養が豊富）。だが、一九六五年になる頃には、業界の好みはドーナツ（甘くて、柔らかくて、栄養はほとんどない）に移っていた。[*1]ドーナツショップが繁盛すると、ベーグルを買う人はほとんどいなくなってしまった。

業界におけるバランスファンドのシェアが、一九五五年の最高四〇％から、六五年の一七％を経て、七〇年には五％に下落するに至って（七五年にはたった一％にまで低迷する）、ベーグルショップのオーナーが生き残るためには取らなくてはならない戦略は明らかだった。つまり、ドーナツを売るのだ。

ウェリントンも、生き残るために、有卦（うけ）に入っているドーナツショップと競合する必要があった。フィデリティは、このゴーゴー時代を牽引した会社の一つである。二つのファンドが大当たりしていたが、それはフィディリティの経営陣にとってであって、最終的に顧客のためになるものではなかった。金融界のヤマ師たちが、「ジャンク」の時流に乗りだし始めていた。会計基準は最低限でしかなく、利那的な、時には詐欺といってもいいほどのパフォーマンス記録が生まれることになった。

特にひどい例がエンタープライズ・ファンドである。一九六七年、ロサンゼルスを本拠とするこの新参企業は、主に、もともと個人が所有していた株式を市場価格から五〇％割安という大安値で取得した後で、市場価格の一〇〇％に修正して計上することにより、一一七％という、うさんくさいリターンを報告した。

翌年には、エンタープライズはそれまでに聞いたことのない、六億ドルという、ファンド業界の歴史始まって以来最大の年間キャッシュフローを集めた。

一九六八年が終わる頃には、同ファンドの資産は九億五〇〇〇万ドルまで増加。だが、最終的には市場に現実が戻ることになる。七七年には、エンタープライズ・ファンドの資産は一億五〇〇〇万ドルを下回って八四％も下落し、七〇年から九四年までの二五年間のうち二二年において、正味キャッシュフローはマイナスとなった。そして、二〇一一年になる頃には姿を消してしまった。

＊1　今思えば伝統的なミューチュアルファンド業界とベーグル、どちらの栄養価も過大評価されていた。

「私は保守的過ぎた」

一九六五年早春、モルガン氏は、投機的ファンドに向かう傾向の高まりを懸念するようになっていた。自分の保守的な理念と、ほぼすべてをバランス型のウェリントン・ファンドに依存していた自分のビジネスに対する、深刻な脅威を感じていたのだ。モルガン氏は、インスティテューショナル・インベスター誌のインタビューに対して、「私は保守的過ぎた」と答えている。そして、六六歳になった時、新しいリーダーシップが必要だと判断し、大胆な行動に出た。四月、モルガン氏は私を自分のオフィスに呼び、後継者として、すぐにウェリントン・マネジメントを引き継ぐようにと伝えた。私は今でも、「ジャック、任せるから、何でもやってうちの問題を解決してくれ」と言われたのをそのまま覚えている。

私はその時まだ三五歳だった（そして、見た目はもっとずっと若かった）。だが、一緒に仕事をするようになってほぼ一五年経ち、モルガン氏は私の判断を信じるようになっていた。恐らく自信過剰だった私にとって、解決策は分かり切っていた。自分がベーグルショップを経営しているとして、お客がどんどん店を離れ、通りの向かいの店でドーナツを買うようになったと思ってみてほしい。生き残るためには、自分もドーナツを売り始めなくてはならない（と、私は結論づけた）。

私は、ウェリントンが確実に生き残る最善の方法は、株式に強い会社と合併することだと判断した。そしてすぐ、チャンスがありそうな三社にアプローチした。

どの会社も、時代の寵児のようにアグレッシブなファンドを運用してはいなかったが、株式ファンドに力を入れており、そのうちのどれかなら、たった一つのバランスファンドを頼りにするという、ウェリントンの依存状態をすぐに軽減してくれると思われた。[*2]私の計画は、そのような会社と合併してから、統合後、堅固な基盤の上に会社を成長させる、というものだった。

＊2　私たちは一九五八年に、最初の株式ファンド、ウェリントン・エクイティ・ファンド（現ウィンザー・ファンド）を既に設立していたが、非常に小規模なもので（ウェリントン・ファンドの資産が二〇億ドルを超えていたのに対して、資産は九二〇〇万ドル）、六五年までのリターンは大したものではなかった。ウィンザー・ファンドの歴史については、第13章で詳しく述べる。

スリーストライク、でもまだアウトじゃない

まず、株式ファンドで定評ある運用会社で、一〇億ドルのミューチュアルファンド資産を管理し

ていたロサンゼルスのアメリカン・ファンズ・グループにアプローチしてみた。アメリカン[*3]は、業界の総資産の三%を有する、五番目に大きな会社だった。ダメだった。次に、のちにパトナム・ファンド複合体の一部となる、ボストンの独立系株式ファンドのインコーポレーテッド・インベスターズにアプローチしてみたが、再び失敗に終わった。

次に、当時は非常に小規模で、資産はわずか一七〇〇万ドルだったが、多くの可能性を秘めたマルチファンド複合体、フランクリン・カストディアン・ファンドにアプローチしてみた。これも失敗に終わった。オーナーのチャールズ・ジョンソンが、私が提案した合併を受け入れなかったのは賢明だった。このファンドは現在、フランクリン・テンプルトン・インベストメンツ(資産は二〇一八年に四一五〇億ドルまで増加)によって運用されているが、その目覚ましい成長により、ジョンソン家の財産は一〇倍以上増え、ビリオネアになっている。

＊3　本書の最初で紹介したジョン・ラブレスがトップを務めていた。

合　併

偶然、四番目の候補が私の留まった。それが、ソーンダイク・ドラン・ペイン&ルイス・インクである。ボストンを本拠とするこの小規模な会社は、四人の若いマネージング・パートナーによって所有されており、アイベストという名前の資産わずか一七〇〇万ドルのゴーゴーファンドの運用は順調そうで、また、年金顧問業務も成長させつつあった。その時の私には、当時低迷していたウェリントン・ファンドのポートフォリオをもっと効率的に運用できる投資の才能を持っているように思われた。私たちは合併に合意した。

モルガン氏は一九六六年六月六日にこの取引を承認し、合併条件が決められた。対価は現金ではなく、その時点では公開株式の割合がかなり高くなっていた（ウォルター・モルガンが六〇年に自分の株式の大半を公開したことによる）ウェリントン・マネジメント・カンパニーの株式で支払われた。モルガン氏はそれまで売らずにいた、自分が支配権を有するクラスB株式を、新しいマネージャーたちに分配した。

ボストンの四人のパートナーは、全員合わせるとウェリントン・マネジメント・カンパニーの株式を四〇％保有し、議決権を実効支配することになった。私の支配権は二八％で、一般株主が残りの三二％を所有していた。[*4] 合併後の会社のCEOとなった私は、新しいパートナーたちと協力して航路を決め、新しい船をうまく導けると確信していた。

＊4　私は、委任状争奪戦が起きた場合には、昔からの株主が私側に投票するとは思っていなかった。

「ピースダラー」

緊張していなかったわけではない。合併を祝う席で、私は、新しいパートナーの一人ひとりに、片面に「ピース（peace）」と彫られた、「ピースダラー」と呼ばれる一ドル硬貨を飾った小さな銀のトレーを贈った。パートナーたちとの平和は続かないのではないかと恐れつつも、うまくやっていきたいと願っていた。

私たち五人の風雲児は、数年間一緒に大活躍した（インスティテューショナル・インベスター誌の表紙を飾ったこともある）[*5]。しかしやがて、投資環境は私たちに不利になり、業績は低迷し始めた。ゴーゴー時代は去り、まるで違うものに取って代わられたが、それはさらに悪いものだった。「ニフティ・フィフティ」ブームである。米国の急成長していた会社の株価が、本源的価値との関係性をまるきり失ってしまったのだ。その単純な原則はこうだ。「心配するな、重要なのはバリュエーションの高さじゃない。最終的には、収益成長率で救われる」。

＊5　「風雲児たちがウェリントンを引き継ぐ」、インスティテューショナル・インベスター、一九六八年一月。表紙にはこの見出しとともに、私が四本の腕を持つクォーターバックとして、新しいパートナーの一人一人にラグビーボールを渡そうとしている姿が描かれている。

バブル崩壊

ゼロックスやポラロイド、ＩＢＭ、エイボン・プロダクツ、ディジタル・イクイップメント・コーポレーションといった少数の銘柄が急騰し、ピーク時には、収益の五〇倍以上で評価された。だが、最終的には現実が勝った。

これらの企業の株価は急落し、下げ相場をさらに押し下げた。一九九〇年代の終わりに生まれた「ニューエコノミー」バブルのように、ニフティ・フィフティ・バブルも、一九七三年に崩壊した。

このバブルの参加者にはミューチュアルファンドのマネージャーだけでなく、本来堅実なはずの信託会社や保険会社、大学の寄贈基金等の機関投資家も圧倒的多数で含まれていた（ブームの中心的存在だったロチェスター大学寄贈基金のマネージャー、バート・トリップは、あまりにも決まりが悪かったため、年次報告書の表紙を赤いインクで印刷した）。米国株式市場は、一九七三年初めの最高値から、七四年一〇月初めには最安値へと、五〇％下落した。

一九七〇～一九七四年――上げ相場には下げ相場が続く

同時に、ウェリントンの新しいビジネスモデルもうまく行かなくなり始めた。新しい大胆なマネージャーたちが持ち込んだ（か、すぐに組成した）四つの新しいファンドのうち、三つが破綻した。アイベスト・ファンドの資産価値は最高から最低まで六五％下落し、その後消滅して、金融史のゴミ箱行きとなった。

パートナーたちが組成した二つの姉妹ゴーゴーファンドのパフォーマンスも同様に振るわず、最終的には失敗した。最悪だったのは、大胆な新しいマネージャーの下で、かつては保守的だったウェリントン・ファンドの資産価値が大きく下落したことである。一九六六年から七六年までの一〇年間、この一流のバランスファンドのパフォーマンスは、全国のバランスファンドの中で最低だった（第11章「ウェリントン・ファンド」参照）。

一九六〇年のIPOで、ウェリントン・マネジメント・カンパニーのオーナー、ウォルター・モルガンは、自分の株式の半分以上を売却した。株が公開されたので、合併のパートナーにも新規株式を発行することができるようになった。だが、私は、この合併がとてもうまく行っていた最初の数年間にも、株式公開という形態が、ミューチュアルファンドの出資者や、業界における会社の競争力にとって、最善だったのだろうかと疑問に思っていた。

受託者責任、でも主人が二人？

分かり切っていたことだが、私たちマネージャーは、ミューチュアルファンドの「出資者」と、運用会社の「株主」の、両方に受託者責任を負っていたのだ。だが、株式非公開の運用会社が公開会社になると、この利益相反はさらに深刻になる。一九七一年九月、私は、社内の投資プロフェッショナルの年次会合での講演で、一九三四年にハーラン・フィスク・ストーン判事がミシガン大学ロースクールで行ったスピーチを次のように引用し、自分の懸念を率直に表明した。

まさに、終わりに近づきつつある金融時代の過ちと失態の多くは、受託者原則を順守しなかったことによるものであろう。古く、聖書にも、「何人も二人の主人に仕えることはできない」という教訓がある。名目上は受託者であっても、自分が運用している資金の持ち主の利益を最後にしか考えていないというのであれば、この原則の必然的な含意がどれほど無視されてきたのかが分かるだろう。[*6]

そして、投資という職業（プロフェッション）と、投資というビジネスの間に矛盾があるなら、顧客の利益となるように解決すべき時だ、と付け加えた。

その上で、この矛盾を解決するための方法は、「ファンドが運用会社を取得する〝ミューチュアル化〟」か、「執行役員が運用会社を所有し、〝コストプラス〟ベースで契約を交渉し、パフォーマンスと効率性の両方に対してインセンティブを得るが、株式の公開によって利益を得ることは不可能とする〝内部化〟」ではないかと提案した。が、それを話していた時には、口だけでなく、三年という短い期間のうちに自分で実行することになろうとは、想像もしていなかった。

＊6 Harlan Fiske Stone, "The Public Influence of the Bar," Harvard Law Review 48, no.1 (November 1934), 6. から転載。

間違ったスケープゴート

一九七三～七四年に下げ相場が根を下ろすと、一九六六年の合併で結ばれた幸福なパートナーシップは崩れ去った。市場の不振や、ファンドリターンの不振によりビジネスは低迷し、パワー・ポリティックスも相まって、ウェリントンが合併を通じて得たファンドマネージャーたちと私との間にあったうわべだけの信頼をぶち壊した。旗艦だった保守的なウェリントン・ファンドの資産は一九六五年の最高二〇億ドルから、一旦四億八〇〇〇万ドルで底を打った後も、一〇億ドル未満に低迷した。ウェリントン・マネジメント・カンパニーの利益は急落し、続いて株価も六八年の一株あたり五〇ドルの高値から、七五年には四・二五ドルの安値に下落した。

ボストンのパートナーたちは、すぐにスケープゴートを見つけた。ミューチュアルファンドを運用していたのは彼らなのだから、そのひどいパフォーマンスは自分たちの責任だった。にもかかわらず、自分たちの中からではなく、ウェリントンを信頼した投資家が得るはずのリターンに大惨事を引き起こしたのは合併であり、その責任者であるとして、最高経営責任者の私をスケープゴートに選んだのだ。私は、合併を実現するため、かなりの議決権を新しいマネージャーたちに渡してしまっていた。下げ相場のさ中、一九七四年一月二三日に、彼らは結託して私をクビにし、自分たちのリーダーであるロバート・W・ドランを私の後釜に据えた。

「前ファンドCEO、復帰」

私の頭では、この結果につながった歪んだ論理を理解することはできなかった。私の全キャリアを通じて、一番つらい瞬間だった。今に至るまで、唯一のつらい瞬間だったと言っていい。

私は応戦することにした。ミューチュアルファンド業界では一般的なことだが、ファンドと運用会社では、取締役会のメンバーがかなり重複していた。しかしファンドは法の定めに従い、過半数は独立取締役により監督されていた。

ウェリントン・マネジメント・カンパニーで私が解任された翌日の一九七四年一月二四日、ウェリントンの一一のミューチュアルファンドの取締役会がニューヨークで開かれた。私は、各ファンドの取締役会議長として開会を宣言してからすぐに、ウェリントン・マネジメント・カンパニーからの独立を宣言して、ファンドのミューチュアル化を行い、自分たちで役員を選出し、スタッフを任命し、ファンドを「実費」ベースで運営する権限を与えることを提案した。

その結果、ファンドとウェリントン・マネジメント・カンパニーとの間で生まれた権力争いは前代未聞のもので、それ以前にも、それ以降も、業界で起きたことはない。二度と起きることはないだろう。

ニューヨークタイムズですら、何が起きているのか理解できていなかった。一九七四年三月一四日の早版の見出しは、「前ファンドCEO復帰」となっていた。後の版では、記事の内容と私の写真は変わっていなかったが、最初の見出しに今度は、太字のクエスチョンマークが付いていた。一部引用する。

> **前ファンドCEO復帰？**
>
> 社内筋によれば、一月末に、ウェリントン・マネジメント・カンパニーの社長兼CEOとしての年俸一〇万ドルの職を追われたジョン・C・ボーグルは、一週間以内に開かれる予定の次の取締役会で反撃して復帰する予定とのことである。（中略）ボーグル氏は、今こそ、ファンドが「ミューチュアル化」を行うか、投資顧問会社に取って代わる最適な時期だと考えていると思われる。

見出しに現れた「？」は、水面下で行われていた争いの結末の不確実性をほのめかしていた。

すべてを変えた取締役会議

一九七四年一月の取締役会で、ウェリントンの各ファンドの取締役たちは私に、危機に対処するために自分たちが取りうる選択肢について調査を提示するよう求めた。独自のCEO（私）を擁する一連のミューチュアルファンドと、その長期にわたる投資顧問会社であり、当時、ファンドの業務に関して完全な支配権を有していたウェリントン・マネジメント・カンパニーが激しく対立する状況は、私が知る限り、ミューチュアルファンド業界の年次取締役会でも類を見ないものだった。

私は取締役会が自分に与えた機会に取り組み、これを楽しんだ。若いアシスタントのジャン・トヴァルドフスキーに協力してもらい、最終的に、企業目標とファンドのリターン、コスト、顧問契約と販売契約、業界慣行、ファンドの将来的な見通しを網羅した分析を作成した。報告書は二五〇ページ超に及び、「ウェリントン投資会社グループの将来的な構造」とタイトルを付けた。

転機1　一九七四年一月
「ウェリントン投資会社グループの将来的な構造」

「将来的な構造」とタイトルを付けたこの調査ではまず、取締役が取りうる七つの選択肢（オプション）を提示した。

選択肢1 現状維持——現在の取引関係をすべて継続。
選択肢2 ファンドのスタッフによる「管理」の内部化。
選択肢3 ファンドのスタッフによる「管理」・「販売」の内部化。
選択肢4 ミューチュアル化——各ファンドが、投資顧問業務を含め、ウェリントン・マネジメント・カンパニーのファンド関連業務をすべて取得。
選択肢5 外部投資顧問会社を新しくする。
選択肢6 グループの外部運用会社を新しくする。
選択肢7 完全に新しい内部組織を構築する。

私たちはすぐに、選択肢を最も妥当と思われる三つ（2、3、4）に絞った。この三つは、現時点で「ファンドグループによる、ウェリントン・マネジメント・カンパニーからの追加機能の連続的な引き受け（第一に管理、次に販売、最後に投資運用）」において、二社に伴う混乱が最低限のものだったので、「それほど過激ではない」と説明した。「ミューチュアル化」は選択肢4では明確だったが、選択肢2では暗黙だった。

この「将来的な構造」調査報告の最初に、以下の根本的な疑念を掲げた。

この（現在の）構造は、五〇年間、ミューチュアルファンド業界の標準として受け入れられてきた。私たちは、これまで受け入れられてきた構造——未成熟な業界が、倫理的な基準や法的な基準が今ほど厳格ではなかった時代に成長する際には十分だった、伝統的な構造――が、現代や将来、そしてウェリントン投資会社グループにとって、本当に最適なのか、という問題に直面している。ウェリントンのファンドは、「独立性」という言葉にはっきりと示されるように、自分たちの運命を自分たちでコントロールすべきではないのか？

私は、ウェリントン・マネジメントのミューチュアルファンド事業を買収することで、いわば、一九六六年の合併の失敗でできてしまった「スクランブル・エッグをもとに戻して」、ファンド業務の完全なミューチュアル化を実現するのが一番いいと思っていた。ミューチュアル化は完全に私のアイデアだったが、断行すれば、ウォール・ストリートの住人の多くが稼いでいたような個人的な資産を自分が得られないことは分かっていた。それでも、そこには、キャリアを再開するための最後の、そして絶好のチャンスがあると私は思った。[*7]

だが、前例のない革新は、どれだけ思慮に富み理にかなっていようとも、保守的な取締役たちの承認を得られる望みはほとんどない。そして、取締役会が依頼した用心深い法律顧問、ウォール・ストリートの弁護士で前SEC委員のリチャード・B（ディック）・スミス氏の賛同も得られそうになかった。

この最初の提案はすぐに却下されたが、取締役会は妥協点を見出した。一七七六年の独立宣言で一三の植民地がジョージ三世に「出ていけ」と言い渡したようにはいかなかったが、本質であるファンドの独立性（ファンドが外部の運用会社に支配されることなく、自らリーダーシップを取り、自らの出資者の利益のために業務を運営する権利）は担保されていた。まもなく私たちが踏み出すことになるこの最初の小さな一歩こそ、ウェリントンのファンドがウェリントン・マネジメント・カンパニーに依存せずに、自らの業務を行うことになる、完全なミューチュアル化の始まりだった。

＊7　当初は、新しい構造が作られる見込みはほとんどなかったこと、また、五兆ドル規模の巨大組織を構築する見込みはほぼゼロだったことを忘れないでほしい。

最初の衝突

戦いが始まると、ウェリントン・ファンドの取締役会は細かい同盟に分裂することになった。フィラデルフィアに本拠を置く勤続期間が長い者を中心に、六名の取締役がモルガン氏によって任命された。他の三人の取締役は全員ボストン出身で、私の前パートナーたちによって指名された。ウェリントン・マネジメント・カンパニーに所属する三名の「社内取締役」（ドランと、ソーンダイクと、私）は議決特権を維持したが、「将来的な構造」の提案に関する議決からは除外された。

私たち三人を除いて、取締役会のメンバーは全員、来る戦いにおいて自分の独立性を発揮することに何の問題も感じていないように思えた。だが、議決の時が来ると、フィラデルフィアの六人（デラウェア州の弁護士、リチャード（ディック）・コールンを含む）がミューチュアル化という私の案に賛同した。ボストンの三人は、現状を維持し、私をCEOから解任し、ビジネスをどんどん進めるという、ドラン／ソーンダイクの案に賛同した。

筆頭独立取締役である、フィラデルフィア人のチャック・ルートが私の正当性を信じているのは明らかで、ミューチュアル化という私の希望に賛同していた。私にとってはそれで十分で、私は、分裂した取締役も最終的には連帯し、私が提案した七つの選択肢のどれかを承認することになるだろうと確信していた（自分にも理由は分からないが）。

ゲームオーバー？

だが、すぐに思わぬ障害が生じることになる。その次の一九七四年二月二一日の取締役会議で、チャック・ルートは、ジェームズ・F（ジム）・ミッチェル・ジュニアが、取締役の暗黙の定年である七〇歳になったと発表した。

チャックは、取締役会が最終決定を下すまで、ジム・ミッチェルが取締役として留任することを提案。ボストンの取締役たちは強硬に反対した。私が票を頼りにしていたディック・コールンは、ボストンの取締役たちに同調して、ジムの留任に反対するように思えた。そうすると票は四対四で、ジムは取締役を退任することになり、ファンドのリーダーであり続けるという私の希望も打ち砕かれてしまう。もうゲームは終わりかと、不安になった。

「接戦」

私の確信を支持してくれる取締役が過半数に達しなさそうな状況に、私は「負け」を覚悟した。

チャックが「もうジムとは話をしていて、留任することに同意してもらっています」と言った時、私は休会を要求して、ディックに、彼の決断の影響について説明しようとするところだった。常に紳士であったディックの、「この申し出を撤回するとなると不都合が生じますので、ジムには留任してもらいます」という言葉も聞いて、私は安堵の溜息をついた。

つまり、礼儀が勝った。ワーテルローの戦いでナポレオンに辛勝した後でウェリントン卿が言った言葉を借りれば、私たちの戦いもまた、「接戦」だった。

独立性の実現

戦いが事実上終わった後で、スミス弁護士から、「どんな決定がなされるにせよ、満場一致でなくてはならない」と彼が取締役会に対し助言したことを聞いた。だから、現状に対する破壊的な影響が最も少ない選択肢を選ぶことになったのも、必然的な結果と言える。ウェリントンのファンドは、ファンドの「管理」だけを担当する新しい子会社を作ることになったのだ。そして、私は引き続きファンドのCEOを務めると同時に、その新会社のCEOも務めることになった。

「管理」という業務には、ファンドの財務や出資者記録の保管、法務と法令順守、投資口の購入や償還を含むと規定した。最重要のこととして、新しい子会社はウェリントン・マネジメント・カンパニーが行う販売・投資顧問業務の監督に責任を負うことになった。「販売」には営業組織の管理、広告、すべてのマーケティング業務が含まれ、「投資顧問業務」には証券分析、銘柄選定、投資戦略、ポートフォリオの監督、すべての売買業務が含まれることになった。

チャック・ルート——なくてはならない存在

正直に言えば、この前向きな結果は、ほとんど、ファンドの取締役会の独立取締役グループの議長で、年金会社の経験豊かな役員だった故チャールズ・D・ルート・ジュニアのリーダーシップのおかげによるものと言っていい。彼は、私の性格、私のリーダーとしての能力やファンド業界に関する広範な知識を信じてくれた。

チャック・ルートは見識に富み、情熱的で強い信念を持つ、気骨のある人だった。チャックがいなかったら、取締役会はほぼ間違いなく、業界慣行に従い、顧問会社にファンドのCEOを指名させたはずで、それは私ではなかっただろう。私は「たとえひとりでも変化は起こせる」ことを何度も目にしてきたが、チャック・ルートはその生きた証だった。

選択肢2——「薄いお茶」

確かに、「将来的な構造」調査の選択肢2、「管理機能のみの内部化」は、私にとっては薄いお茶のようなものだった。ファンドは自らの取締役会によって、ファンドの投資口のマーケティングや販売を行うことや、ファンドへの投資顧問業務の提供を禁じられてしまう。新しい組織を成功させるためには、この壁を打ち砕く必要があった。

一九七四年三月一一日の取締役会宛覚書で、私は容赦なく、次のように率直な意見を述べた。

選択肢2は人員という点では小規模だが、金額としては大きく、コンセプトという意味でも重要である。

第二のステップ（選択肢3の「販売の内部化」の追加）もまた、非常に適切と思われる。ミューチュアルファンドの販売が大きな問題に直面するであろうことを鑑みれば、これは今受け入れられないとしても、時間の問題で、恐らく二〜三年のうちには受け入れられるようになるだろう。[*8]

このステップが取られれば、ファンドの取締役会が、外部の投資顧問会社を伴う伝統的な業界構造をグループが受け入れていることについて、再検討した上で改めるための行動に出るのも時間の問題だろう。

ファンドが完全に独立するためにこの最後のステップを取るべき理由は、主要機能（投資アドバイス）や組織、人員、あるいは、伴うコストや達成されるパフォーマンスにある。恐らく、ウェリントン投資会社グループにとっての問題は、完全に独立するかどうかではなく、「いつ」完全に独立するのか、である。

＊8　「将来的な構造」の覚書で私は、「〝ノーロード〟（販売手数料不要）の販売システムに移行して、販売収入が完全になくなる可能性」も指摘したが、誰も気づかなかったようだ。

「情熱に燃えて」

取締役会の最初の決定は、二人の女性がいずれも赤ん坊は自分の子だと主張した時にソロモン王が下した裁定「赤ん坊を半分に切れ」のようなものだった。ウェリントン・マネジメント・カンパニーはそのまま、ファンドの投資顧問と販売を続けることになった。私は今までにない新しい構造で、新しい会社を作ることになった。しかし私には、投資運用や投資口の販売をすることは認められず、最低限の権限しか与えられなかった。

この長い旅を始めた時の社員数はたった二八人。ウェリントンの投資・販売業務を監督するという特定の責任を負ってはいたが、担当するのはファンド業務の管理のみだった。

「管理」とは、ミューチュアルファンドの活動を表すトライアングルの一辺（恐らく最も起業的な要素の少ない一辺）に過ぎない。価値を創造して成長を実現するのは、もっと重要な他の二つの辺（「投資口の販売」と「投資運用」）である。その二辺が、ウェリントン・マネジメントの中のライバルの元に残ることになったのだ（とはいえ、それも数年のことに過ぎなかったが）。

私たちの運命が、私たちの作るファンドの性質や、それらが優れた投資リターンを実現できるかどうか、また、ファンドの投資口のマーケティングをどのように（効率的に）行うか、によって決まるのは分かり切っていた。だが、これらの業務の監督だけが許され、販売と運用は禁じられた時、この先は難路になるだろうと悟った。私は最終的には包括的な企業を作ることを目指していたので、以前ＣＥＯ職を辞した時と同じように、「情熱に燃えて」今回の新しい職も引き受けた。

取締役会は、自分たちが作った新会社に深刻な制限を課したが、私たちは克服できると確信していた。ミューチュアルファンド業界でこれまで試されたことのない、まったく新しい構造で成功するために奮闘するつもりだった。

こうした可能性を持つ新会社の社名には何を選ぶべきか？「ウェリントン」の名前にするのが当然と思われたが、取締役会は、ウェリントン・ファンドの名称は変えず、一方で、ウェリントン・マネジメント・カンパニーもそのまま、ウェリントンの名前を使い続けることを決定した。

私はこの決定を、バカバカしく近視眼的なものだと思い、辞めると脅した。だが、筆頭独立取締役だったルートが、「ジャック、グループには君の好きな名前を付ければいいよ。それで、このひどいミューチュアルファンド業界で、一番素晴らしい名前だと思われるようにすればいいじゃないか！」と挑発してくるのを聞いて、私は留まることに決めた。

以来、私はそれをまさに実現しようと努力している。

転機2　一九七四年九月
「名前が意味するもの」

設立一週間前になっても、まだ名前は決まっていなかった。だが、私のキャリアではよく起きたことだが、その時も幸運が微笑んだ。まったくの偶然で、一七九八年のナイル海戦時のネルソン卿の旗艦HMSバンガード号についての文献を目にすることになったのだ。

一九七四年の夏の終わり、アンティーク版画のディーラーが、ナポレオン戦争時代の英国陸軍の戦いを題材にした小さな銅版画を何枚か持って、私のオフィスにやって来た。そこには、四六年前にモルガン氏が最初に名前を使った、ウェリントン公爵率いる軍が勝利する様子が描かれていた。

何枚か買うと、ディーラーは〔その版画と〕同じ本にあった、同時代の英国海軍の戦いを題材にした版画も何枚か見せた。海やその永遠の謎には常に心惹かれていたので、それも買った。ディーラーは喜んで、その版画がもともと載っていた本をくれた。

私は、二二五年前にファイアストーン図書館でフォーチュン誌をめくっていた時のように、貰った本の一七七五〜一八一五年の大英帝国海戦に関するページに目を通した。そして、歴史上重要なナイルの海戦の武勇談を読んで感銘を受けた。その時、ネルソン卿の艦隊はフリゲート艦一隻を失ったのみで、フランスの軍艦をほぼすべて撃沈させており、今でも、歴史上最も完全な海軍の勝利とされている。ナポレオンの世界征服の夢は終わった。ネルソンが海軍本部に勝利を伝える報告書には、「HMSバンガード号、ナイル川河口にて」と旗艦名が書かれた真下に、ホレーショ・ネルソン卿の署名があった。

一秒も迷わず、誰にも相談することなく、私はまもなく設立する予定の会社の名前を「バンガード」に決めた。

バンガード――新たな旗艦の誕生

ネルソンの旗艦の名であり、ウェリントン公爵の勝利に匹敵する活躍を見せたことや、ネルソン卿のリーダーシップのごとき誇り高い海軍の伝統、そして言葉自体の意味（「先駆者」）を考えれば、抗しようもなかった。一九七四年九月二四日を設立日として、バンガード・グループは誕生し、取締役会は私を、当時二七名だった社員に責任を負う、会長兼最高経営責任者に指名した。私たちは前例を破り、ミューチュアルファンドがファンド所有者の利益のためにのみ業務を運用するための、独立性を勝ち取る戦いにまず勝利したのだ。

間一髪

私が新しい会社のために選んだ名前には、取締役会の承認が必要だった（当然のことだ）。だが、この名前を示して承認を受けようとした時、私は取締役の多く（恐らくは大半）が、私ほど、バンガードという名前に興奮していないのを感じた。彼らは、私が、ファンドの管理しか担当しないはずの地味な会社に、当初のつつましい業務だけではなく、包括的なミューチュアルファンド複合体になる可能性を反映した名前をつけようとしているのを見抜いていたのだと思う。

何とかして取締役の承認を得るため、私は、「バンガードという名前の素晴らしいところは、新聞のファンド資産価値のリストの位置が今までと変わらないところです。バンガードは『V』で、ウェリントンの『W』の隣なので」と付け加えた。取締役会の雰囲気はがらりと変わり、新しい名前は承認された。まさに間一髪だった。バンガードの名前を守れたのは大きな勝利だった。その名はやがて、見事に時の試練に耐えるのだから。

出資者の承認

バンガードは、設立日の六日前の一九七四年九月一八日に業務を開始した。米国証券取引委員会は翌七五年二月一九日になるまで、再編について説明したバンガードのプロキシステートメント（委任状）を承認しなかった。その後、私たちはファンドの出資者にプロキシステートメントを郵送し、ファンドの再編と、ウェリントン・マネジメント・カンパニーに支払う投資顧問料を約五％とわずかに引き下げる提案の両方について承認してくれるよう求めた。

一九七五年四月二二日、出資者たちは圧倒的多数で私たちの提案を承認した。同年五月一日に新しい業務委託契約が発効し、ファンドがウェリントン・マネジメント・カンパニーに支払う投資顧問料が引き下げられた。

その後一〇年間、バンガードが強みを増すにつれて、これをはるかに超える、最高九〇％に及ぶ報酬の引き下げが何度か行われることになる。私たちは賢明にも、ファンド資産が大幅に増えて効果を発揮し始めるようになるまで、報酬の引き下げは提案しなかった（第5章参照）。

バンガードの設立は、ほとんど報道されることはなかった。今、金融関係の媒体で、新しい会社の誕生はおろか、ミューチュアルファンド構造の従来のルールをぶち壊した新しい会社の誕生を報じる記事を探しても、見つかることはないだろう。

本格的なミューチュアルファンド複合体の誕生

私の予言は正し過ぎるくらい正しかったが、事態は私の予想をはるかに超えるスピードで進んだ。新会社の設立からちょうど一年後の一九七五年九月に、ファンドの取締役たちは、バンガードによる、管理を内部化した「運用されない（アンマネージド）」ミューチュアルファンド、世界初のインデックス・ミューチュアルファンドの設立を承認した。

それからわずか一年半後の一九七七年二月、私たちのファンドは販売手数料をすべて廃止し、自らマーケティングと販売を行う責任を負うことになる。最終的には八〇年三月に、債券とMMF（マネーマーケット・ファンド）を運用する、自社独自の投資顧問部門を設立。会社設立からわずか五年後のこの時点で、バンガードは、私が当初から望んでいた本格的なファンド複合体になった。

私たちには、独自のミューチュアル構造と、前例のないインデックス戦略を発展させて頭角を現す準備ができており、その意思も、能力もあった（実際、待ちきれなかった）。この組み合わせは、「今我々が知っている」ファンド業界をぶち壊す、創造的な破壊の目覚ましい波になるはずだ、と。

「どっちの家もくたばりやがれ？」

その後、私たちに注目が集まり始めたが、それは友好的と言えるものではなかった。フォーブズ誌は、一九七五年五月の記事で、私たちの新しいミューチュアル構造を冷笑している。

その「どっちの家もくたばりやがれ？」という見出し（シェイクスピアの『ロミオとジュリエッ

ト』の台詞からの引用）に、ウェリントン・マネジメントとバンガードの両方を軽蔑した記事の内容がよく表れている。

当時フォーブズ誌の編集者だったウィリアム・ボールドウィンは、数十年経ってから、このひどい記事について、一度ならず二度ほど謝罪記事を書いている。最初は一九九九年二月八日に、「今になって改めて考えれば、本誌は、バンガード・グループに関するあのひどい記事を出すべきではなかった」。再び、二〇一〇年八月二六日号では、「一九七五年五月に、フォーブズ誌が出した記事について、正式に撤回したい。ボーグル（中略）は今でも変わらず、声高にコストカットを叫んでおり、二〇世紀のどんな金融家よりも、投資家に大きな貢献をしたと思う」。

二つの忘れられない（かつ対照的な）反応

ミューチュアルファンド業界には、バンガードの設立について、他にも一九七五年五月のフォーブズ誌の記事と同様の気持ちを抱いた人たちがいたはずだ。だが、その大半は、バンガードの誕生を無視した（その後起きることとなんて、疑いもしていなかったに違いない）。実際、ファンドの独立性を確保するこの新しい構造について、受けたコメントは非常に少なかったが、二つが記憶に刻まれている。一つは第1章の冒頭で引用した、ロサンゼルスのアメリカン・ファンズのトップ、ジョン・ラブレスの「この業界をぶち壊す」だ。

二番目は、ウェリントン・ファンド投資委員会の旧メンバーであり、深い見識と広い視野で定評のあるベテラン投資家、ブランドン・バリンジャーによるものだ。一九七四年にバンガードが設立されたことを知ると、彼は静養中だったペンシルバニア病院の病室に私を呼び、「ジャック、君はまさに、ミューチュアルファンド業界に革命を起こしたね。偉業だ、おめでとう」と言った。ミューチュアルファンド・ガバナンスにおけるバンガード・エクスペリメントが行われつつあった。

結果的には、ラブレス氏もバリンジャー氏も、正しかったのだと思う。

最初の戦場で狼煙が上がってからずっと、私たちは航路を守り、バンガードは生き残ってきた。次の戦いがすぐにでも始まろうとしていた。

航路を守る

「航路を守る」という導き星が、困難に打ち勝つための私の基本的な能力の重要な側面であったことが再び証明された。一九六五年から七四年までは、自分のキャリアの航路を守るという、断固たる決意によって心痛や落胆を切り抜けた。戦いは長く困難なものだったが、大空に生まれたバンガードという新しい星が、いつか、ミューチュアルファンドという世界に革命を起こすはずだ——。思い返せば、戦いのプレッシャーの下で、自分がどうやって「クールにやれた」(最近の言い方で言えば)のか、分からない。だが、キプリングの言葉を借りれば、私は勝利も敗北も等しく受けとめた。自分が何を実現したいかはわかっていたし、バンガードの真新しい「ミューチュアル構造」は、その次に来る、世界初の「インデックス・ミューチュアルファンド」を成功に導く鍵だったからだ。

第4章　インデックス・ファンド革命

――誕生から優位性の確立まで

	1975年12月	2018年6月	年間成長率
インデックスの資産	$1,100万	$6.8兆	37.4%
業界資産	$459億	$18.3兆	15.8%
インデックスのシェア	0%	37%	
			年次リターン
S&P 500指数	90	2,718	11.5%
中期米国債利回り	7.2%	2.1%	6.9%
株式60%／債権40%	-	-	10.0%

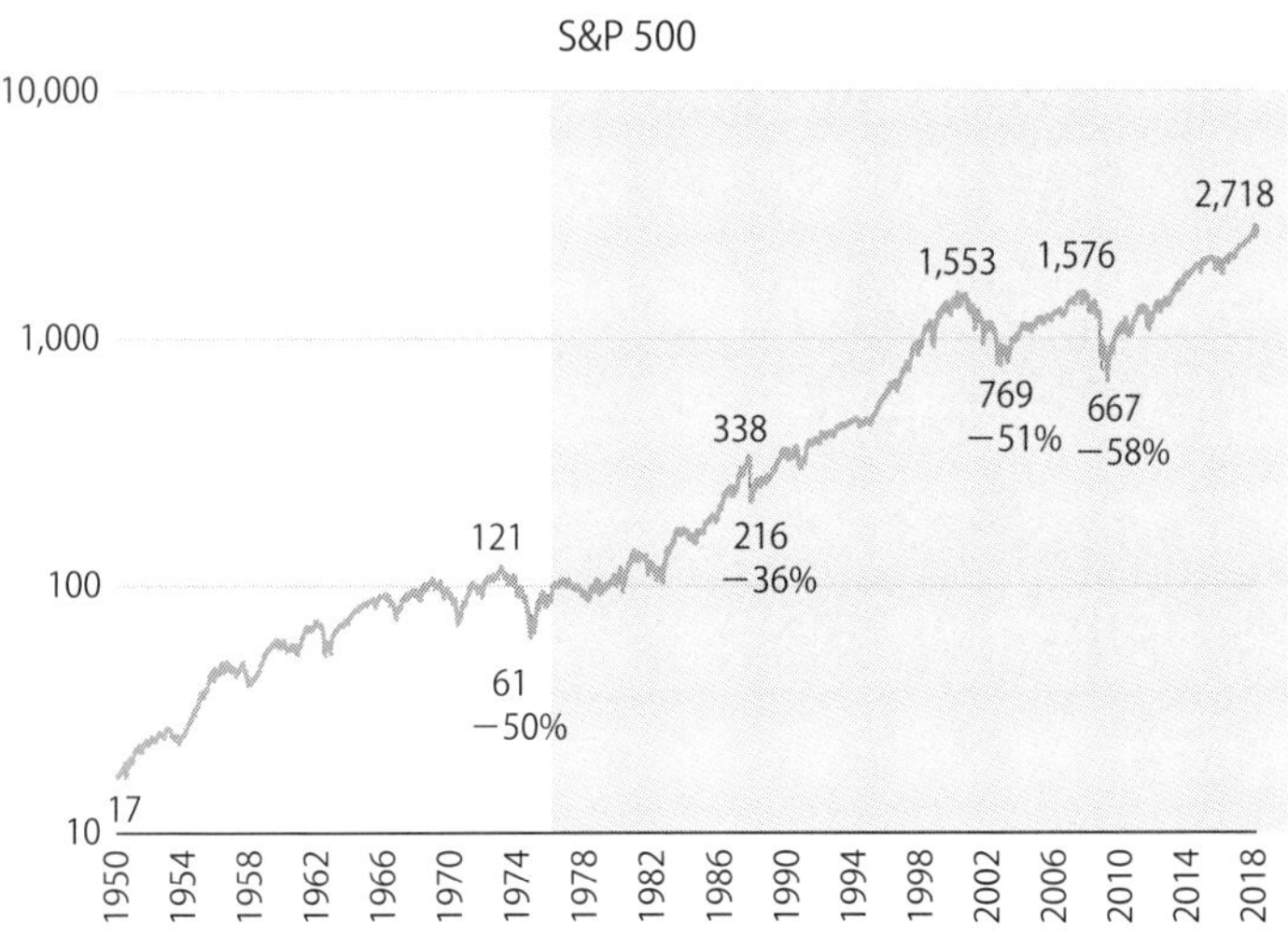

バンガードが最初に生み出したのは、S&P500に基づくインデックス・ファンドであった。右のチャートは、そのインデックス・ファンドがただ生き残っただけでなく、株価の長期的な上昇によって成功したことを示している。

バンガードによる最初のインデックス・ミューチュアルファンドの設立は、私たちの歴史にとって非常に重要な出来事だった。私はこの章をすべて、その創設を巡る素晴らしい話に割きたいと思う。

一九五一年——種を撒く

インデックス運用が最初に私の頭をよぎったのは、一九五一年、プリンストン大学でのことだった。私は卒業論文に、ミューチュアルファンドは、「市場平均に対して優位ではない」と書いた。その後数年間、ウェリントン・ファンドにおいて、卓越した投資を実現しようというあてどない努力に深く関与したことは（合併パートナーたちが持続的に優れたリターンを挙げてくれるだろうという、私の報われなかった希望は言うまでもなく）、アクティブ型のファンドマネージャーに対する私の懸念を裏付けたに過ぎなかった。

アクティブ投資運用での実地経験から、「勝つファンドマネージャーを見つけようとすることは、大半の投資家にとって、究極的には報われない困難な戦略である」という教訓を得た。一九七四年の一〇月初めに、ジャーナル・オブ・ポートフォリオ・マネジメント誌の創刊号で、ノーベル賞受賞者のポール・A・サミュエルソン教授[*1]の「判断の課題」という論文を読んだ時、この教訓を思い出した。新しい会社を設立してから間もなくこの核心をつく論文を読むことができたのは、驚くべき、そして幸せな偶然で、これ以上ない、絶好のタイミングだった。

サミュエルソン博士は、ファンドマネージャーが「再現可能、持続可能な形で」S&P500指数のリターンを上回るパフォーマンスを体系的に挙げられることを裏付ける「容赦ない証拠」を見つけられなかった。つまり、博士は、誰かが、どこかで、S&P500をモデルにしたインデックス・ファンドを始めるよう求めていた。そして、「市場全体を模し、販売手数料は請求せず、銘柄の入れ替えや運用の報酬を可能な限り最低限に抑えているような、使いやすいファンドは今のところ存在しない」と書いていた。

＊1　その四半世紀前にプリンストンで教科書に苦労させられた、あのサミュエルソン博士である。

動機とチャンス

サミュエルソン博士の挙げた課題は雷のように私を打ち、生まれたばかりのバンガードには「パッシブ運用される低コストのインデックス・ファンドを運営し、数年間市場を独占できる」という素晴らしく、かつ独自の機会がある、との私の確信に火をつけた。ミューチュアルファンド業界には、低コスト（まさに「実費」）のミューチュアルファンドを立ち上げたいと考える競合相手はいなかった。「戦略は構造に従う」のであれば、コストがわずかなインデックス・ファンドこそ、新しい会社にとって完璧で、またとないものだった。

どの同業者にも、インデックス・ファンドを始めるチャンスがあったが、チャンスと動機があったのはバンガードだけだった。結局のところ、スポンサーがいわゆるミューチュアルファンドを設立する目的は、運用資産を増やし、投資顧問料を増やし、会社が得る利益を増やすことにある。[*2]ファンドビジネスでは良かれ悪しかれ、これが、「アメリカ式」なのだ。だが、新しく、独立しているバンガードは、顧問会社に支払う法外な報酬を、大規模な企業や州の年金基金の間では一般的な、ずっと低いレベルに引き下げようとしていた（そして後に、実現した）。しかも、インデックス・ファンドには投資顧問会社が不要で、支払う投資顧問料がゼロなので、さらに有利だった。

インデックス・ファンドの投資コンセプトとマーケティング計画を策定する立場にあったのは（つまり、バンガードの少数のスタッフからなる戦略チームの総員は）、実際、私と、プリンストンとペンシルバニア大学ウォートン校を卒業したばかりの若者だったジャン・M・トゥヴァルドフスキー（後に、フランク・ラッセルの社長となった）と、やはりウォートンの卒業生だったジェームズ・S・リーペ（後にT・ロウ・プライスの副会長となった）の三人しかいなかった。私たちはS&P500株式指数をモデルにしたインデックス・ファンドを成功させるために、一九七五年九月の取締役会に向けて、取締役宛の正式な提案を作成した。

＊2　当時のSEC委員長マニュエル・F・コーエンの一九六八年の発言。第2章参照。

バンガードの取締役たちにコストが重要だと納得させる

バンガード誕生までの苦労を考えれば、取締役会が私の提案の客観性を疑うであろうことは分かり切っていた。そこで私は、プレゼン資料の中で、提案の正当性を立証するデータよりも先に、サミュエルソン博士の論文を「別紙A」として提示した。

次に、過去、インデックス運用がうまく行っていたことを示す説得力ある証拠を提示した。私は、一九四五年から七五年までの三〇年間の各株式ミューチュアルファンドの年次リターンを集計して単純平均を計算し、S&P500と比較したのだ。

結果、S&P500指数の平均年次リターンは一一・三%であったのに対し、平均的な株式ファンドは九・七%で、インデックス運用の方が平均で年一・六ポイント高かった。ここに、パッシブ・インデックスのリターンの方がアクティブファンドよりも優れているという確かな統計的証拠(「容赦ない証拠」と言っていい)があった。このデータは、二四年前、事例証拠しかなかった時期に、私が論文で到達した結論を裏付けるものとなった。[*3]

＊3　このスプレッドは、統計的異常などではまったくない。二〇一六年一月にファイナンシャル・アナリスト・ジャーナルに書いた論文で、私は一九八五年から二〇一五年までの三〇年間について、この検証を再び行った。その結果、S&P500指数の年次リターンは、平均的なアクティブ運用大型株ブレンドファンドよりも一・六ポイント高く、そのメリットは、一九七五年に私がバンガードの取締役たちに示したものと同じだった。どちらの差もほぼすべてが、インデックス・ファンドのコストの優位性によるものである。

「運用されないファンド」

年金口座のこのメリットについて説明したくて、私は、百万ドルの初期投資を想定したデータを取締役会に示した。その結果、S&P500指数口座の終価は二五〇二万ドル、平均的な株式ミューチュアルファンドは一六三九万ドルで、インデックス・ファンドは、なんと八六三万ドルも上回った。これ以上説得力があるものはないといえた。

一九七五年九月の取締役会において、バンガードの取締役たちは私のインデックス・ファンドの提案に対して懐疑的で、私たちの権限（ウェリントン・ファンドの取締役会でかなり争った後でやっと得られた権限）では、新しい会社は投資の顧問業務やマーケティング業務は行えないと、私に主張した。

私は、バンガードがインデックス・ファンドを運営しても、ファンドに投資顧問業務を提供する禁止事項には違反しない[＊4]、単純に、S&P500指数の五〇〇銘柄を保有するだけで、投資顧問会社を使うことはないので、「運用」もされない、公開引受は外部の証券会社のシンジケートに対応させればいい、と反論した。

強か(したた)だろうとなかろうと、「インデックス・ファンドは運用されない」という私の主張が勝利を収めた。予想していたほどの議論もなく、取締役会は私の提案を満場一致で承認した（議決後、取締役の一人は辞任を決め、指名を辞退した）。

＊4　ちょうど五年後の一九八〇年、債券ファンドやマネーマーケット・ファンド（ＭＭＦ）を運用するためにバンガード・フィクストインカム・グループを設立した時に、禁止は完全に解かれた。これについては、第5章で詳しく触れる。

ファースト・インデックス・インベストメント・トラスト

一九七五年一二月三一日に、私たちはデラウェア州で「ファースト・インデックス・インベストメント・トラスト」[＊5]（世界初のインデックス・ミューチュアルファンドとしての優位性を誇示するという私たちの決意を反映した名前）の信託宣言書を届け出た。

一九七六年四月までには、アクティブ運用ファンドの運用コスト（銘柄入れ替えや償却販売手数料を含む）が二～三％であるのに対して、インデックス・ファンドの運用コストは、運営費がわずか年〇・三％、取引コストが年〇・二％と見込んで、目論見書案の作成を終えた。「コストのわずかな違いが、長期的に素晴らしい利益を生む」というのが、慣例に衝撃を与える投資戦略を策定しようとする私の、シンプルな命題だった。

私たちが提案していたファンドはインデックス追跡型ミューチュアルファンドで、その開設の複雑さは今までにないものだった。インデックス型年金口座や共同信託ファンドとは異なり、連邦法の要件や日次キャッシュフロー、何千人(最終的には恐らく、何万人)分もの投資家口座を取り扱うためのコストといった問題に対処しなくてはならなかった。

当初の計画では、どのようにしてポートフォリオ取引の手数料コストを最小限に抑え、指数に厳密に適合する能力を損なわないように業務を効率化する予定かを説明した。一九七六年五月、取締役たちは質疑応答の末、ファースト・インデックス・インベストメント・トラストの目論見書と登録届出書を証券取引委員会に届け出ることを承認した(私たちが選んだ名前はSECスタッフの質問や、何人もの敵に耐え抜いた)。

＊5　このファンドは現在、バンガード500インデックス・ファンドと呼ばれている。

誰が最初で、誰が生き残ったのか

ファースト・インデックス・インベストメント・トラストが最初のインデックス・ミューチュアルファンドだったのは間違いない。自分が、一九七五年に、先駆けとなったこのインデックス・ミューチュアルファンドを作ったことに、私は未だに驚いている。どうして私だったのか? そもそも、どうして私以外にはできなかったのか?

一九六〇年代の終わりに、ウェルズ・ファーゴ銀行は学術モデルを使って、インデックス投資につながる原則とテクニックを開発しようとしていた。そして、サムソナイト・コーポレーションの年金基金のために、六〇〇万ドルのインデックス口座を構築した。

この最初の試みは失敗に終わった。ウェルズ・ファーゴは、ニューヨーク証券取引所の株式の均等加重指数を戦略として選んだが、その実行はまさに「悪夢」で、戦略は一九七六年に中止された。続く新しい戦略は、一年前に、私たちがバンガードのファースト・インデックス・インベストメント・トラストのために選んだのとまさに同じ、S&P500株式指数の時価総額加重に依拠するものだった。しかしサムソナイトはその後破産に直面し、年金制度を廃止した。

これとは別に、一九七一年、ボストンのバッテリーマーチ・ファイナンシャル・マネジメントは、インデックス投資のアイデアを追求することを決定した。このアイデアは同年のハーバード・ビジネス・スクールのセミナーで発表されたもので、その時は反応する人は誰もいなかった。彼らの努力に対して、七二年に、ペンション&インベストメント誌の「デュビアス・アチーブメント（疑わしい実績）・アワード」が贈られ、その二年後の七四年一二月になって初めて顧客が見つかった。だが、同社のインデックスへの取り組みはやがて終わってしまった。

インデックスの失敗はさらに続く

一九七四年に、シカゴのアメリカン・ナショナル銀行がS&P500指数をモデルにした共同信託ファンドを設立したが、この銀行も信託ももう存在していない。当時、ミューチュアルファンド業界に参入したばかりだったアメリカン・エクスプレスも、インデックス・ファンドを提供しようとしており、七五年に、年金基金顧客にS&P500インデックス・ファンドを提供するための登録届出書（初期投資一〇〇万ドル）をSECに届け出た。だがこれも保留となり、七六年初めに、新しい経営陣が登録を撤回した。

こうした、インデックス運用において始まった取り組みのいずれも、実を結ばなかった。初期の種火はどれも、インデックス運用の炎を燃え上がらせることはなかった。試験的な進出のいずれも、持続可能で成功するインデックス・ファンドを一つとして生み出せたものはない。バンガードのファースト・インデックス・インベストメント・トラストただ一つを除いて。

それから四〇年後、インデックス運用革命を牽引しようとした初期のパイオニアたちが組成したインデックス・ファンドの蓄積資産の総額はゼロである。

転機３　一九七五年九月
ファースト・インデックス・インベストメント・トラストの始まり

バンガードのファースト・インデックス・インベストメント・トラストは、現代ポートフォリオ理論（MPT）や効率的市場仮説（EMH）の複雑なアルゴリズムから生まれたのではない。一九七五年には、今では（投資の歴史において）有名なシカゴ大学のユージン・ファーマやダートマスのケネス・フレンチのことなんて、聞いたこともなかった。後に、ＥＭＨを理解するようになると、市場の不均等で、予測不能なことが多い効率性によって、ＥＭＨは、インデックス運用を信頼できないとする根拠になってしまうことが分かった。

正直に言って、インデックス・ファンドを始めようと決めた時には、私は応用統計学の訓練を受けたこともなければ、その才能も持っていなかった。

お恥ずかしいことに（と思う）、当時、私はＭＰＴもＥＭＨも詳しくは知らなかった。[*6] だが、それは大したことではなかった。

初めてのインデックス・ミューチュアルファンドも、シカゴ大学やウェルズ・ファーゴの定量的研究の所産ではなかったのである。後に、シカゴ版のインデックス・ファンドの起源〔一九六〇年、シカゴ大学の Edward F. Renshaw と Paul J. Feldstein が「Financial Analysts Journal」誌に論文「The Case for an Unmanaged Investment Company」を発表。アクティブ運用に対するダウ工業平均などのインデックスに追随するポートフォリオの優位性を初めて主張した〕について読んだ時、自分がファースト・インデックスを設立した頃には、シカゴ大学の論文を飾り立てている著名な名前など一つも聞いたことがなかったと、改めて思った。その論文リストは、ジョン（「マック」）・マックオウン、ジェームズ・ヴァーティン、ウィリアム・ファウス、フィッシャー・ブラック、ハリー・マーコウィッツ、ユージン・ファーマ、ジェレミー・グランサム、ディーン・ルバロン、ジェームズ・ローリー、マートン・ミラー、マイロン・

ショールズ、ウィリアム・シャープ等、まさに一九七〇年代と八〇年代の金融学会の大物たちの名士録といえた。プリンストン大学の一九五一年度卒業生で、金融への興味からヒントを得て論文を書いたにもかかわらず、私は、要するに、その時代に学会や業界で何が起きているのかを全く知らなかったのだ。

ファースト・インデックスを生んだのは、偶然と直感である。

ジャン・トヴァルドフスキーは、二八人いたバンガード創設時のメンバーの一人であり、最初のインデックス・ファンドの初めてのポートフォリオ・マネージャーであった。一九七五年初めの出来事を、ジャンの口から語ってもらおう。

ある日、ボーグルさんにインデックス・ファンドを運用できるかと言われて驚きましたが、二、三日調べた後に、お受けしました。私は、キャップ加重アルゴリズムと公共のデータベースを使って、タイムシェアリング・システムにＡＰＬ〔プログラミング言語〕でインデックス・ファンドのプログラムを書きました。率直に言って簡単でしたが、ボーグルさんがこのアイデアを引受会社に売って、ロードショー〔投資家向けの説明会〕が始まった時にはかなり緊張しました。実際のお金が、自分が作ったＡＰＬプログラムに基づいて運用されることになったのですから。

もちろん私は、プリンストンで文学士号しか取らなかった人間と、プリンストンでＢＳ

EE（電気工学学士号）を取った人間と、ウォートンでMBAを取った人間が、シカゴ大学やスタンフォードや、ハーバードで教育を受け、博士号や修士号を取得した人々よりも頭がいいと言おうとしているわけではない。

バンガード500インデックス・ファンドは、最初のインデックス・ファンドではないが、構造はどうあれ、初期にインデックス運用を試みた中で、時の試練に耐えた唯一のインデックス・ミューチュアルファンドだ、ということは念を押しておきたい。二〇一八年初めには資産六二〇〇億ドルとなったバンガード500インデックス・ファンドは、総資産六六〇〇億ドルのバンガード・トータル株式市場インデックス・ファンドに次ぐ、世界の二大ミューチュアルファンドの一つである。

＊6　私はその後、現在では広く受け入れられている、コスト重要仮説（CMH）を生み出した（名前が言及されないこともよくある）。

IPO

次に、まだ資金がなかったので、バンガード（この新しい「実費」企業）がマーケティングや宣伝にお金を使うことなく、インデックス・ファンドを始めるための資本を調達する方法を見つけるのが、私の仕事だった。

新しいファンドが何百株も所有する上で必要な、最低限の資産を確保するには、ウォール・ストリートの投資銀行のバンカーたちのグループに、新規株式公開（ＩＰＯ）を行ってもらう必要があった。

私は取締役会に、図々しくも、私たちの目標は「五〇〇〇万ドルから一億五〇〇〇万ドルの範囲で、インデックス・ファンドを引き受けること」だと伝えた。

初期の頃、バンガードのファンドは、ブローカーのみを通じて販売される「ロードファンド」だった。当時、ミューチュアルファンドの売上は、一九七三年から七四年の間に株価が五〇％近く下落したことを受け、劇的に低迷していた。私たちはすぐに、全米で最も優秀なブローカーのグループに協力を求めようと取り掛かった。

懸命の説得が実を結び、ベーチェ・ホールジー・スチュアート（現プルデンシャル証券）、ペイン・ウェーバー・ジャクソン＆カーチス、レイノルズ証券が参加することになった。この三社は、引受幹事になる四社目の大手企業を私たちが見つけることを契約の条件にした。それがディーン・ウィッターだった。ディーン・ウィッターのＩＰＯグループのリーダー、ロジャー・ウッドがファースト・インデックス・インベストメント・トラスト側のアイデアを支持し、しっかりと、引受のリーダーシップを取った。私たちは、ウォール・ストリートのミューチュアルファンド販売会社で、最強の四社を集めることができたのだ。

再び幸運が訪れる

フォーチュン誌の一九七六年六月号に、「インデックス・ファンド――時代を先取りするアイデア」という大見出しが掲載された時、私たちの自信は高まった。六ページの優れた記事で、アル・エルバー編集長は「インデックス・ファンドは今、専門家による資金運用という世界全体を作り変えようと脅かしている」と書いていた。

さらに年金基金に焦点を当て、「現在の運用はひどいものだ。年金基金に責任を負う企業役員たちは、市場平均と同じパフォーマンスを挙げる代わりに、制度上もっと悪いパフォーマンスしか挙げることのできない専門家の群れに資金を預けている」と書き、「その上報酬が差し引かれる」とも付け加えていた。エルバーは、自分の見解をインデックス理論に関する一連の正確なデータや詳細な解説によって強調するとともに、考えられる反論を一つずつ退けていた。それは、ジャン・トヴァルドフスキーと私にとって、強力な特効薬のようなものだった。

サミュエルソン博士再び

引受の発表に対する周囲の反応は、控えめながら良好なものだった。私とジャンは、インデックス・ファンドはミューチュアルファンド業界における新しい時代の始まりだと信じていたが、そこまで同調する人はほとんどいなかった。

最も熱のこもったコメントは、かつての担当教授で（一九七〇年にノーベル経済学賞を受賞した）、私がインデックス運用への最初の一歩を踏み出すきっかけを与えてくれた、ポール・サミュエルソン博士から届いたものだ。

博士は、一九七六年八月のニューズウィーク誌への寄稿で、「思っていたよりもずっと早く、私の心の中の祈りは聞き届けられた。真新しい目論見書を見たところによると、ファースト・インデックス・インベストメント・トラストというものが市場に参入するようだ」と書き、とうとう、二年前の自分の挑戦に応じる者が現れたことへの喜びを表明していた。

一方で、このファンドは自分の六つの要件のうち、以下の五つしか満たしていないと認めていた。

一、あまり資産がない投資家にも利用できること。
二、広範なスタンダード&プアーズ500指数との連動を狙いとしていること。
三、年間の経費手数料がわずか〇・二〇%であること。
四、ポートフォリオの売買回転率が極力低く抑えられていること。
五、「ポートフォリオの変化とボラティリティを最低限に抑えて、平均リターンを最大化するために必要な可能な限り広範な分散投資」が行われること。

サミュエルソン博士の六番目の要件（ノーロードファンドでなくてはならない）は満たされていなかったが、博士自身も、「教授の祈りが完全に叶えられることは滅多にない」と寛大に認めていた。実際には、サミュエルソン博士の最後の祈りは、それからちょうど六カ月後、バンガードがすべての販売手数料を廃止して「ノーロード」化した時に叶えられた。だが、それまでは、引受にはどうしてもブローカーの力を借りなくてはならなかったので、ファースト・インデックス・インベストメント・トラストは初回販売手数料を課していた（当時のミューチュアルファンドでは、小規模投資の六％から、一〇〇万ドル以上の投資では一％まで段階的に減少するというのが標準だったので、それよりは少ない）。

ロードショーは大失敗

だが、全国の都市十数カ所で開いた「ロードショー」で、副司令官のジェームズ・S（ジム）・リーペと私は二人とも、証券会社の担当者たちが、私たちのアイデアにそれほど気乗りではなさそうだと感じていた。結局のところ、インデックス・ファンドは、「顧客のために、うまく運用されているファンドを選ぶ」という証券会社の本来の仕事が、敗者のゲームであることを示すものだったからだ。

一九七六年八月三一日のクロージング時には、IPOはまったくの失敗に終わり、投資家からは一一三〇万ドルの資本しか調達できなかった。これでは、S&P指数の全五〇〇銘柄を一〇〇株ロット買うことすらできない。

引受会社は申し訳なさそうに、IPOを撤回して投資家に資金を返還することを提案したが、私は拒否し、「とんでもない、これは世界初のインデックス・ファンドで、すごいことの始まりなんですよ」と言ったことを覚えている。

「ボーグルの愚行」

新しいアイデアを持つ人間は、まず懐疑論で迎えられ、その後激しい非難を受け、いざアイデアが現実になると攻撃されることを覚悟しなくてはならない。

ファースト・インデックス・インベストメント・トラストは何度も、「ボーグルの愚行（フォリー）」だと言われた。ある中西部の証券会社は、ウォール・ストリート中に、怒ったアンクル・サムがインデックス・ファンドの株券に大きな「無効（キャンセル）」のスタンプを押しているポスターを貼りまくった。その見出しにはでかでかと「インデックス・ファンドはアメリカらしくない（アン・アメリカン）。インデックス・ファンドを撲滅しよう！」と書いてあった。

フィデリティの会長、エドワード・C・ジョンソンⅢ世は、フィデリティがすぐにバンガードの後を追うことに懐疑的だった（が、一九八八年にはその通りのことをした）。そして、マスコミに対して「大多数の投資家は、平均的なリターンを受け取るだけでは満足しないと思う。重要なのは、最高を目指すことなのだから」と発言している（現在、インデックス・ファンドは、フィデリティが運用している全株式ファンド資産の三〇％を占めている）。

別の競合先は、「平均的な医者の手術を受けたいとか、平均的な弁護士の助言を受けたいとか、平均的な証券外務員になりたいとか、平均より良くも悪くもない成績を挙げたいと思う人がいるでしょうか？」と大げさに尋ねるチラシを配った。そのチラシは、「星に向かって手を伸ばしているのに、一握りのゴミを持って来られても」と気が利いたつもりの文句で締めくくられていた。だが、その例えを借りるなら、大半のファンド投資家は長い間星に向かって手を伸ばしながら、実際は一握りのゴミしか持ってこないミューチュアルファンドに投資していたのだ。

五〇〇ではなく二八〇銘柄

引受目標は一億五〇〇〇万ドルと楽観的だったので、最終的な数字は喜べたものではなかった。だが、とうとう、自分たちの最初のインデックス・ファンドができたことはうれしかった。ジャン・トヴァルドフスキーは、うちのファンドの初代ポートフォリオ・マネージャーとして、ファースト・インデックス・インベストメント・トラストの当初資本の一一〇〇万ドルを、すぐにS&P500指数銘柄に投資した。

資産が限られていることや、全五〇〇銘柄を買うために必要な取引コストのことを考えて、当初のポートフォリオには、上位二〇〇銘柄（指数のウェイトの八〇%近くを占める）に、指数の他のプロファイルに合うよう選んだ八〇銘柄を加えた二八〇銘柄を含めることにした。一九七六年一二月三一日までに資産は一四〇〇万ドルに増え、二一一の株式ファンド中、規模では一五二位となった。

「家を建てる者の退けた石が隅の親石となった」

これはまだ、つましい始まりに過ぎなかった。一九八二年末までに、ファースト・インデックス・インベストメント・トラストの資産は一億ドルを超え、二六三ファンド中一〇四位になった。八八年には一〇億ドル台に到達し、一〇四八ファンド中四一位となった。二〇一八年半ばには、バンガード500インデックス・ファンド（機関投資家向けに設計された姉妹ファンド、インスティテューショナル・インデックス・ファンドを含む）の総資産は六四〇〇億ドルに達し、資産規模では、五八五六の株式ミューチュアルファンド中、バンガード・トータル株式市場インデックス・ファンド（七四二〇億ドル）に次いで二位となった。

バンガードはインデックス運用において、今でも圧倒的な力を維持している。三・五兆ドルのインデックス・ミューチュアルファンド資産を持つバンガードは、米国の総額六・八兆ドル規模のインデックス・ファンドのうち五一％を管理しており、資産の八〇％近くを、伝統的なインデックス・ファンド（TIF）（長期投資家向けの広範な市場インデックス・ファンド）で運用している。また、株式のように売買できる、様々なインデックス・ファンドである上場投資信託（ETF）にも二五％のシェアを有している。

バンガードがなくても、いずれインデックス・ファンドは生まれたに違いないが、一〇～二〇年は遅れただろう。だが、バンガードのミューチュアル構造は、まだ真似られていない。それでもやはり、インデックス運用は、我々がかつて知っていたミューチュアルファンド業界を変革する大きな力であり、まさに、金融界全体に革命を起こしている力である。

「どんな軍隊よりも強いものが一つだけある。それは、時にかなって生まれた発想である」と言ったヴィクトル・ユーゴーは正しかった。近年、株式投資ではインデックス投資が主流になってきたが、インデックス運用が成功するのは、昔からずっと明らかだったのである。ファースト・インデックス・インベストメント・トラストが最終的に、一般投資家の支持を集めるようになるまでには約二〇年かかったし、四方八方から競合先の攻撃を受けた。だが、インデックス運用が最終的に成功したことは、まさに、旧約聖書の詩篇一一八の教訓「家を建てる者の退けた石が隅の親石となった（建築に不要とされた石が重要な礎石になった）」を新たに示している。

バンガード500インデックス・ファンド――現実世界での成功

二〇一八年半ば現在、バンガード500インデックス・ファンドが、約束以上の成果をもたらしてきたことは明らかだ。それは、目覚ましい資産成長だけによるものではない。全く新しいインデックス・ファンドを増殖させ、業界全体を変え、ファンドマネージャーではなく投資家を運転席に乗せてしまったから、というだけでもない。S&P500ベースのインデックス・ファンドは、それまで試されたことのなかったこのコンセプトに貯蓄を預けた人たちの利益に、実際に貢献したからである。

この点を主張する上で、ファースト・インデックス・インベストメント・トラストのIPOを危うく失敗させるところだった引受会社の弁護士の経験以上にいい例は思いつかない（プライバシーを尊重して、「弁護士」とだけ呼ぶ）。この弁護士は、あまりにも投資家がファンドを買わないので心配になって、IPOで一〇〇〇株買っていたのである。

そして、二〇一六年秋に、彼は引受会社のトップたちと一緒に、私を含むバンガードの三人と、ニューヨークシティで会食することになった。私たちは、一九七六年の引受の四〇周年記念を祝うために集まったのだった。

要約――一万五〇〇〇ドルが一一二万七七〇四ドルに

その晩旧交を温めながら、忌憚のない会話が弾んだ。一人ひとりが一つか二つのエピソードを話したが、最後に、弁護士が立ち上がって話し始めた。「私は、引受の助けになればと思って、IPOの時に、六%の販売手数料込みの一株一五ドルで、ファースト・インデックスの株を一〇〇〇株買いました。配当金は全額再投資して、税金は別途納めました。この会食の席に来る前に、直近の資金運用表を確認したところ、今私は〝四四九三株〟持っていて、今日の純資産価値は一株あたり〝二五〇・九九ドル〟なので、現在の資産価値は〝一一二万七七〇四ドル〟ということになります」[*7]。弁護士は熱烈な拍手を浴びて腰を下ろした。

信じられないかもしれないが、本当の話だ。このエピソードからは、投資のリターンに対して複利計算が持つパワーは侮れないし、投資コストも複利計算すれば過酷になるので、回避すべきだという結論が導き出される。

＊7　〝〟内の各データは、二〇一八年六月三〇日に合わせて更新している。

注意事項

二つの重要な注意事項がある。（一）インデックスのこの一一%というリターンは、二〇一八年の名目ドルで測定される。インデックス・ファンド投資の実質年次リターン（平均年間インフレ率四%で調整）は七%のはずである。すると、件の弁護士の投資の「実質」価値（インフレ調整後）

はずっと低く、わずか(?)二五万六二八四ドルである。(二)今後、当時のS&P500の一一%という年次リターンが再び起きる可能性は非常に低い。一九七六年には、株式のバリュエーションは比較的低く、配当利回りは高かった(三・九%)。二〇一八年には、バリュエーションは高く、配当利回りは低い(一・八%)ように思われる。

正当性の主張――マネーがものを言う

一九九五年八月には、マネー誌がインデックス運用の成功を特集した。タイラー・マティーセン編集長による論説ではコンセプトが好意的に紹介され、読者に「投資家としての期待を完全に方向転換させるべきだ」と呼び掛けていた。そして、インデックス・ファンドのメリット(運営コストの低さ、取引コストの低さ、キャピタルゲイン税リスクの低さ)を「現代の三大テノールであるドミンゴ、パバロッティ、カレーラスに引けを取らない素晴らしいトリオ」と表現していた。

論説の見出しには、「ボーグル勝利――インデックス・ファンドこそ現在の大半のポートフォリオの中核」と惜しみない賛辞が贈られ、「ジャックに乾杯。あなたには、これをインデックス運用の勝利と呼ぶ権利がある」と締めくくられていた。

バフェットとスウェンセン

タイラー編集長の洞察に満ちた支持は始まりに過ぎなかった。わずか一年後には、大物投資家のウォーレン・バフェットもこれに加わり、一九九六年のバークシャー・ハサウェイの株主宛書簡に

「普通株を所有する最善の方法は、最低限の報酬しか請求しないインデックス・ファンドを通じて所有することである。そうすれば、大半の投資専門家が実現している（中略）結果を凌ぐことができる」と書いた。

バークシャー・ハサウェイの二〇一六年度年次報告書で、ウォーレンは、「アメリカの投資家に最も大きな貢献をした人間の像を立てるとしたら、間違いなく、ジャック・ボーグルが選ばれるだろう。ジャックは数十年にわたり、投資家に、超低コストのインデックス・ファンドに投資するよう促してきた。改革を進める中、（中略）ジャックは投資運用業界によって何度も嘲笑されてきた。だが、今日、ジャックは、何百万人もの投資家が、自分たちの貯蓄から、他の方法で得たはずのリターンよりもはるかに多くのリターンが実現したことを知って満足しているはずだ。ジャックはそうした投資家たちや、私にとってのヒーローなのだ」と花を添えてくれている。

長年イェール大学寄贈基金のマネージャーを務めているデイヴィッド・スウェンセンも、二〇〇五年の著書『Unconventional Success（イェール大学CFOに学ぶ投資哲学）』の中で、「非利潤追求型の組織であれば、運用会社は投資家の利益に貢献することに専ら注力するので、投資家にとって最も有利である。利潤動機が、投資家のリターンを妨げることがない。外部企業の利益が、ポートフォリオ運用の選択肢と衝突することもない。非利潤追求型の会社は、投資家の利益を前面と中心に置く（中略）。究極的には、非利潤追求型の投資運用組織が運用するパッシブ型のインデックス・ファンドという組み合わせが、投資家の願望を満たす可能性が最も高い」と書き、改めて、インデックス・ファンドやバンガードのミューチュアル構造を自ら支持してくれている。

ポール・サミュエルソンによる新たな「殺人打線」の完成

こうした惜しみない支持に加え、二〇〇五年には、サミュエルソン博士からも、「私はボーグルのこの発明を、車輪やアルファベット、グーテンベルグの印刷、そしてワインとチーズと同列に並べたいと思う。ミューチュアルファンドはボーグルを裕福にすることはなかったが、ミューチュアルファンドの投資家の長期的なリターンを増やした。これは、全く新しいものだ」という素晴らしい賛辞を受けた。

この三人の投資界の大物（バフェット、スウェンセン、サミュエルソン）を、一九二七年のニューヨークヤンキースの有名な「殺人打線（マーダラーズ・ロウ）」、ベーブ・ルース（打率・三五六、ホームラン六〇本）、ルー・ゲーリッグ（・三七三、四七本）、アール・コームス（・三五六、六本）に例えてもおかしくはないだろう。誰がこの三人に球を投げようか？

航路を守る

先駆けとなったインデックス・ファンドは、航路を守ることにかけては両刃の賜物だった。一つには、ビジネス面で、私たちは世界を変えるアイデアを固守し、投資家に受け入れられるようになるまで、まるまる二〇年といううんざりするような長い期間、辛抱強く待たなくてはならなかった。もう一つには、最低のコストでこの単純な、広く分散投資するファンド（S&P500インデックス・ファンド）を固守した投資家は、本当に素晴らしいリターンを得られるということだ。

第5章　一九七四〜一九八一年

――新たな始まり

	1974 年 9 月	1981 年 12 月	年間成長率
バンガードの資産 （単位億）	$15	$42	8.8%
業界資産 （単位億）	$341	$2,414	32.3%
バンガードのシェア	4.4%	1,7%	-
			年次リターン
S&P 500 指数	69	123	15.0%
中期米国債利回り	8.0%	14.0%	6.6%
株式 60% ／債権 40%	-	-	11.9%

株式市場が低迷している時に会社を始めたのは、愉快なことではなかった。投資界には悲観主義が蔓延しており、これ以上悪くはならないと思えるほどだった。そして、実際、そうはならなかった。S&P500指数は、暴落から六年間、ほとんど中断されることなく、一七五%上昇した。バンガードの資産基盤も一八〇%増加していたので、総資産の業界シェアが一・七%と史上最低レベルに下落したことは紛れてしまった。私たちは、航路を守った。

最初のステップ

バンガードの「新しい始まり」は、一九七五年に取締役会がインデックス・ファンドを承認した時に始まった。ファースト・インデックス・インベストメント・トラストの存在は、私たちが、ミューチュアルファンドにおけるトライアングルの「投資運用」の辺に、希薄とはいえ、制限付きで参入したことを意味した（バンガードのインデックス・ファンドは「運用」されない）。次のステップは、七七年に、「マーケティングと販売」を担当したことである。その完了後には、最後のステップである「投資運用」の探求（バンガードの全ファンドのアクティブ型投資顧問会社を務める権利）を開始することになる。この目標は、八一年に達せられた。

ファンドの投資口販売の矛盾

バンガードの独立性を求める戦いの初めから、私は、ブローカーとディーラーから成るコミュニティに依存し続けながら、ファンド出資者の年間経費率を最低限に抑えて業務を運営しようとすることの矛盾を認識していた。当時、バンガードのミューチュアルファンドの投資口を購入した投資家には、当初、七・五〜八・五％の販売手数料が課されていた。他のほぼすべての同業のファンドマネージャー同様、バンガードの販売戦略も、密接に証券会社と結びついていたのだ。

画期的なインデックス・ファンドの新規株式公開（ＩＰＯ）の直後、私は、この矛盾を解決しなくてはならないと決意した。

一九七六年秋の、バンガード取締役たちに宛てた書簡で、私は、ウェリントンをほぼ半世紀にわたって支えてきた販売システムを廃止する計画の概要を説明した。そのシステムでは、ウェリントン・マネジメントはバンガードのファンドを顧客に販売する証券会社のネットワークと交渉する独占的な権利を有しており、バンガードの取締役たちは、ウェリントンの縄張りを荒らさないことに同意していた。

私たちは再び、全く新しい解決法を編み出し、取締役会に、さらにもう一つの、前例のないステップを提案した。それはファンドの、ほぼ半世紀にわたって結ばれてきたウェリントン・マネジメント・カンパニーとの販売契約を解除する、というものだった。バンガードはファンドの投資口を販売手数料なしの「ノーロード」ベースで販売し、ブローカーの必要性を完全に排除する。売り手に頼ってファンドの投資口を売ってもらうのではなく、買い手次第で買ってもらうのだ。

取締役会に対する私の主張（強かだったかもしれないが、正確ではあった）は、バンガードが販売を行うことを禁じる約束には違反しない、というものだった。単純に、それまでの販売方法を廃止するだけだったからだ。

一九七七年二月――マーケティングと販売の支配

再び、激しい争いが起きた。ウェリントン・マネジメントは依然として、バンガードのファンドの投資口の販売を担当していたので、そのような過激な動きは両社を破滅させる「大惨事」になると主張した。

私は、確かに、このような変化は業務運営に短期的な混乱を巻き起こすかもしれないが、長期的には、証券会社によるセールスマンシップの時代ではなく、スチュワードシップ（投資家の利益、消費者保護、投資家の選択を重視する）の時代に進むことができると反論した。

決定（「進む」か「進まない」か）は、一九七七年二月七日の夜、ニューヨークシティで開かれた取締役会でなされた。白熱した激しい、政治的な議論が行われた。私には、賛成七票、反対六票の一票差で「地滑り的な」勝利を得られるだろうというまあまあの自信があった。実際にはそれでも十分楽観的だったとはいえず、最終的に、日付をまたいだ翌八日午前一時に採決を行うと、賛成八票、反対五票だった。私たちはその日の朝午前一〇時に、マスコミと一般の人々に対して、この劇的な決定を発表した。

勝利は私たちのものだった。形骸のようだった会社は、わずかな権限で業務を始めてからちょうど一八カ月後に、完全なミューチュアルファンド複合体へ向けた道を歩み始めた。ファンドの管理、続いて運用を始め、今度は、マーケティングと販売も手中に収めたのだ。

だが、戦いは完全には終わってはいなかった。

一九七四年、ウェリントンのファンドの管理の内部化に対する取締役会の承認は、満場一致で可決され、世間の注目を浴びることはほとんどなかった。七五年、インデックス・ファンド運用の内部化も、世間の反応は否定的だったが、満場一致だった。

しかし、販売を内部化するという決定は、まさに爆弾だった。SEC(証券取引委員会)への申請は、ウェリントン・ファンドの出資者の反対を受け、その請求によって、七八年に正式な行政審問を受けることになったのである。

転機4　一九七七年
敗北の苦しみ

私たちは申請の中で、バンガードのファンドが一定の制約の下、共同で少額の資産を、ファンドの投資口の宣伝と販売のために使う許可を求めていた。

SECは従来、「ファンドは資産を販売のために使うことはできない」という真逆の主張を通してきた。しかしこれは、ファンドマネージャーはファンドに投資アドバイスを提供することによって得た巨額の利益から、販売のコストを支払っている、という現実を無視するものだった。

このバカバカしい矛盾を認識した上で、私たちはSECに、バンガードのファンドが直接、限られた額を販売に使えるようになるための免除を求めた。交渉した運用報酬の引き下げと、バンガードが販売コスト（この新しい「ノーロード」環境ではずっと少ない）を負担することとを考え合わせると、バンガードのファンドの出資者たちは、正味年八〇万ドルを節減できるはずだった。

SECの審問は丸一〇日間続いた。審問会の大半で、私は証人席に立ち、証言した。これは、一九四〇年の制定以来、投資法に関する最も長い審問だと言われた。最終的には、一九七八年七月に、審問会の議長を務めていたSECの行政法判事マックス・O・レジェンスタイナーが、「却下」という判断を下した。私たちは振り出しに戻った。私は激怒していた。敗北の苦しみに対する怒りが煮えくり返っていた。

レジェンスタイナー判事の決定によって、私たちは宙ぶらりんの状態になってしまった。判事は、SECによる最終決定を待つ間、バンガードに販売計画をすぐに実施することを認めたSECの原決定を支持する一方で、バンガードの複数のファンドの間に販売経費を割り当てるという計画案については修正を求めた。

そこでまた、不安の海を漂いながら、細い糸で吊るされたダモクレスの剣が頭上を脅かしているというのに、私たちは意に介すことなく、以前同様、投資口の販売活動を行った。また、テクニカルな面の強い変更をいくつか行って申請を修正し、レジェンスタイナー判事の懸念にも対処した。

一九八〇年には、計画に若干の変更を加えたが、そのうち最も大きな変更は、ファンドの販売費用における負担分は純資産の〇・二〇%を超えてはならないというものだった（二〇一七年には、バンガードのどのファンドの負担分も、資産の〇・〇三%を超えていない）。レジェンスタイナー判事はついに承認した。

転機5　一九八一年二月
勝利の興奮

私たちを脅かしていた剣は、最終的に、SECが私たちの申請に対して最終決定を下した一九八一年二月二五日に取り除かれた。裁定は、バンガードの勝利だった。私が言葉を尽くすよりも、SEC自身の言葉を引用したほうが分かりやすいだろう。

「バンガードの計画は、一九四〇年投資会社法の」規定や方針、目的に一致している。

実際、同ファンドの取締役たちに、ファンドに提供される各業務のコストとパフォーマンスに関する具体的な情報を自由に使わせ、業務の品質を評価する能力を高めさせることによって、同法の目的を前進させるものである。

［この計画は］出資者に対する開示を向上させ、ファンドの運営について、情報に基づく判断を可能にするものである。また、この計画ではファンドの独立性を明確に高め、状況によって必要になった場合には、投資顧問会社を素早く変更することが可能になる。また、各ファンドに適度な公正性も与えている。

特に、［バンガードの］計画は、健全で存続能力があり、その中で各ファンドがますます成功できるミューチュアルファンド複合体を促進し、ファンドには投資顧問料の引き下げによる多額の節減を実現させ、スケールメリットによる節減を推進し、販売機能に対する直接かつ対立のない支配権を与えるものである。

従って、当委員会では提出された申請を認めることが適切と考える。

決定は満場一致だった。当然ながら、この永続的な「勝利の興奮」は、束の間の「敗北の苦しみ」をはるかに勝っていた。

インデックス・ファンドとともに闘う

一九七七年二月に販売手数料を廃止しても、ファースト・インデックス・インベストメント・トラストが、市場であまり受け入れられないことに変わりはなかった。投資家資本を持続的に流入させるには、ファンドのパフォーマンスがある程度風味を増し、「プディングの証明（食べてみないと分からない）」が行われるのを待たなくてはならなかった。

一九七七年半ばには、ファースト・インデックス・インベストメント・トラストの資産は一七〇〇万ドル近くに減っていたが、私はこれを大幅に増やすチャンスに気づいた。バンガードが管理していたミューチュアルファンドの中に、資産五八〇〇万ドルの交換ファンド（投資家はそこで非課税の低コスト証券を分散投資ポートフォリオと交換していた）、エクセター・ファンドがあった。エクセターは新しい投資口を販売することができず、最終的には他のファンドに統合する必要があった。

同年九月に、私はエクセターをファースト・インデックスに統合することを提案した。ウィンザー・ファンドへの統合を要求するウェリントン・マネジメントとの白熱した議論を経て、取締役会は私の提案を承認した。ファースト・インデックスの資産は七五〇〇万ドルへと、四倍以上に増えた。ついに、指数の五〇〇銘柄をすべて保有するための十分な資金を得ることができたのだ。

500指数の優位性の弱まり

インデックス・ファンドの初期には、S&P500指数自体のリターンが平均的なファンドマネージャーが挙げるリターンを下回ったことも追い打ちをかけた。インデックスは、一九七二年から七六年まで、全株式ファンドの七割近くを上回るという驚くべきパフォーマンスを挙げた後、七七年から八二年までは、株式ミューチュアルファンドの約四分の一を上回ったに過ぎず、まったくの期待外れとなった。

以前は目覚ましい優位性を見せていた500指数がこのように反転したことで、私たちのファンドが資産を増やすことはまったく困難になってしまった（この種の反転には、新しいファンドコンセプトは大体悩まされる）。だが時は新たな一〇年間（一九八〇年代）を迎えようとしており、いずれ、インデックスは再び、伝統的なやり方で運用される株式ミューチュアルファンドの半数以上を上回るパフォーマンスを挙げることになる。

エクセター・ファンドの統合後も、ファースト・インデックスの資産は、一九八二年まで一億ドルを超えることはなく、実際のところ、八四年に二番目のインデックス・ミューチュアルファンド（ウェルズ・ファーゴが運用するもので、やはりS&P500指数をベンチマークとする）が業界に進出するのを待たなくてはならなかった。九〇年までは、業界には五つのインデックス・ファンドしかなく、資産は合計四五億ドルで、株式ミューチュアルファンドの合計資産の約二%に過ぎなかった。

ゴーゴー時代、ニフティ・フィフティ時代とその余波

バンガードのインデックス・ファンドが参入した時の株式市場の環境は、一言でいえば、ひどいものだった。ミューチュアルファンド業界は（ウェリントン・マネジメント時代のバンガードも含めて）、まるで永遠に続くものであるかのようにゴーゴー時代に飛び込んだ。もちろん、それは続

かなかった（永遠に続くものなど何もない）。

その後の愚かなニフティ・フィフティ時代も同じだった。

この熱気は、一九七三〜七四年にバブルが破綻した時にあふれ始めた。株価の五〇％下落がとうとう終わりを告げた時、ファンド業界の「専門家による運用」という評判はボロボロになっていた。ファンド業界ではもともと普通株ファンドが優勢であり、バランス型ファンドも通常、資産の六〇％以上を株式で保有していた。ファンド業界の見込みは、株式市場次第だったのだ。

だが、かつては保守的だったミューチュアルファンドのマネージャーの多くが、ゴーゴー時代には投機銘柄、ニフティ・フィフティ時代にはバリュエーションが高騰した銘柄でポジションの大半を取るようになっており、一九七三〜七四年の株式市場の崩壊は、本筋を忘れてしまった業界に、当然の大惨事を引き起こした。

ミューチュアルファンドの資産も株式相場の下落により大幅に減ってしまい、落胆した投資家たちは、こぞって自分の投資口を換金し始めた。ミューチュアルファンドの総資産は一九七二年末の五八〇億ドルから、七五年九月には三六〇億ドルに下落し、業界資産の約四〇％が失われ、壊滅的な打撃を受けた。

ウェリントン・ファンドの資産は七五％下落

一九七二年初めには、ミューチュアルファンドの正味キャッシュフローはマイナスに転じ、七八年になってもマイナスが続いた。バンガードもこの傾向を免れることはできなかった。バランスファンドにバイアスを掛けていたにも関わらず、業績は他を下回った。

一九六五年の絶頂期には二〇億ドルのピークに達したウェリントン・ファンドの資産は、一九七四年の市場の低迷時には七五％以上減の四億五〇〇〇万ドルにまで下落した（ウェリントン・ファンドの歴史については、第11章で詳しく述べる）。

一九七一年五月に始まった、ウェリントンのファンド（そしてバンガードのファンド）からの毎月のキャッシュフローの流出が終わったのはやっと七八年一月のことで（キャッシュフローは八三カ月連続でマイナスとなった）、合計すると、バンガードのファンドの当初資産の約三分の一に当たる五億ドル以上が失われた。バンガードの取締役、ジェームズ・T・ヒルの言葉を借りれば、「うちは大出血」だった。それは正しかったが、バンガードだけではなかった。伝統的なミューチュアルファンド業界が消滅の危機に瀕していたといっても過言ではなかった。

一九七一年――マネーマーケット・ファンド（MMF）

業界には救世主が必要だった。それも、一刻も早く。私たちは、マネーマーケット・ファンド（MMF）という新しい商品の中に救いを見出した。

最初のMMF（リザーブ・ファンド）は、一九七一年にブルース・R・ベントとハリー・B・R・ブラウンが生み出したものである。そのポートフォリオは短期金融資産、コマーシャルペーパー、短期米国債で構成され、一口あたり一ドルの純資産価値を維持する（より正確には、維持しようと努める）ものだった。当時、銀行の預金口座の支払う金利は年利五・二五％に制限されており、

ＭＭＦが保有する短期証券の利回りは九％と高かったので、この新しいファンドは瞬く間に成功した。当然ながら、ほとんど一晩のうちに、ファンド業界のほぼ全社がこれを真似するようになった。

ＭＭＦの資産は、一九七七年の四〇億ドルから、八一年には一八五〇億ドルへと急成長した。それまでには、銀行の預金口座に対する連邦の金利制限も廃止されていたので、ＭＭＦには新たな競争の扉が開かれることとなった。また、金利は徐々に史上最低レベルに下落しようとしていた。八一年のピーク時には一六％を超えていた短期米国債の利回りは、二〇〇八年から一五年まで、〇％近くまで下落した。低金利もＭＭＦという列車の動きを減速させたが、停めることはなかった。一八年半ばには、ＭＭＦの総資産は、二・七兆ドルに達している。

遅いスタート

バンガードは、ＭＭＦを始めるのは遅かった。ホワイトホール・マネー・マーケット・トラスト（現バンガード・プライム・マネー・マーケット・ファンド）は一九七五年六月四日に開始された。このファンドでは、ウェリントン・マネジメントが投資顧問を務めた。遅かったとはいえ、ＭＭＦの勢いに便乗したことで急成長し、バンガードのファンドの総資産は、七四年の一四億七〇〇〇万ドルから、八一年には四一億一〇〇〇万ドルに増加した。

一九七七年――満期確定型地方債ファンド

一九七七年に、ノーロードで行くことを決定してから六カ月後に、私たちはまた新たな、様相を一変させるアイデアを思い付き、今までにない戦略で、一連の地方債ファンドを作り出した。私は、株式運用の専門家でも、長期的に株式市場を出し抜くことができる者は極めて少数だと考えていたので、債券運用の場合も、金利の方向性や水準を正確に予測して、債券市場を出し抜くことができる専門家は極めて少ないと考えるようになった。

にもかかわらず、「運用される（マネージド）」非課税の債券ファンドを提供する同業者たちは、このことを暗黙裡に約束していた。決して、果たされることのない約束である。そこで私たちは群れを離れて、一つの要素で構成される非課税債券ファンドではなく、長期ポートフォリオ（利回りが最も高い）、短期ポートフォリオ（ボラティリティが最も低い）、そして（お分かりの通り）中期ポートフォリオ（どちらもある程度備えている）から成る三層構成の債券ファンドを組成することに決めた。実際、これほど平凡なアイデアもなかったろう。だが、それまで誰もやってみてはいなかったのだ。

単純なイノベーション

この単純なイノベーションは、ほとんど一晩で、債券投資に対する投資家の考え方を変えてしまい、業界の大手はすぐに、自分たちの債券ファンドにこのコンセプトを採用した。この変化により、債券ミューチュアルファンドに新しい命が吹き込まれ、その業界資産は一九七七年の一一〇億ドルから、二〇〇一年には一兆ドルを超え、二〇一八年半ばには総額四・六兆ドルとなった。

バンガードの低コスト構造が、利回り上大きな強みになることは簡単に予想できたので、私は、バンガードが自らのフィクスト・インカム型ファンドの運用を引き継ぐ時が来たと思った。一九八

○年、地方債ファンドやMMFのリターンとコストに不満を覚えた私は、取締役会に、外部の投資顧問会社（ウェリントン・マネジメントとシティバンク）との契約を解除して、フィクスト・インカムの専門家から成る社内チームを構築することを提案し、取締役会も同意した。

転機6 一九八〇年
三角形の完成――投資運用

満期確定型債券ファンドを作るという単純な判断が「素晴らしい」ものと言えるなら、新しいミューチュアルファンドを運用する外部運用会社に関する私の選択はまったくその逆だった。

私たちは、大手のシティバンクNAをファンドの顧問に選定したが、シティは全く役に立たなかった。一九八〇年初めに、バンガードは関係を解消することを決定した。

同時に、バンガードの巨額（四億二〇〇〇万ドル）のMMFも、当時の運用会社、ウェリントン・マネジメント・カンパニーに高額な報酬を支払っていた。今こそ報酬を減らし、かつスケールメリットを得るための「クリティカル・マス」獲得を目指して、シティを地方債ファンドの運用から外し、同時に、バンガード社内で、ウェリントンの代わりにMMFの運用スタッフを育成するという大きな一歩を提案する時だ、と私は思った。

一九八〇年九月に開かれた取締役会では議論が巻き起こった。一方、シティバンクを地方債ファンドの顧問から外すことは争われなかった。問題はウェリントンの扱いだ。マネーファンドの顧問から外せば、主にバンガードの「実費」構造のおかげで、多額の節減が生じる。だが、バンガードで債券専門家のスタッフを新たに育成するには、それなりのリスクもあった。最終的には、私の提案が通り、バンガードの責任拡大のさらなる重要な一歩となった。私たちはまた、新しい課税債券ファンドにも満期確定型のコンセプトを適用し、社内スタッフにその運用を担当させることも決定した。

興味深い矛盾

私の提案に対する取締役会の議決では、興味深い矛盾が見られた。八名の取締役が、バンガード取締役会のメンバーとして、新しいフィクスト・インカム・グループを作るという提案に投票し、MMFと地方債ファンドの取締役会のメンバーとしては、顧問契約を解除することに投票した。だが、一人だけが、バンガードの取締役としては「会社にとって素晴らしいチャンス」に他の八人と同じ賛成票を投じたが、地方債ファンドとMMFの取締役としての立場では、「バンガードには、ファンドを運用する能力がない」と提案に反対した。不思議なことだ。票は九対〇と八対一になった。「賛成」が認められ、新しい時代が始まった。

社内の運用担当者たちはずっと低いコストでバンガード債券ファンドの「相対的予測可能性」を向上させ、顧客の正味リターンを増やした。「相対的予測可能性」の狙いは、コストを差し引く前に、同業者に匹敵するリターンを挙げることにある。この場合、債券ファンド（特に満期確定型債券ファンド）では、債券の価格と利回りは主に、金利の水準と期間構造によって決まる。コストが差し引かれれば、バンガードのファンドがいずれ他のファンドを打ち負かすことはほぼ間違いなかった（「パフォーマンスは上下する。コストは永遠に続く」）。

バンガードがフィクスト・インカム分野を席巻するようになるのは明らかに思われ、実際そうなった。二〇一八年には、フィクスト・インカムの運用では競合他社をはるかに凌ぐ最大のミューチュアルファンドとなり、ミューチュアルファンド業界におけるフィクスト・インカム部門の一八％を占めている（バンガードのフィクスト・インカム・ファンドについて、詳しくは第15章「債券ファンド」参照）。

バンガード・フィクスト・インカム・グループの形成

バンガードがファンドのアクティブ運用に進出したことは、経済的に重要だっただけでなく、コンセプト面でも重要な意味を持っていた。一九七五年、ファースト・インデックス・インベストメント・トラストを設立した時に、投資顧問業務の運営において「氷を砕いた（先鞭をつけた）」ことは間違いないが、八〇年の取締役会による決定によって初めて、バンガードは明確に、ファンドのアクティブ運用に進出することになった。とうとう、バンガードの開始から六年後に、ミューチュアルファンドのトライアングルの三辺がすべて整った。

取締役会の承認を得て、私たちはバンガードのフィクスト・インカム投資スタッフを育成し始めた。新しいフィクスト・インカム・グループのリーダーは、フィラデルフィアの大手行のフィクスト・インカム証券部門のシニアマネージャーだったイアン・A・マッキノンが務めることになった。イアンは六人の専門家と、少数の事務方を集めてチームを作った。バンガードが地方債ファンドとMMFの運用を始めた時、資産は総額約一七億五〇〇〇万ドルだった。

新しいファンドのプロファイル

一九七四年から八一年までの新しい始まりの時代、バンガードの伝統的な株式ファンドとバランスファンドの資産が資産基盤に占める割合は、九八%からわずか五七%に減少する一方、フィクスト・インカム・ファンド（債券ファンドとMMF）の割合は、二%から四三%へと急増した（図表5・1参照）。

比較的安定しているものの投資口の売上高はずっと少ない長期投資ビジネスと並行して、MMFは事実上、取引量の多い新しいビジネスへとバンガードを進出させることになった。

一九七八～一九九三年――投資顧問料を二〇〇回以上引き下げ

一九七四年九月にバンガードを設立した時、この新しい会社に管理経費の負担が移行されることを考えれば、ウェリントン・マネジメント・カンパニーに支払う報酬を削減しなくてはならないのは明らかだった。

また、ファンドが負担する実際の経費には、業務提供に伴うウェリントンの利鞘を反映した「マ

図表5.1 バンガードの資産基盤における劇的な変化

	ファンド資産（単位億）	バンガードのミューチュアルファンドにおける資産の比率			
		株式ファンド	バランス型ファンド	債券ファンド	MMF
1974年	$14.7	42%	56%	2%	0%
1981年	$41.1	42	15	8	35
変化（率）	+$26.4	0	-41	+6	+35

ークアップ」が上乗せされていたので、引き下げにはその分も含めるべきである、と主張できた。

取締役会はこの意見を支持した。バンガードが一九七四年に負担した経費は総額六二万七〇〇〇ドルだったので、投資顧問料は七七万四〇〇〇ドルから結果として、一年目で、ファンドの出資者には一四万七〇〇〇ドルの節減となった（当時はかなりの額に思えた）。

一九七七年にノーロード化した時に、バンガードはファンドの販売システムを運営するコストを引き受けたので、ウェリントンは、バンガードの販売とマーケティングの業務を行うためのコストを負担しなくてもよくなった。このコストは年間二一三万一〇〇〇ドルと見積もられたので（この場合も「マークアップ」が適用されていた）、ウェリントン・マネジメントに支払う投資顧問料は二九六万二〇〇〇ドルから年間で正味八三万一〇〇〇ドルが節減された。こうした節減により、バンガードの出資者が負担するファンドの総経費率は、資産の〇・六九％から、〇・六五％に低下した。

単なる手始め

この二回の全面的な報酬の引き下げは、多かれ少なかれ形式的なもので、バンガードの出資者にとっての節減額は、合計でファンド資産のわずか〇・〇四％と小さなものに過ぎず、ファンドと顧問会社の間には大した摩擦は生じなかった。だが、一九七七年に販売を引き継ぐと、ファンドは独立して、出資者の利益のためにのみ運営することができるようになった。

概念的には、バンガードの取締役たちはもう、年金基金の受託者と同じ立場にあった。私たちはその時には、運用会社と投資顧問料の体系や水準についてファンドごとに交渉したり、契約を取り消したりすることができるようになっていた。

交渉を行い、最終的にファンドやファンドの出資者にとってフェアな報酬に到達する。これを、「フィデューシャリー・デューティー（受託者責任）」と言う。

報酬引き下げの波

報酬の引き下げを実施してバンガードで販売コストを引き受けた後、私たちは一年待ってから、ウェリントン・マネジメント・カンパニーに支払う投資顧問料の大幅な削減を提案し、続いて、一九七七年のプロキシステートメントで出資者の承認を受けた。ウェリントンは、二〇〇回を超える大幅な報酬の引き下げを、ほとんど議論や異議なく受け入れた。なぜそんなことができたのだろうか？

まず、バンガードのファンドは最早権力の座にあった。ウェリントンは、報酬の引き下げに応じなければ、高い利益を生む顧問契約が取り消され、収入を失うリスクがあったのだ。

次に、私には先見の明があった。初期には下げ幅を適度に抑えつつ、いずれ最大限の引き下げを見込んでいたが、それは各ファンドの資産が大幅に増えた時に実施しようと考えていた。私は、それが実現できるほどバンガードは「大きくなる」と信じていた。ウェリントンは恐らく、そうは考えていなかったのだろう。

転機7　一九七八年
報酬引き下げの始まり

幸いなことに、報酬を引き下げる私の戦略は正しかった。バンガードのアクティブ運用ファンドの資産は一九七七年の一五億ドルから、二〇一八年半ばには九七〇〇億ドルへと大幅に増加しており、ファンドマネージャーに支払う報酬料率は、ファンド資産加重平均で〇・三五％から〇・〇九％に下落している。

二〇一八年にも一九七七年の報酬料率のままだったとしたら、バンガードのアクティブ運用ファンドの投資顧問料は総額約三四億ドルになったはずだが、実際にバンガードのファンドの出資者が支払ったのは八億三八〇〇万ドルである。つまり、バンガードのアクティブファンドだけでも、二五億六二〇〇万ドル節減されている。交渉しただけの甲斐はあった。

要するに、こうした多額の報酬料率の引き下げは、ファンド運用におけるスケールメリットを顧問会社からファンドの出資者に移しただけのことなのである。一九七八年に始まったこのプロセスは、千金の値打ちのある転機となり、一九九三年まで続く、バンガードのファンドの全体で二〇〇〇回を超える定期的な報酬の引き下げの始まりとなった。

ウェリントン・ファンドの例

ウェリントン・ファンドがウェリントン・マネジメント・カンパニーに支払っていた投資顧問料の引き下げは、ファンドの報酬の引き下げについても、資産の急増についても、格好の例となろう。一九七七年の委任状で承認された報酬を皮切りに、九五年までの一八年間に、ファンドの報酬料率は九回引き下げられ、ウェリントン・ファンドが支払う報酬料率は、〇・三一%から〇・〇五%へと、八二%も下がることになった。図表5・2にこれらのデータを示す。

ウェリントン・ファンドの資産は、一九七七年の七億六〇〇万ドルから、九三年には八〇億ドルへと急増した。二〇〇六年に資産が四〇〇億ドルに増えた時に、ファンドの取締役たちは、その後四年間連続で投資顧問料を毎年〇・〇一%ずつ引き上げ、当初の投資顧問料を〇・〇四%から〇・〇八%へと二倍に引き上げた（この一〇〇%の引き上げの根拠は私には説明できない）。ウェリントンに対して支払われた報酬の金額は、一九七八年の一〇〇万ドルから、二〇一七年には約八一〇

図表 5.2 ウェリントン・ファンドの報酬料率の引き下げ、1977 ～ 1993 年

料率	年	ファンド資産（単位百万）	実効報酬料率	削減率
	1975 年	$776	0.31%	-
引き下げ 1	1977 年	706	0.23	–32%
引き下げ 2	1979 年	606	0.16	–30
引き下げ 3	1981 年	521	0.23	–40
引き下げ 4	1983 年	614	0.16	–30
引き下げ 5	1985 年	813	0.15	–19
引き下げ 6	1987 年	1,331	0.15	– 0
引き下げ 7	1989 年	2,099	0.12	–20
引き下げ 8	1991 年	3,818	0.10	–16
引き下げ 9	1993 年	8,076	0.05	–50
累積削減率				–82%

〇万ドルに増加した。だがそれも、一九七七年の料率のままであれば報酬は総額二億四〇〇〇万ドルに急騰していたはずなので、年間一億六〇〇〇万ドル近くも減額されたことになる。投資顧問会社も勝利したには違いないが、ウェリントン・ファンドの出資者も勝利したのだ。

全面的な報酬の引き下げ

ウェリントン・ファンドの報酬の引き下げは、バンガードが外部の資産運用会社に支払う投資顧問料を全面的に引き下げようとして戦った、激しい戦いの一例に過ぎない。

公正妥当な投資顧問料を確立

するという私たちのミッションは、広範に及ぶ、絶え間のないものだった。引き下げはまず、バンガードが外部投資顧問会社であるウェリントン・マネジメント・カンパニーに委託していた各ファンドのすべてに適用された。これはファンド側が交渉上強い立場にあったことによるものである。図表5・3に、バンガードの最初のファンド・ファミリーを構成していたアクティブ運用ファンドの報酬が大幅に削減されたことを示す。

バンガードの新しいファンドの報酬の交渉

会社の初期には、これらのレガシーファンドがバンガードの資産の一〇〇%を占めていたので、報酬の削減は、会社の全体的な経費率の削減を実現する上で重要な役割を果たした。だが、新しいファンドを発売するようになると、投資顧問会社との交渉は、ファンドの組成前に始まるようになった。バンガードが許可すればかなりの資産が得られることから、顧問会社たちは業界標準をはるかに下回る投資顧問料というバンガードの要件に、喜んで（時には、渋々のこともあったが）応じた。

いずれにせよ、バンガードの報酬料率はファンド市場で非常に競争力の高いものだった。図表5・4に、バンガードの後発ファンドと、同業者グループの経費率の比較を示す。[*1] 外部運用されるバンガードのファンドの投資家にとって、かなりのメリットになっていることが分かるだろう。

二〇一七年、バンガードのすべてのアクティブ運用型株式ファンド（レガシーファンドを含む）が支払った投資顧問料の実効料率は平均〇・一五%で、平均経費率〇・三一%に占めるのは半分以

図表 5.3　バンガードの最初のアクティブ運用ファンドの投資顧問料、1977 ～ 2018 年

	1977			2018		
	資産（単位百万）	投資顧問料率	投資顧問料（単位百万）	資産（単位億）	投資顧問料率	投資顧問料（単位百万）
ウェリントン	$706	0.27%	$1.91	$1,060	0.07%	$74.4
ウィンザー	528	0.43	2.27	200	0.08	16.1
ウェルズリー•インカム	133	0.39	0.52	560	0.05	28.0
モルガン・グロース	81	0.42	0.34	130	0.15	20.4
エクスプローラー	10	0.48	0.05	130	0.17	22.9
長期債	49	0.45	0.22	160	0.03	5.0
GNMA*	25	0.15	$0.04	240	0.01	2.4
合計	1,532	0.37	5.35	2,480	0.08	169.2

* バンガード GNMA ファンドは 1980 年に組成

要約・バンガードのファンド資産（2480 億ドル）に対する投資顧問料、2018 年 1 月（単位百万）

1977 年の料率	$1,004
2018 年の料率	226
見積節減額	778

出典・バンガード

図表 5.4 バンガードのアクティブ運用ファンドと類似ファンドの経費率の比較

	2017 年の経費率		
	バンガードのファンド*	類似ファンド	バンガードの優位性
プライムキャップ	0.33%	1.17%	0.84%
ウィンザーII	0.28	1.04	0.76
エクイティ・インカム	0.19	1.15	0.96
キャピタル・オポチュニティ	0.38	1.17	0.79
ヘルスケア	0.33	1.23	0.90
エネルギー	0.35	1.36	1.01
平均	0.31%	1.19%	0.88%

* バンガードのファンドのシェアクラスについてはすべて加重平均経費率
出典：バンガード

下である。この数字は、同業者のアクティブ運用型ミューチュアルファンドの平均経費率一・一九%より七五%近く低い。

外部顧問会社に支払う報酬を引き下げようというバンガードの取り組みは一九七八年に始まり、九三年にはほぼ終わろうとしていた。バンガードのレガシーファンド（一九七八年に運用を開始していたもの）は多大な利益を得た。それ以降に設立された新しいファンドも同様だった。

＊1　同業他社は投資顧問料そのものは明らかにしていないので、投資顧問料とその他のコストの両方を含む、全費用込みの経費率を提示している。

インデックス・ファンドと債券ファンド――さらに低いコスト

バンガードのアクティブ運用株式ファンドが現在、会社の資産基盤に占める割合は一〇%で、一九七七年初めの四八%からは減っている。バンガードの全体的なコスト優位性の大部分は株式インデックス・ファンドによるもので、現在、バンガードの資産基盤の六二%を占めている。

これらのインデックス・ファンドは、バンガードから「実費」ベースで投資運用業務の提供を受ける。その投資経費は、これらのファンドの平均的な経費率である〇・〇七%のうち〇・〇一%にも満たない。

バンガードで内部運用される債券ファンドもまた低コストであり、価格競争力は高い。二〇一七年には、バンガードのフィクスト・インカム・グループが運用するファンドの平均投資顧問料は資産の〇・〇一%未満で、総経費率は平均〇・〇八%となり、同業者の平均経費率〇・七七%に比べればほんのわずかである。

投資経費と運営経費

つまり、二〇一八年のバンガードのファンド全体の投資経費は八億三八〇〇万ドルと見積もられるが、これは、グループの総資産のわずか〇・〇二%で、一九七七年の〇・三五%という料率からは九四%減となる。

バンガードの成長は、出資者の経理コスト等、事務処理のコストにも、強力なスケールメリットを与えている。これらのコストは、投資監督コストを除き、ファンドの経費率の「各科目」の合計に相当する。バンガードの資産基盤のレベルがどんどん高くなるにつれて、これらのコストがバンガードの資産に占める割合は、一九七七年の〇・二五%から、二〇一八年には〇・〇八%に下がった。こうした削減はスケールメリットの反映であり、バンガードのファンドの出資者に大きな利益をもたらした。

バンガードの総経費率

バンガードの総経費率の低さは、今述べた二つのファクター(急減した投資顧問料率と、並外れたスケールメリット)の賜物で、その数字は、ファンドの効率性の最も優れた測定基準として受け入れられており、引用されることも多い。その長い歴史の中で、バンガードの加重平均経費率は、資産の〇・六六％から、二〇一八年には〇・一〇％と、八四％も下落している（図表5・5参照）。これに対して、同業者の経費率は一九七七年の〇・六四％から二〇一七年には〇・五八％と、わずか九％減に留まった（資産で加重）。

出資者にとっては二一七〇億ドルの節減？

本章ではこれまで、〇・〇五％や〇・八五％等、たくさんの数字を挙げた。読者はデータにうんざりしてしまったかもしれないが、私は、バンガードの投資家のために、常にコストを低く抑えるべく注力する確かな基盤を確立したかったのである。今度は、もう少し楽しい、お金の話をしよう。

バンガードの実費構造は、毎年、投資家に数十億ドルも節減させている。

二〇一七年だけでも、低コストにより、報酬と経費で二九〇億ドルも投資家に節減させたと見積もられている。[*2] 一九七四年の設立時まで戻って計算すれば、バンガードの投資家の節減額は、総額で（平均的なスケールメリットと顧問会社との、適切な報酬構造の交渉により）優に二一七〇億ドルと見積もられる。私が設立した会社が、出資者／投資家にこれほどまで報いることができたという事実を大変誇りに思う。一ペニーに至るまで、すべて彼らのものなのだから。

＊2　この見積は、平均的なアクティブ運用ファンドと、バンガードの平均的なファンドの加重平均経費率の差を計算し、これにバンガードの総資産を掛けて算出した。二〇一七年の場合には、平均資産四・五兆ドルに経費率のプラス分〇・六五％を掛けると、二九五億ドルの節減になる。

図表5.5 バンガードの経費率、1974～2018年

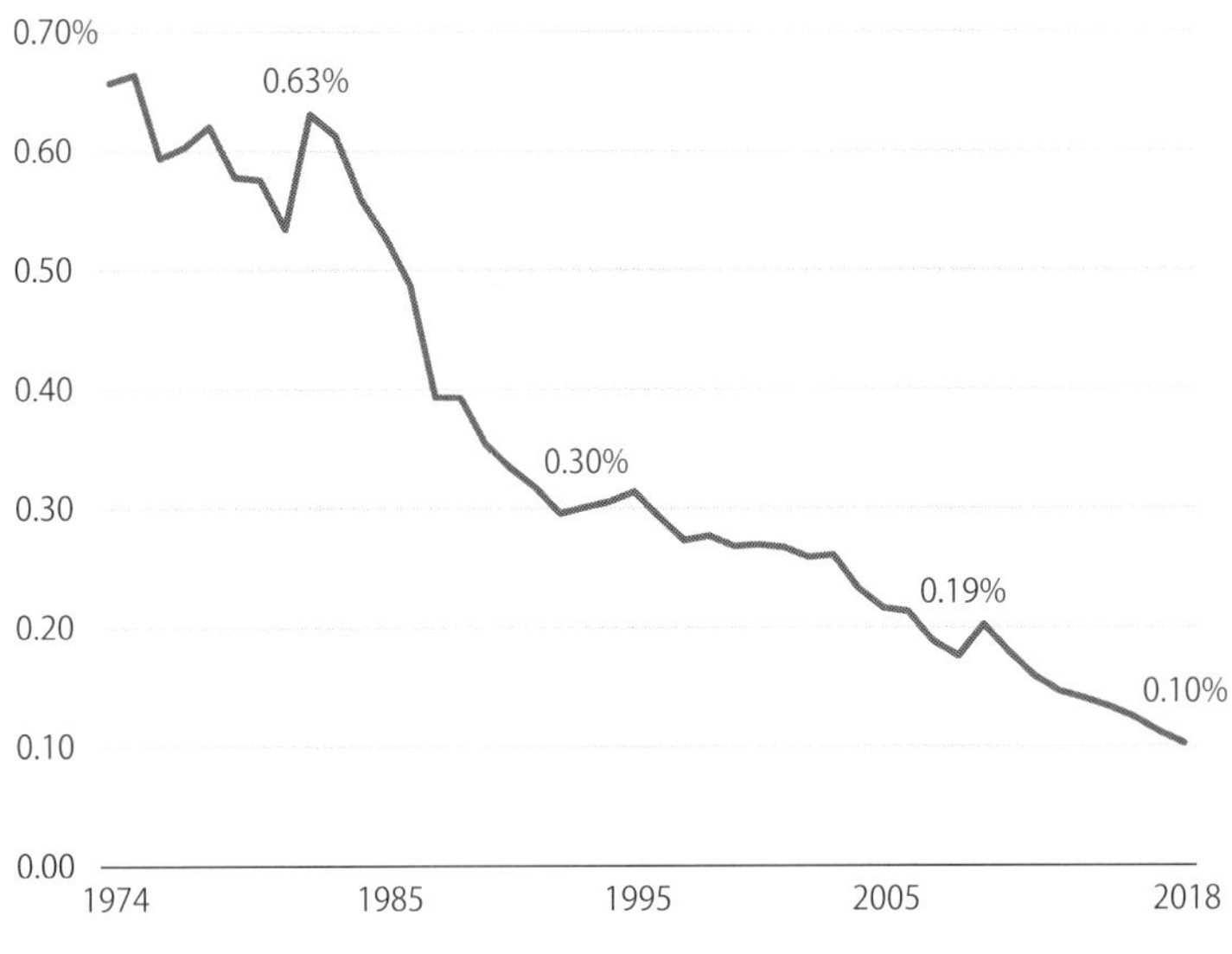

出典：バンガード、ストラテジック・インサイト・シムファンド

世界を相手に戦う

一九七八年から始めた報酬の引き下げは、バンガードと出資者の両方に利益をもたらした。業界資産に対するバンガードのシェアは、八七年に四・一％と底を打った後、九七年には八・七％、二〇〇七年には一三・一％と徐々に増えていき、一八年半ばには二五％近くに達した（第9章参照）。バンガードは生き残り、将来の成長への備えができていた。その上、投資口の販売（全ファンドの）と、投資運用（インデックス・ファンドとMMFに加え、債券ファンドの大半）の両方を掌握していた。

ついにバンガードは、管理、販売・マーケティング、投資運用という、ミューチュアルファンドのトライアングルの三

辺すべてに、範囲を広げたのだ。一九八一年には、バンガードは本格的なミューチュアルファンド複合体になり、世界と戦う用意ができていた。

航路を守る

バンガードを初期の形骸的な構造から、ミューチュアルファンドに必要なすべての業務を行う本格的なファンド会社として台頭させる改革はすぐに始まった。設立からわずか三年後の一九七七年には、投資口の販売を担うことになった。

この目標を達成するためには、航路を守ることが不可欠だった。SECの行政判事は私たちの提案に反対したが、一九八一年にはSEC自身が、私たちの計画を積極的に承認し、先の判断を自ら覆している。

だが、ファンドの出資者に貢献するには、さらに多くのことをする必要があった。特に、ウェリントン・マネジメントとは（また、のちには他の外部投資顧問会社とも）新しい顧問契約を交渉し、多額の報酬の節減につながった。もしかすると「航路を守り過ぎた」のかもしれない。報酬の引き下げはさらに続け、続く一八年間のうち、九年で将来的な引き下げを交渉した。ファンドの資産基盤は少しずつしか上昇しなかったが、私たちは航路を守り、行く手に控える目覚ましい成長のために、堅固な土台を築いたのだ。

第6章　一九八一～一九九一年

――将来の成長のための土台作り

	1981年12月	1991年12月	年間成長率
バンガードの資産 （単位億）	$42	$770	21.5%
業界資産 （単位億）	$2,414	$14,541	12.7%
バンガードのシェア	1.7%	5.3%	-
			年次リターン
S&P 500 指数	123	417	17.6%
中期米国債利回り	14.0%	6.0%	13.1%
株式 60% ／債権 40%	-	-	15.9%

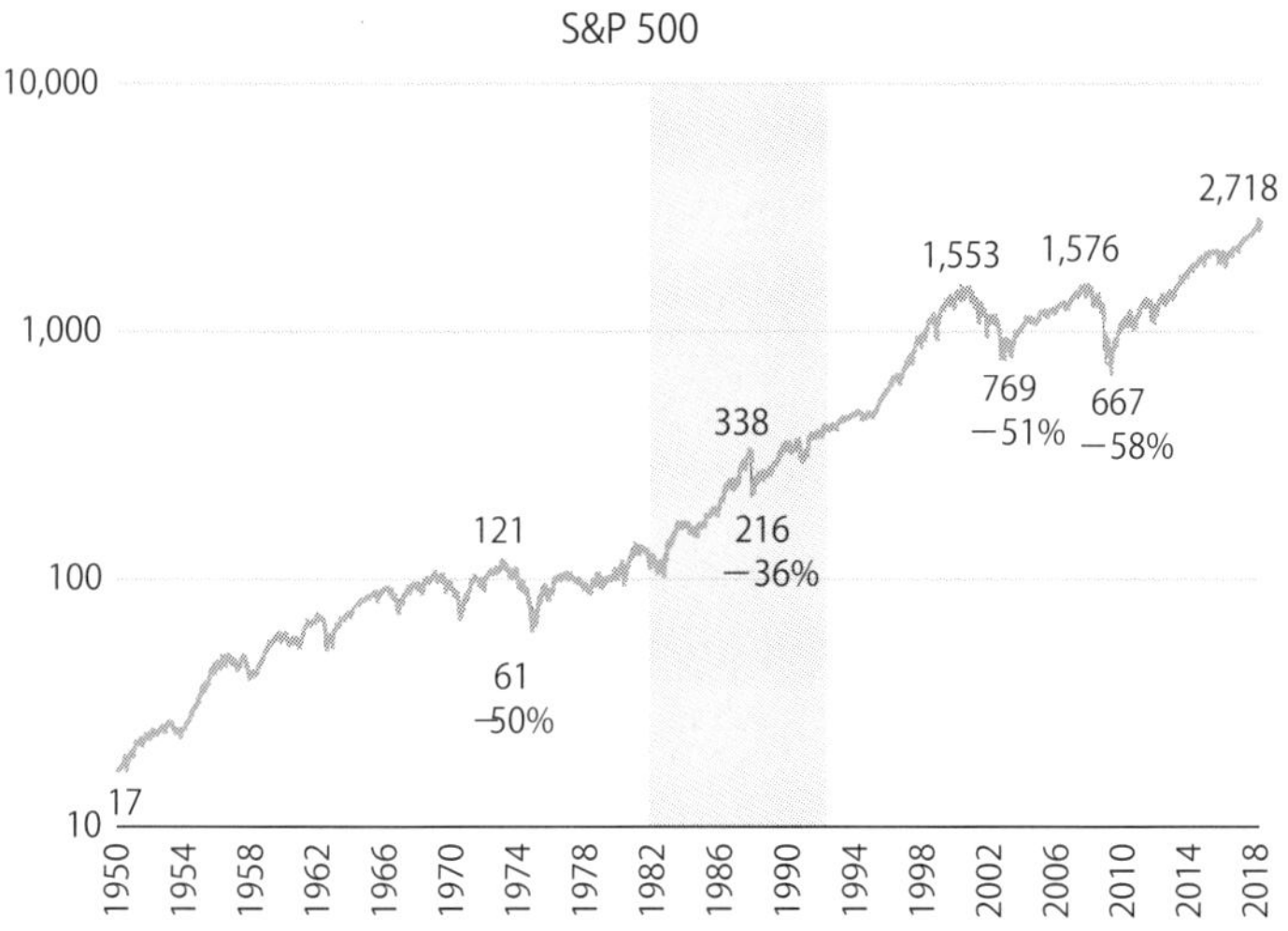

一九八〇年代もまた、株式と債券の両方にとって素晴らしい時代ではあったが、一番記憶に残っているのは恐らく、一九八七年一〇月一九日の「ブラックマンデー」だろう。その一日だけで、株価は二三％下落したのだから（通年では、S&P500が五・三％上昇したことを覚えている人はあまりいない）。

一九八一年の幸福な出来事

一九八二年が始まると、私たちは、二つの出来事を複合的に活用することにした。その一つが、前年の八一年にとうとう下されたSECの最終決定で、その後のバンガードの成功に不可欠となる、ファンドのすべてのマーケティングと販売の活動を行う権限が認められたこと。

もう一つは、同じく八一年にバンガードがフィクスト・インカム・ファンドの投資監督を担うようになったことである。私たちはわずか七年で、私が一九七四年の「将来的な構造」調査で表明した中心目標である、外部投資顧問会社からの独立を達成したのだ。

一九七四年にSECの暗黙の承認を受けたファンドの内部化、八一年に販売の正式な許可が下りたこと、そして同じく八一年にファンドの顧問業務に参入したことで、バンガードはついに、ウェリントン／バンガードのファンドのミッションをほぼ半世紀にわたって制限してきた、ミューチュアルファンド業界の伝統的な構造を捨て去ることになった。

伝統的なファンドモデルをひっくり返す

伝統的なモデルでは、ミューチュアルファンドは実質的に、所有が別の投資顧問会社の支配下に置かれていたが、バンガードはこの伝統的なモデルをひっくり返した。バンガードはミューチュアルファンドに所有されており、ミューチュアルファンドはファンドの出資者に所有されている。すなわち、ファンドの出資者をこれでしっかりと運転席に乗せたわけだ。私たちの新しいモデルは、その後非常に大きく成長したにも関わらず、四〇年以上経った今でも、ミューチュアルファンド業界では独自の存在のままである。

きっと、ＳＥＣの委員たちには分かっていたに違いない。前例のないバンガードのモデルを承認したところで、業界の他社は、投資顧問会社と引受会社（ファンドを運営し、ファンドのあらゆる動きを統制支配する運用会社）が運転席に居座り続ける、古いモデルで運営されることが。

誰の利益を最優先すべきか？

同業者たちは、出資者の利益よりも、自分たちの金銭的利益を優先させていた。[*1] 私たちは、まさにその逆――出資者優先――を行っていた。ミューチュアルファンド・ガバナンスにおける「バンガード・エクスペリメント」が市場の検証を受けようとしていた。

一九八〇年代には、自分たちが作り上げた揺るぎない士気を維持し、鼓舞するためもあって、私はよく、社員たちにバンガードの目覚ましい資産の伸びを自慢した。だが現実には、バンガードの成長は主に、急激に巨大化していたファンド業界の成長を反映しただけだった。その一〇年間で、ミューチュアルファンド全体の資産は二四一〇億ドルから一・四五兆ドルに急増した。進撃の先頭に立っていたのはMMFで、二〇億ドルから五七〇〇億ドルという急騰ぶりで、増加のほぼ半分を占めていた。

第5章で触れたように、投資家たちはこぞってMMFに集まり始めていた。金利の高さと比較的低いリスクにより、MMFは、新たな資産基盤として急成長し、ミューチュアルファンド業界を救うのではないかと思われていたが、バンガードは、これを凌ぐ速さで成長した。

MMFへの参入が遅かったにもかかわらず、バンガードの資産は、一九八一年から九一年までの一〇年間に、四二億ドルから七七〇億ドルへと、気持ちいいほどの伸びを見せた。長期資産のシェアの伸びは四・九%から六・二%と、あくまでも控えめだったが、私たちは、(一)シェアの増加は目的ではなく、顧客の利益に貢献する上での成功基準の一つである、(二)シェアは獲得するもので、買収するものではない、という二つのルールを守ることは忘れなかった。

＊1　ミューチュアルファンドにおけるミューチュアル性の欠如について明確に取り上げたSECのマニュエル・コーエン委員長のスピーチの引用が再び頭をよぎる(第2章参照)。

アクティブ型運用分野への参入

しかしその時には、一九七七年に生み出した、満期確定型の債券ファンドというコンセプトが、後に、アクティブ型投資運用に進出する前兆になるとは、ほとんど認識していなかった。バンガードは、自社独自のフィクスト・インカム・グループ（ＦＩＧ）を設立するためのクリティカル・マスを達成したことが明らかになると、八一年九月に、三億五〇〇〇万ドルの債券資産の運用を始めて、大きな一歩を踏み出した。バンガード・フィクスト・インカム・グループは、バンガードがアクティブ型投資運用に進出する第一歩となった。

バンガードは、一九七六年の誕生以来５００インデックス・ファンド（旧名称ファースト・インデックス・インベストメント・トラスト）を運用（マネージ）していたが、このファンドは単にＳ＆Ｐ５００指数のパフォーマンスを追求するだけで、「運用はされていない（ノット・マネージド）」と私は言い張っていた。だが、何度も言ったように、バンガードの方針は相対的予測可能性によって市場細分化的なポートフォリオを確立することだった（今もそうだ）ので、私は常に、フィクスト・インカムのアクティブ運用に対するバンガードのアプローチは「実質的なインデックス運用」だと考えていた。

インデックス運用を債券市場に拡大

フィクスト・インカム・グループの創設は、業界初の、個人投資家向け債券インデックス・ファンドを設立する決定につながった。

一九八六年の大半を通じて、バンガードは債券インデックス・ファンドの基礎作りをしていたが、最終的なきっかけとなったのは、大半のフィクスト・インカム・ミューチュアルファンドのリターンのひどさと、コストの高さについて取り上げたフォーブズ誌の記事である。それは悲しげに「バンガード、必要としている時に君たちはどこにいるのか」と呼び掛けていた。

この挑戦こそ、私が必要としていたものだった。一九八六年にバンガード債券市場ファンドを設立すると、バンガードは再びパイオニアとなった。

SECでは、投資運用部門の担当者が、債券インデックス・ファンドは比較的少数の債券銘柄しか所有できないのに、何千もの債券銘柄を含む債券市場指数のパフォーマンスを再現できるという現実を受け入れられなかったことから、「バンガード債券インデックス・ファンド」という名称を認めなかった。その後、名称をバンガード・トータル債券市場インデックス・ファンドに変更したが、今度はSECの反対は受けなかった。

翌年、この債券インデックス・ファンドは（現）ブルームバーグ・バークレイズ総合債券指数と見事に連動し、技術的にも商業的にも成功が証明され、最初の一年が終わる頃には、十大債券ミューチュアルファンドの一つに数えられるようになった。一九九二年には、債券ファンドはMMFに代わってバンガードの最大のアセットクラスになり、当時九七〇億ドルだった資産の三三％を占めるようになった。その時には、これは非常に大きな数字のように思われた。だが、二〇一八年半ばまでには、バンガード・トータル債券市場インデックス・ファンドの二つの（ほぼ同じ）ポートフォリオは総額三五六〇億ドルに達し、フィクスト・インカム・グループが監督する一兆ドル規模のフィクスト・インカム資産基盤において最も大きな割合を占めている。

転機8　一九八五年
ペンシルバニア州税法の撤廃

一九八五年には、ペンシルバニア議会に働きかけ、ミューチュアルファンドが支払うペンシルバニア州法人税の実質的な廃止につなげて、顧客のコストを引き下げている。バンガードのファンドの多くは年間、資産の約〇・一〇％（一〇ベーシスポイント）をそれまで州に納めており、耐え難い負担となっていた。今でもファンドの株主にこの〇・一〇％の負担がかかっていたなら、現在の経費率は約〇・一一％ではなく〇・二一％になっていたはずで、これは年間で合計五〇億ドルに相当する。バンガードには、本社を別の州に移すか、税法を変えるかのどちらかしかなく、当然ながら、後者を選んだ。

バンガードは、凄腕の弁護士、ジョゼフ・E・ブライトを中心にロビー活動を展開し、彼を通じて、前副知事アーネスト・クラインに協力を依頼した。ペンシルバニアを本拠とする他のファンドもこの取り組みに加わろうとしたが、私はその申し出を断った。税の問題を解決するに当たって自分の独立した判断に妥協を迫られたり、もしかすると、議員たちに賄賂を支払うよう強制されたりするような羽目には陥りたくなかったからだ。我が国の立法過程ではよくあるように、妥協は混乱を招くことになる。
ペンシルバニア州議会では両院とも問題の重要性を認識し、この厄介な税を廃止する法案を四五〇対〇の満場一致で可決し、一九八五年一二月一九日にディック・ソーンバーグ知事が署名して成立した。

二つの危機

一九八一年から九一年までの間、債券市場と株式市場には何回かの激動の時期があった。バンガードで行われた革新のいくつかは、こうした外部事象に対する反応である。

一九八七年四月の地方債市場の危機の間、株主からの大量の電話に圧倒されそうになった後、私たちは、避けようのない次の危機が起きて、電話の件数が急増した時に備えて、スタッフのほぼ全員が電話を取れるように訓練した。その次の危機はあまりにも早く来過ぎたが、バンガードは「スイス軍」を編成していたため、準備はできていた。

転機９　一九八七年
スイス軍

地方債市場の暴落は、連邦議会が地方債金利の従来の免税制度を廃止するかもしれないという噂が流れた時に一気に激しく起きた。流動性は枯渇し、相場が落ち着いた時には、（いつもそうだが）ずっと低い価格で落ち着いた。バンガードでは、何とか十分な資産を売却して（ほとんどがひどい価格で）、全地方債ファンドが予定していた多額の償還に対応するためにファンドが必要としていた資金を調達することができた。

この危機は、バンガードの業務運営の大きな弱点を露呈させた。情報や今の投資口の価格を知りたい出資者からの電話に対応する能力はかなり落ちた。情報や今の投資口の価格を知りたいとか、投資口を償還したいとか、ひっきりなしにかかってくる電話の、あまりにも多くが長時間放置されるどころか、まったく取られないものもあった。

できるだけ対応するようにはしたが、私は、電話の通じなかった出資者がバンガードに車でやって来ようとして渋滞が起き、地元のテレビ局に撮影されて、夕方のニュースで報道されてしまい、パニックが生じるのではないかと心配になった。

たまにしか起きない電話件数の急増に対応するために、フルタイムのスタッフを雇うのはまったく非効率的なので、私は社員全員に、電話を取る訓練を受けさせることにした。スイスでは、国民全員が軍事訓練を受ける義務を負っており、「スイス人は軍を持たない、彼ら自身が軍なのだ」と言われている。そこで、バンガードでも、自分たち自身の「スイス軍」を作り上げたのである。

社員全員に訓練を施したことには、あらゆる点で、電話の件数の急増への対応と同じくらい重要な二つ目のメリットがあった。役員や管理職に、自分たちが投資家対応チームの一員であることを改めて思い起こさせると同時に、投資家たちはただの数字ではなく、生きた人間なのだという認識を高めさせることになったのだ。幹部社員全員がこの新しい責任を喜んで引き受けたというわけでもなかったが。[*2]

＊2　私は電話に出るのが大好きだった。一九八七年のブラックマンデーには一〇四回電話を取ったし、社員の間を定期的に歩き回って感謝の意を示し、鼓舞した。

ブラックマンデー

一九八七年一〇月一九日（ブラックマンデー）、株式市場の投資家はパニックに陥り、その日一日だけで、S&P500は二三％下落した。[*3]バンガードではスイス軍を配備し、電話の件数が突然増えても対応できる準備をしていた。決して完璧とはいえなかったが、準備不足のライバルには羨ましがられた。

翌年、バンガードでは、顧客対応と業務運営の両方において、ファンド業界のリーダーになることを目指して、コンサルティング会社のマッキンゼー＆カンパニーにテクノロジー戦略の検証を依頼した。バンガードには、こうした目標を達成するためにテクノロジーを多用したくはないという空気（「うちにはリーダーになる余裕はない」という考え）があったが、これは、第7章で述べるように、私が一九九二年の上層経営陣のミーティングで始末した「聖なる牛（聖域の意）」の一つだった。私はその場で、「最早リーダーにならないでいる余裕はない」と告げた。

＊3　S&P500は、一九八七年六月の最高値から、一〇月の最低値まで、四〇%下落した。だが通年では、五%増を記録している。

ミューチュアルファンドが三二増加

一九八一年にはインデックス・ファンドはまだ休止同然の状態にあり、大きく回復するまでには、一〇年以上待たなくてはならなかったので、バンガードでは、アクティブ運用株式ファンドを次々と設立した。バンガードが委託した外部の投資顧問会社が運用する七つの株式ファンドと、二つの新しい株式インデックス・ファンドを作って、新天地を切り開いた。

伝統的な資金運用を行うことを認める取締役会の決定と、それに続く、フィクスト・インカム・グループの設立を受けて、さらに一三の満期確定型債券ファンドを作った。うち五つは特定の州（カリフォルニア、ニューヨーク、ペンシルバニア、オハイオ）が発行する長期地方債を保有する非課税の債券ファンドだった（後にニュージャージーが加わった）。

また、中長期米国債の保有を中心として、このうち四州の居住者向けの非課税MMFと、その他六つの満期確定型課税対象債券ファンドも作った。

バンガードは、九つの株式ファンド（うち七つは、新たに委託した外部の投資顧問会社が運用）と、当時はS&P500インデックス・ファンドしかなく、依然として狭かったインデックス運用の領域を拡大するため、二つの新しいインデックス・ファンドを作って新たな分野を開拓した。このようにファンドの組成を急増させたのは将来に対する賭けだったが、資産基盤を多様化して、いずれインデックス運用が本格化するまで、バンガードの成長を維持するための努力の表れでもあった。

一九八一年――バンガード・インターナショナル・グロース・ファンド

「海外」に進出した初期の主要な株式ファンドの一つで、外国株のみ保有。もともとはアイベスト・ファンドがUSグロース・ポートフォリオとインターナショナル・グロース・ポートフォリオに分かれた時に、個別ポートフォリオとして始まったもの（後に、インターナショナル・バリュー・ファンドが加わった）。インターナショナル・グロース・ポートフォリオは八五年に独立し、記録が誰にでも分かるようになった。[*4] ロンドンを本拠とするシュローダーズ・インベストメント・マネジメントをポートフォリオ・マネージャーに選定し、二〇〇五年に退職するまで、リチャード・R・フォルクスが素晴らしい実績を挙げた。

＊4　非米国株の資産価値が急上昇したため、そうせざるを得なかった。バンガード・インターナショナル・グロース・ファンドは一九八六年度一年でなんと九六・六％も増加し、最初の五会計年度の累積収益率は二八三％となった。

一九八六年——バンガード・クオンツ・ポートフォリオ（VQP）

投資分野において、コンピューターによる株式分析と戦略が広く受け入れられるようになるにつれ、株式ファンド部門でも、定量的技術を利用するファンドが重要な役割を果たすようになったのは当然のことである。

VQPは、新しいタイプのクオンツ運用会社の一つである、ボストンのフランクリン・ポートフォリオ・アソシエーツによって運用された。コンピューターは、伝統的なアクティブ型ファンドが雇うフルタイムのアナリストやストラテジストよりもずっとコストが安かったことから、〇・二四％という非常に低い投資顧問料を交渉することができた。

VQPでは、「バンガードはあらゆる投資家に相対的予測可能性を提供」という見出しの広告を限定的に出した。開始から二〇〇五年まで、僅差ではあったが、ノーコストのS&P500指数に引けを取らなかった（年次リターンはVQPが一一・九％で、S&P500指数が一一・六％）。だがその後、VQPのパフォーマンスはわずかにS&P500を下回るようになった（年次リターンはVQPが八・〇％で、S&P500が八・七％）。一九九七年に、バンガードの経営陣は、ファンドの名称をバンガード・グロース・アンド・インカム・ファンドに変更することを決定したが、私には、ブランド（brand）名がダサい（bland）名前に変わったようにしか思えなかった。

一九八七年——バンガード・エクステンデッド・マーケット・インデックス・ファンド

バンガードの先駆的な500インデックス・ファンドには、中型株や小型株が含まれていなかったことから、この、いわゆるコンプリーション〔補完〕・ファンドを設立した。目的は、完全市場ポートフォリオ（現代ポートフォリオ理論が依拠する主な特性）を保有するために小型株や中型株も追加したいと考える、５００インデックス・ファンドの投資家にアピールすること。この新しいファンドは、小型株や中型株の方がリターンは優れていると考える投資家にも対応するものだった。

一九八七年の設立以来、バンガード・エクステンデッド・マーケット・インデックス・ファンドの年次リターンは一一・〇％で、Ｓ＆Ｐ５００の年次リターン一〇・五％をやや上回っている。このファンドは多くの投資家の注目を集めた。現在の資産基盤は六七〇億ドルで、バンガードの二〇大ファンドの一つに数えられ、現在四七五二あるミューチュアルファンドの中で二七位となっている。

アクティブ運用会社の起用

バンガードは主に、インデックス・ファンド（現在の資産基盤の七八％を占める）で知られているが、一九八一年には、資産の九八％がアクティブ運用されていた。しかしインデックス運用が認められるようになるまで、私はアクティブ運用でも、長期に集中し、売買回転率が過度でなく、業界標準をはるかに下回る投資顧問料で運営している、経験豊かな運用会社を信頼することを非常に重視していた。今でも私は、大半の投資家にとっての最も優れたソリューションは、広範に分散された株式市場インデックス・ファンドだと考えてはいるが、これらの特性を備え精選されたファンドであれば、市場をアウトパフォームするチャンスは最も高いだろう。

一九八四年――バンガード・プライムキャップ・ファンド

一九八三年、キャピタル・グループの最も優秀なファンドマネージャーが三人退社して、自分たちで投資顧問会社、プライムキャップ・マネジメント・カンパニーを立ち上げた。私は、そのうちの二人（ハワード・ショーとミッチェル・ミリアス）をよく知っていた。

カリフォルニアに行った時、パサデナのオフィスに二人を訪ねた。二人は資金を運用したがっていたので、私は、バンガードでは新しいファンドを組成して運営し、販売したいと考えており、運用してみないかと尋ねた。二人は、ミューチュアルファンドの運用は「長期的な計画にはない」と答え、あまり気乗りのしない様子だった。だが、周知のように、私たちはお互いを信頼して協力し、一九八四年一一月一日に、バンガード・プライムキャップ・ファンドが生まれ、今日まで優れたリターンを挙げている。設立以来の年次リターンは一三・八％で、平均的なグロース・ファンドの一〇・五％や、S&P500指数の一一・三％を優に超え、全株式ファンドの中でもトップに近い（このファンドは、二〇〇四年に新規募集を締め切っている）。

プライムキャップは、バンガードという王冠で最も美しく輝く宝石の一つとなった（プライムキャップの詳しい歴史については、第14章参照）。

一九八五年――STARファンド

私はずっと、ファンド・オブ・ファンズ構造（常に他のミューチュアルファンドだけをポートフォリオに保有するミューチュアルファンド）に興味を惹かれていた。だが、運用報酬が重なることが倫理的には好ましくなかったし、金銭的にも不条理だと思っていた。そこで独自に、ファンド自体の報酬を請求しない、バンガードSTARファンドを始めることにした。投資家は、基礎となるバンガードのファンドの報酬だけを支払う、というものだ。

STARは、「Special Tax-Advantaged Retirement（税務上有利な特別退職年金）」の頭文字を取って名付けた。SECはこの名称の使用を許可しなかったが、STARの名前だけは今も残っている。このファンドのバランス型の株式／債券ポートフォリオは、バンガードの一一のアクティブ運用ファンドのみで構成されており、リターンはバンガードの他のバランスファンドに匹敵している。二〇一八年半ば時点の総資産は二二〇億ドル。

一九八五年――ウィンザーII

一九八五年で最も大胆な動きはまだその後だった。五月に、バンガード・ウィンザー・ファンドの伝説的なポートフォリオ・マネージャー、ジョン・B・ネフが私に、ウィンザーの新規募集を締め切るよう求めた。いずれその時が来ることには同意していたので、いざ締め切る時には、断固たる決意をもって実行した。

当時、二三億ドルの規模だったウィンザーは最大の株式ミューチュアルファンドで、多額の資本が流入していた。[*5] ジョンは、さらに急成長すれば、継続的に優れたリターンを挙げることができなくなるのではないかと懸念しており、私はためらわずに同意した。ウィンザー・ファンドは、一九八五年五月一五日に新規募集を締め切った。

ウィンザーによる、バンガードのキャッシュフローへの大きな貢献が必然的に失われることは喜べなかったが、「金の卵を産むガチョウを殺す」のも避けたかった。それでもやはり、配当利回りが平均を上回る割安株を追求するファンドを提供する必要があったので、同年六月二四日に、ウィンザーⅡファンドを設立した。

＊5　ウィンザー・ファンドは、新規募集を停止した時点で、S&P500の時価総額の〇・二八％を占めていた。もし、二〇一八年初めに同じ割合を占めるファンドがあったとしたら、運用資産は約六三〇億ドルになる。

皮肉屋たちの敗北

取締役会は、新しいウィンザーⅡの投資顧問になりたがっていた数社からプレゼンを受けた後、ダラスを本拠とするバロー・ハンリー・ミューヒニー・アンド・ストラウスを選んだ。やがて、ファンドが成長するにつれて、資産の急増に対応するため、運用先を増やした。一九九一年には、社内の株式運用担当部門であるクオンツ株式グループを設立し、二〇〇三年にはホチキス・アンド・ワイリー・キャピタル・マネジメント、〇七年にはラザード・アセット・マネジメント、一〇年にはサンダース・キャピタルが加わった。バロー・ハンリーも引き続き、ポートフォリオの最大部分の運用を担当している（ウィンザー・ファンドの詳しい歴史については、第13章参照）。

この二番目のウィンザー・ファンドの設立へと向かう動きは、市場では皮肉をもって迎えられた。私が新しいファンドをウィンザーⅡと名付けた主な理由は、このファンドがバンガードの二番目のバリュー・ファンドであることを際立たせるためだったのに、ウィンザーの名前を使ってジョン・ネフの評判を利用しようとしていると非難された。「ウィンザーⅡはウィンザーほど成功しないよ」と至るところで批判された。

一九八五年から三二年と少し経過した時点で、ウィンザー・ファンドの相対的年次リターンは＋一〇・一％、ウィンザーⅡは＋一〇・五％である（バンガードに対する批判が間違っていたのはこのことだけに限らないが）。二〇一八年半ば時点で、ウィンザー・ファンドの総資産が二〇〇億ドルなのに対して、ウィンザーⅡの総資産は四八〇億ドルである。

バンガード特化型ポートフォリオ

これまで、一九八一年から九一年までの成功を数え上げてきたが、自分の長いキャリアにおける大失敗の一つを無視することは、私の良心が許さない。八四年五月、私は、最大のライバルであるフィデリティが大いに喧伝していた八つのセクター・ファンド（防衛・航空、レジャー・エンターテイメント、テクノロジー等）との競争をこの上なく懸念していた。私はこの挑戦を受けて立つことを決意し、より規律あるアプローチとして、金・貴金属（現貴金属・鉱業）、テクノロジー、エネルギー、サービス経済、ヘルスケアの五つの広範なカテゴリーに絞ったバンガード特化型ポートフォリオを組成した。

私はもう少し分別を持つべきだった。一九五一年、プリンストンの卒業論文のためにファンド業界について調べていた時、私は、ディバーシファイド・インベストメント・ファンド、マネージドファンド、インコーポレーテッド、キーストン・カストディアン・ファンドという五つの「セクター・ファンド」グループのパフォーマンスを観察した。当時、この五ファンドで、業界資産の一〇%を占めていた。

例えば、グループ・セキュリティーズは、一五の産業ファンドを提供していたが、その資産は鉄鋼株とタバコ株に集中しており、一億ドルの資産基盤の約四五%を占めていた。マネージャーたちは、ファンド間の売買を円滑化した上で、投資家に、市場トレンドに基づいて一五業種を売買するように勧める、という考え方だった。だが、すぐに沈没し始め、一九六一年には一五の産業ファンドがすべて取引をやめ、グループ・セキュリティーズが運用していた他のファンドに統合されてしまった。いくらマーケティング上の前提が（しばらくの間は）優れていたとしても、投資の前提に欠陥があっては、投資家の利益にはならず、主流から脱落してしまうのだ。

私が長いキャリアの間犯した過ちの大半は、幸いながら数少ないとはいえ、投資という帽子を脱いで、マーケティングという帽子を被った時に起きたように思う。最初の五つのバンガード特化型ポートフォリオのうち二つ（サービス経済とテクノロジー）は最早存在しない。自分の失敗を告白しておきながら言えば、皮肉なことに、今でも生き残っているポートフォリオの一つであるバンガード・ヘルスケア・ファンドは、投資家に、ミューチュアルファンド業界の歴史で最も高い長期リターンを提供しているようだ。

一九八八年——バンガード・エクイティ・インカム・ファンド

バンガードがコスト面で有利であることは、配当利回りに注目してみれば分かる。収益を追求して不利な点を隠そうとする高コストのファンドでも、これを隠すことはほとんどできない（よく注意して見なくてはいけないが）。バンガードのエクイティ・インカム・ファンドは、経費率の低さのおかげで、同様のファンドと比べて高い配当利回りを投資家に提供していると、自信を持って言える。

二〇一八年初めの類似グループの平均利回りは二・〇％で、対するバンガード・エクイティ・インカム・ファンドは二・五％。だが、それぞれの経費率である〇・八三％と〇・一七％を差し引く前の表面利回り（グロス利回り）は、バンガードのファンドが二・七％、競合先の平均が二・六％と、ほとんど差がなかった。それがバンガードではコストの低さによって、利回りに直接二五ポイントがプラスされ、投資家の受取配当が〇・五％増えた。現在、資産三〇〇億ドルのこのファンドは、当該カテゴリーで最大のファンドとなっている。

実り多い一〇年間

バンガード特化型ポートフォリオの悲惨な失敗にもかかわらず、一九八〇年代は、バンガードにとって、

（一）多様な資産基盤の構築（この期間に立ち上げたファンドは総額約六五〇〇億ドルに上った）。

（二）債券フランチャイズにおける強みの強化。（三）鋭敏かつ目的を絞った、クリエイティブな姿勢を保ってインデックス運用の必然的な勝利を待つ。

という三つの重要な目標を達成した一〇年間となった。一九八〇年代終わりに、当時三つだったバンガードのインデックス・ファンドは急成長したが、九一年の資産総額はわずか七〇億ドルで、当時七七〇億ドルだった我が社の資産基盤のたった九・一％を占めるに過ぎなかった。

今後の展望

一九九〇年代には、インデックス投資の最初の競争の波が起きた。フィデリティは、アグレッシブなアクティブ運用に傾倒していたにも関わらず、二つの株式インデックス・ファンドを開始した。いずれも、S&P500に連動したものだった。他にも少数の会社がこの分野に参入したが、どの会社も、インデックス運用を真剣に検討する投資家にとって、バンガードほど有利な価格を設定してはいなかった。例えば、T・ロウ・プライスのS&P500インデックス・ファンドの経費率は、一九九〇年の立ち上げ時から九五年まで、〇・四五％で変わらなかった。

その後五年間、バンガードはインデックス・ファンドの開発を着実に進めた。ともに初のグロース・インデックス・ファンド（一九九二年）とバリュー・インデックス・ファンド（一九九二年）、そしてライフストラテジー・ファンド（一九九四年）やターゲット・リタイアメント・ファンド（二〇〇三年）の前身となった、業界初のバランス型インデックス・ファンド（一九九二年）など、特定の目標や目的のある投資家への魅力を広げることになる。

一九八一年から九一年までの一〇年間は、バンガードを築き上げる過程における、その後の展開のための地固めをすることにもなった。業務面では、九三年に、競争価格や他のファクターに基づきファンド間のコストを配分することにして、柔軟性を高めた。また、投資顧問会社やファンドの手数料率の変更にも合理的に対応できるようにし、九二年には、これもまた業界初となった「アドミラル・ファンド」を通じて、大規模投資をする投資家の経費率も大幅に引き下げた（アドミラルの低コスト投資は今、バンガードの資産基盤の大きな部分を占めている）。

航路を守る

バンガードは航路を守り続けながら、四二億ドルから七七〇億ドルへと、ファンド資産を二〇倍近く増やし、その間ずっと、インデックス運用の（私にとっては）必然的な勝利を待ち続けた。一九八一～九一年の一〇年間で、一三のフィクスト・インカム・ファンド、二つのインデックス・ファンド、九つのアクティブ型ミューチュアルファンド等、なんと合計で三二もの新しいミューチュアルファンドを設立した（一つを除いてすべてが目覚ましい成功を果たした）。バンガードは導き星を追い続け、投資家を最優先する姿勢を守りながら、ますます競争が激化するミューチュアルファンドの業務運営・販売環境の将来的な変化に備えた。

第7章　一九九一〜一九九六年

——新たなミューチュアルファンド業界に備えて

	1991 年 12 月	1996 年 12 月	年間成長率
バンガードの資産 （単位億）	$770	$2,360	21.1%
業界資産 （単位兆）	$1.5	$3.4	18.5%
バンガードのシェア	5.3%	7.0%	-
			年次リターン
S&P 500 指数	417	741	15.2%
中期米国債利回り	6.0%	6.2%	6.2%
株式 60% ／債権 40%	-	-	11.7%

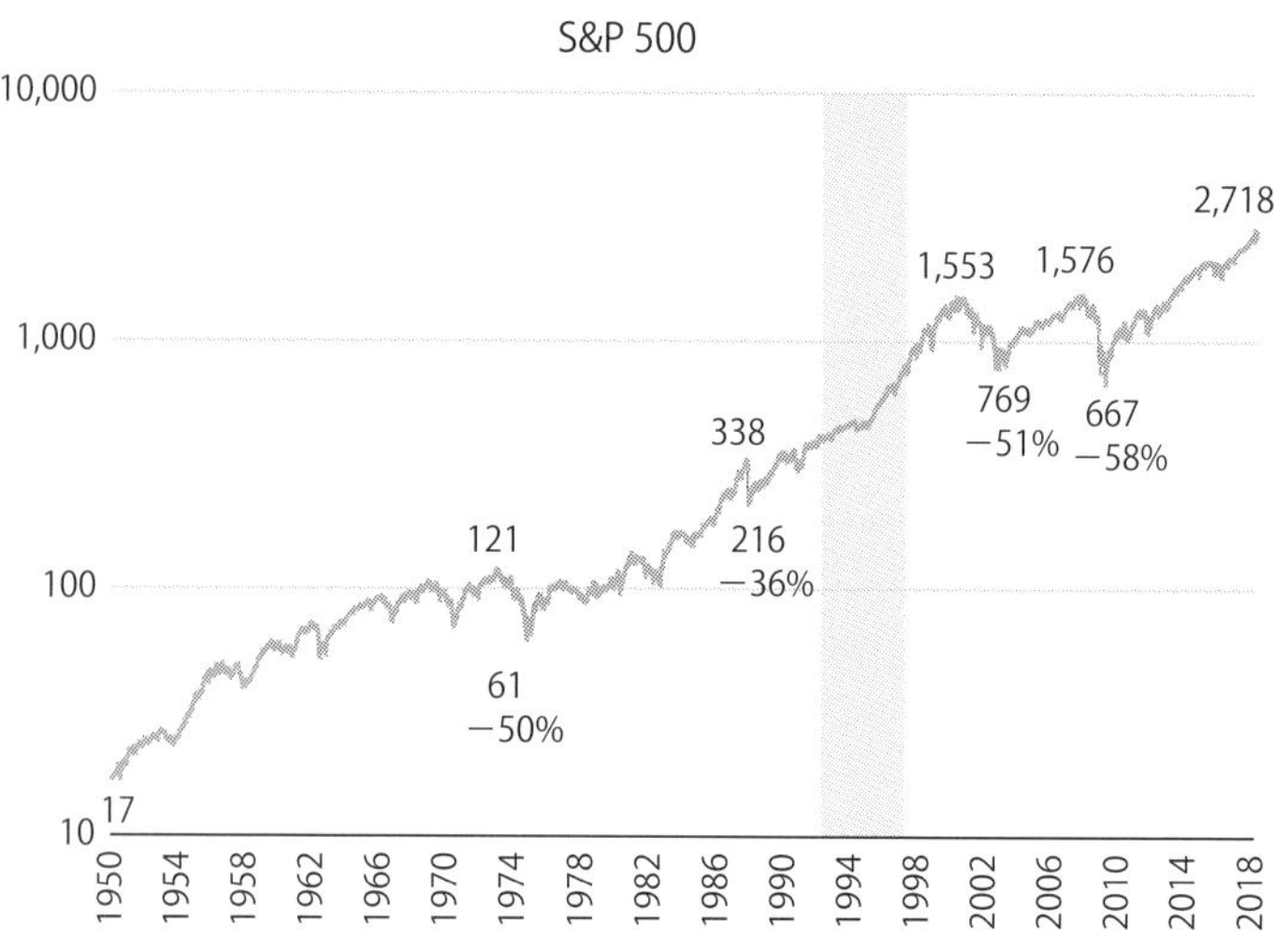

五年間に、一度も大幅に後退することなく株価が着実に上昇したとしたら大したものだ。一九九一年から九六年の間、株式は、一九〇〇年から七四年までの長期平均である八・六％をはるかに上回る、一五・二％という目覚ましい年次リターンを生んだ。この一五・二％という年率で、株価は短期間で倍加したことになる。

華々しい始まり

一九九一年から九六年までの、短いが実りのある五年間は、華々しく始まった。インデックス運用に大きな一歩を踏み出す時が来たのだ。

一九七五年以来、バンガードは、「米国株式市場全体を網羅する」というバンガード500インデックス・ファンドの当初からの運用基準を頑なに変えずに来た。このファンドは既に、米国では規模で第七位の株式ミューチュアルファンドとなり、バンガードの資産基盤の一四％を占め、急速に成長し始めていた。

このファンドは、米国株式市場全体を正確に再現していたわけではないが、広範な市場銘柄の八五％を保有しており、十分に反映していたといえる。ただ、米国市場の銘柄の一〇〇％を保有する姉妹ファンドを提供するのは何も難しいことではなく、一九九二年に、バンガード・トータル株式市場インデックス・ファンドを立ち上げた。[*1] このファンドは、二〇一三年には、世界最大の株式ファンドとなっている。

一九九二年には、最初の資産混合型（債券／株式）インデックス・ファンドであり、バンガードのライフストラテジー・ファンド（一九九四年）とターゲット・リタイアメント・ファンド（二〇〇三年）の前身であるバンガード・バランスド・インデックス・ファンドも生み出した。ターゲットデート型のファンドは、すぐに、従業員貯蓄制度の間で最も人気ある投資となった。

一九九三年、コストだけではなく、競合先が課している経費率にも基づいて個々のファンドの経費率を決めることが承認された時、経費率の大幅な構造改革を行った。これで、バンガードは、価格面でアグレッシブな競争力を持つ企業になった。それでも、まだまだ達成しなくてはならないことは山ほどあった。

＊1　トータル株式市場インデックス・ファンド他、バンガードのインデックス・ファンドの詳しい説明については、第12章「インデックス・ファンド」参照。

聖なる牛（聖域）

五月の終わりに開催されるのが恒例だったバンガードの経営陣向け年次研修会で、私は毎回、

「バンガードの今」と題する長い開会の辞を述べた。可能な場合にはいつも、バンガードの精神性を反映した、意外な決定を発表することを好んでおり、驚き（サプライズ）を台無しにしないように、事前に誰にも（ほぼ、誰にも）話さなかった。

例えば一九九二年のスピーチのテーマは「聖なる牛」だった。私は、経営陣が不可侵だと思っていたバンガードのポリシーを一〇あまり列挙した。重視すべき「聖なる牛」の中には、次の三つが含まれていた。

一、「バンガードはテクノロジー・リーダーにはならない」。
二、「バンガードは、カスタムメイドの投資アドバイスや、アセットアロケーションに関する助言を提供しない（できない）」。
三、「バンガードは、同業者に合わせて手数料を免除する必要はない」。

これら三つの、聖なる牛と思われていたものは、一年のうちにすべて姿を消してしまうことになる。

テクノロジー・リーダーシップ

「テクノロジー・リーダーシップを追求しない」という一頭目の聖なる牛は、あまり長生きしなかった。私が昔、フォーブズ誌に語ったように、確かに、「テクノロジーには費用が掛かりすぎる。

バンガードにはリーダーになる余裕はない」。だが、ファンドの業務運営において、テクノロジーは差別化要因としての重要性をますます増しており、バンガードの資産基盤は月を追うごとに、百億ドル単位で増えていた。そこで私はマネージャーたちに、「バンガードはテクノロジー・リーダーになる。ならないでいる余裕はない」と伝えた。

研修会から数カ月後、私たちは「情報技術への航海」と名付けたプロジェクトを始めた。まずは、現在のテクノロジーに関する大掛かりな調査を行って、将来に向けたロードマップを作ってくれるコンサルタントが必要だと認識することから始まった。上級役員たちは全員、丸一日かけてミーティングに参加し、様々なコンサルタントの提案を聞いた。

決定は投票によって行った。六人の役員全員が、以前様々な業務で協力を依頼したことのある地元のテクノロジー会社との連携を支持したが、私は賛成せず、大手コンサルティング会社のマッキンゼー&カンパニーを支持した。マッキンゼーが持つ規模や範囲、専門知識と評判が主な理由だった。

契約を勝ち取ったのはマッキンゼーだった（他の役員たちも、私の決定の根拠は理解してくれたのだと思う。反対は一切耳にしなかった）。マッキンゼーの提案は正鵠を射ていて、私たちは彼らが作った、ミューチュアルファンド業界におけるテクノロジー・リーダーシップを目指すロードマップに従った。バンガードの成功の功績の大半は、専門知識やリーダーシップ、判断によって業界をリードする立場にまで導いてくれた、故ロバート・A・ディ・ステファノのおかげである（最近は、テクノロジーにおけるリーダーシップは脅かされているが、バンガードの急成長に合わせていくのは生易しいことではない)。

アドバイスのカスタマイズ

二頭目の聖なる牛(個々の投資家にカスタムメイドの投資アドバイスを提供しない)は、常に市場をアウトパフォームするファンドマネージャーを事前に見つけようとするのは、おおよそ無駄なことだ(骨折り損ですらある)という、私が長年抱いていた懐疑的な見方に基づいていた。ところが、インデックス・ファンドはついに、投資家の間で勢いを増し始めており、私は「投資顧問会社は、市場を上回る個々のアクティブ運用ファンドの選定よりも、アセットアロケーションにますます注力すべきである」と説得された。

二年後、会計事務所のクーパーズ&ライブランドからリチャード・スティーブンスをリーダーとして引き抜いて、独自の投資顧問業務を開始した。リチャードは二〇〇一年にバンガードを去ったが、アドバイスを受けたバンガードの資産基盤は、二〇一八年初めまでに一〇〇〇億ドルにまで成長している。

「威嚇射撃」

三頭目の聖なる牛は、バンガードの上層経営陣向けスピーチの主要テーマ、ファンドの競争価格設定だった。私は競合先に対して「うちの経費率を下回ろうとしても意味がないと知らせるべく、「前方に威嚇射撃をすべきだ(早めに手を打つべきだ)」」と言った。そして、他社には想像もつかない形で、ファンドの経費率を選択的かつ独創的なやり方で引き下げる方法を見つけることになる。

アドミラル・ファンド

その一九九二年のリーダーシップ修養会で、私はマネージャーたちに対し、最低初期投資額を比較的高く設定した（五万ドル）、米国債に投資する四ファンド（マネーマーケット、短期、中期、長期）の低コストのシリーズを作って、競争に向かう決意を示すことにすると発表した。価値が「高い」ことを表すために、このシリーズには「アドミラル（提督）」という名前を付けることにした。経費率はわずか〇・一〇%で、バンガードの既存の債券ファンドの半分以下だった。

この新しいシリーズはすぐに実を結び、ファンドの選択的な価格設定における貴重な経験となった。二〇一八年半ばには、アドミラルの四つの米国債ファンドの資産は総額三二〇億ドルとなった。大ヒットとはいかなかったが、これらのファンドはわずかな信用リスクで、また満期リスクを一定に抑えた上で、非常に低い経費と高い利回り、従って、高い総リターンを実現した。

それに続く数年間、投資家の記録管理技術は進化し、バンガードの既存のミューチュアルファンドでも、アドミラル・クラスを組成することが可能になった。二〇〇〇年以降、バンガードが提供するほぼすべてのファンドに、低価格のアドミラル・クラスのオプションを徐々に追加した。二〇一八年半ばには、アドミラルの投資口の資産は総額一・七兆ドルに達し、単独クラスとしてはバンガードの全ファンドのうちで最大で、資産基盤のまる三分の一を占めている。

アドミラルのコンセプトは、ファンドの価格設定に対するバンガードのアプローチにおける革命を開始することとなった。現在、この巨大なアドミラル・クラスのファンドの投資口の資産加重平均経費率は全体でわずか〇・一一％。バンガードのインベスター・クラスの投資口の平均経費率である〇・二〇％の半分に近く、他のアクティブ運用会社の平均加重経費率である〇・六三％を約八〇％下回る。

インデックス運用における新しいコンセプト

この間、バンガードはまた、ミューチュアルファンドというゲームのルールを書き換え、単純な株式ファンドや債券ファンドやMMFではなく、投資家の様々な要求を満たすように組成したミューチュアルファンドを生み出した。とりわけ、最初の二つの新しいインデックス・ファンドは、この戦略の始まりを象徴するものだった。

「グロース」と「バリュー」インデックス・ファンド

一九八九年、私はフィラデルフィア証券アナリスト協会（現フィラデルフィアCFA協会）でスピーチを行い、健全に組成されたグロース指数とエクイティ・インカム［バリュー］指数が開発された暁には、グロースとバリューのインデックス・ファンドを個別に組成することができる」と約束した。

スタンダード＆プアーズ・コーポレーションがこの両指数を導入するのは一九九二年五月三〇日だから、時間は少し無駄になったかもしれない。バンガードは、その年の一一月二日に、S＆P5

00銘柄をグロースとバリューのポートフォリオに分けて、二つの新しいインデックス・ファンドを生み出している。

この二ファンドを、投資家はどう使い分けるべきか。私の考えはシンプルだ。資産を蓄積中の投資家は、長期的な資本増価によるリターンが占める割合が比較的高いのに対して、課税対象となる受取配当金の割合が比較的低く、ボラティリティが比較的高いバンガード・グロース・インデックス・ファンドを検討すべきである。一方、退職に達し、投資生活における配当段階が始まったら、高い配当受取金と低いボラティリティを求めればよい。それには、バンガード・バリュー・インデックス・ファンドがうってつけだ。

理想と現実

だが、このシンプルで明快なはずのアイデアが、市場には誤って伝わってしまった。出資者向けの年次報告書で、私は何度も、この二つの市場セグメントの短期的なリターンに関する期待に基づいてファンドを切り替えるのは、逆効果になる恐れがあると警告している。また、長期的には、グロース指数とバリュー指数が生むリターンは同様になるとの予想も伝えている。

私の予想は、ほぼ正確だったことが確認されることになる。創設から四半世紀の間、グロース・インデックス・ファンドの年間リターンは八・九%、バリュー・インデックス・ファンドは九・四%と、ほとんど変わらなかったのだ。

だが、私の警告に耳を貸す人はほとんどおらず、どちらの投資家も、この二つのシリーズをしょっちゅう切り替えていた結果、得られたリターンは、ファンド自体のリターンよりもはるかに少なかった（グロースが＋六・一％、バリューが＋七・九％）。私は、自分がインデックス投資の大きなメリットだと思っていたものを、両ファンドのあまりにも多くの投資家たちが間違って利用したことに驚き、それ以上に当惑した。

ファクター・ファンド・ブーム

皮肉なことに、この二つのファンドは、二〇〇〇年代半ばに始まるとすぐに、上場投資信託（ETF）業界の急成長セクターとなり、「ファクター・ファンド」ブームの下地を作ることになった。「ファクター」とは、「金融経済学者たちが過去における市場アウトパフォーマンスと関連があることを認めた、同様の投資特性を持つ株式のグループ」と説明できる。「グロース」と「バリュー」は、全く違う二つのファクターである。二〇一八年初めには、ファクター・ファンドはそれまでの五年間にわたる全ETFの正味キャッシュフローの二〇％以上を占めた（第8章で述べるように、ETF戦略は、投資家の役には立っていない）。

バンガードの「グロース」と「バリュー」のインデックス・ファンドは後継ファンドのような機能を果たすことを目的としてはいなかったが、モーニングスターはこの二つを初の「戦略的ベータ」ファンドと呼んでいる。また、この分野では規模が最大の二ファンドでもある。[*2] 二〇一八年半ばには、グロース・インデックス・ファンドの資産は総額七九〇億ドル、バリュー・インデックス・ファンドの資産は総額六六〇億ドルに達している。

＊2　バンガードのバリュー・ファンドとグロース・ファンドの「切り替え」がもたらす投資経験には実りがなかったので、その後、ファンド・マーケターの熱意は失われるのではないかとも思われたがそうはならず、顧客は損をし続けた。

投資家のコストを削減

ミューチュアルファンド資産の成長に伴う多大なスケールメリットを進んで分かち合おうとはせず、高い報酬を維持しようと奮闘する同業者たち。彼らとバンガードでは、投資コスト削減に関する理念は真逆だった。同業者たちは、既存のファンドよりも高い経費率で新しいファンドを発売したがったが、投資家のコスト意識が高まる中、そうした戦略は実行がますます難しくなっていた。

つまり、アドミラル・クラスやその他、バンガードの一連の超低コストファンドは、類似ファンドのように「ファンドをコントロールする運用会社が得るリターンを最大化する」のではなかった。「ファンドの出資者が得るリターンを最大化する」というミューチュアルな構造から生まれたものである。

個々のミューチュアルファンドは、出資者の承認があれば報酬を自由に設定できるので、アドミラル・ファンドの設立には何の規制的な問題もなかった。だが、バンガードが価格においてもっとアグレッシブに競争するのであれば、さらに柔軟性を高める必要があることは、分かり切ったことに思えた。アドミラル・ファンドはよいスタートだったが、最終的な目標は、すべてのファンドの価格を引き下げることだった。これは容易ではなかった。だが、私たちはやり遂げた。

価格競争――一九九三年の委任状

バンガードでは、原業務委託契約の条件に従い、ファンド間のコスト配分に、各ファンドの直接コストのほか、ファンドの総資産や投資主の数の比例配分に主に基づく間接コストの配分等、かなり厳格な基準を適用することが求められた。だが、この基準では、コストの戦術的な配分はほとんど不可能と言えた。

バンガードには、市場のセグメントごと、特に多額の資産を持つ投資家を対象に、選択的に報酬を引き下げる能力が必要だった。価格設定が柔軟にできれば、さらに競争力を高めることができる。

一九九三年の委任状がSECに認められた後、バンガードでは、業務委託契約を修正してファンドの価格競争力を高めるため、出資者の承認を求めた。以前承認された厳格な配分方法は継続しつつ、「バンガードが生存し成長することを可能にするように策定した競争価格で、競争力のある投資業務を提供すること」をファンドが可能にする条項を追加した。

転機10　一九九三年
ライバルからの攻撃を撃退

事実上、ミューチュアル構造がコスト競争力を確実なものにしていたとはいえ、価格競争のための柔軟性が最終的に得られたのは、一九九三年に私たちが提案した委任状条項のおかげだった。この大きな転機によって、形勢は一変し、バンガードのアクティブ運用ファンドやパッシブ・インデックス・ファンドにも、同様に価格競争の門戸を開くことになった。だが、この重要な変化に気付いた者はほとんどいなかった。バンガードのファンドの投資家からも、マスコミからも、競合他社からも、何かを訊かれた覚えはまったくない。

皮肉なことに、一九九三年の委任状提案に対する唯一の否定的な意見は、バンガードが、一億六〇〇〇万ドルと見積もられていた新しい社屋の建設費用を最も有利な融資条件で借り入れるための無関係の提案から発せられた。[*3] バンガードのビジネスは急成長しており、さらなる成長が見込まれていたが、実際それは正しかった。一九九二年末には、バンガードのファンド資産は総額九二〇億ドル、一〇年後の二〇〇二年の終わりには、五五五〇億ドルに急増する。

ライバルであるフィデリティの目を捕らえたのは、コスト同様価格でも競争を可能にする画期的な提案ではなく、ありふれた融資提案のほうだった。簡単に言えば、フィデリティは、バンガードが新社屋の資金を調達するための提案が気に入らなかったのだ。フィデリティは、SECに対し、バンガードの融資契約案に関する審問を請求するという、異例とまではいかないにしろ、普通では考えられない行動を取った。

私は面白くなかった。一九九二年一二月一日にウォール・ストリート・ジャーナルで報道されたように、私は、フィデリティの審問請求について、「欲得づくにしろ、バカげているにしろ、卑劣で、傲慢な内政干渉だ」と表現した。新聞では激しい言葉の応酬が続いた。だが、証券取引委員会の投資運用部門のスタッフが、面倒で、お金や時間のかかる審問を開きたがっていないことが明らかになると、フィデリティは申請を取り下げた。

その見返りとして、SECのスタッフは私に、これ以上のコメントは控えたらどうかと言ってきた。実際に使われた言葉はもっと厳しいもので、「いい加減黙れ」と言われた。私はその要求を喜んで受け入れた（簡単なことではなかったが）。一九九三年四月一二日、ファンドの出資者総会で、私たちの提案はすべて承認された。

＊3　公正を期して言えば、一九九三年の委任状では、投資顧問料のさらなる引き下げに対する承認請求等、出資者の承認が必要な重要な提案が八件もなされており、長くて（三〇ページ以上あった）複雑なものだった。

バンガードの一九九三年の委任状はかなり広範囲に及んでいた。先に述べた、新社屋の資金調達と、市場での価格競争力の強化という二つの提案同様重要だったのは、各ファンドの取締役会に、「ファンド出資者の承認なく、投資顧問会社を変更して新しい投資顧問会社を選び、新しい投資顧問契約を締結する」権限を与えるという提案だった。

バンガードの出資者／顧客の利益のために行動する権限を取締役に与えるというこの提案の根源は、バンガードのミューチュアル構造が独自のものであるという点にあった。業務の内部化と、投資顧問会社との交渉における独立性により、バンガードは、投資顧問会社を選定・変更し、ファンドの株主には単に決定を報告するという完全な独立性を備えるはずだった。バンガードの取締役たちは、外部の投資顧問会社を選定する際に、何ら重大な利害の衝突に直面することなく、投資顧問会社を選定したり、報酬を交渉したりする上で、年金制度や寄付基金の受託者と同じ、拘束されない自由を享受すべきである、と私たちは主張した。

転機11　一九九三年
投資顧問会社の選択と投資顧問料調整の自由

創業からほぼ二〇年後の一九九三年までに、バンガードの様々なファンドの報酬を二〇〇回以上引き下げていたが、毎回、高額な費用をかけて株主総会を開かなくてはならなかった。通常、ミューチュアルファンドの出資者の九五％以上は経営陣による委任状提案を承認しており、投票が形式化してしまっているのは周知の事実である。新たな委任状提案では、報酬の変更に対する出資者承認の要件が廃止され、代わって投資顧問料または投資顧問会社を変更する場合には、ファンドは三〇日前までに出資者に通知する義務が課されることになっていた。これらの決定を取締役会に委ねるという提案は、私たちのその他の委任状提案同様、ファンド出資者の圧倒的多数によって承認された。

大失敗

時間が経つにつれ、私は深刻な大失敗を実感するようになった。だが最早、間違いを是正できる立場にはなかった。やり直せるものなら、提案は報酬の引き下げだけに適用されるようにし、報酬の引き上げに対しては、出資者の承認が引き続き必要なようにするだろう（私がCEOを務めていた間は、先に述べた二〇〇回以上の引き下げだけで、報酬の引き上げを提案したことは一度もない）。

一九九三年の委任状提案を承認した時、私には、将来的に報酬を増額する必要があるとは想像できなかった。だが九三年以降、バンガードの経営陣は、取締役会に対して報酬の引き下げを提言したことはほとんどないにもかかわらず、引き上げについての提案は少なくとも五回行っている。[*4] 知る限り、この引き上げに気づいたのは私一人で、それ故、以前の過ちに余計苦しむことになった。

偶然ではなく、一九九三年の委任状では、バンガードの十余りのファンドについて、報酬のさらなる引き下げも提案され、やはり出資者によって承認されている。

一九九三年は、バンガードの出資者にとって二重の転機の年となった。

＊4　バンガードの私の後継者たちは、私が初期のウェリントン・マネジメントとの交渉に用いたアプローチである、投資顧問料のブレイクポイント（分岐点）を今でも使っている。つまり、資産が増えると、その増えた分のファンド資産に対して支払われる投資顧問料の料率を下げる。このアプローチにより、バンガードのファンドの出資者（外部の投資顧問会社ではなく）がスケールメリットの大半を享受することが可能になる。

バランスド・インデックス・ファンド

バンガードでは、グロースとバリューのインデックス・ファンドを組成してからわずか一週間後の一九九二年一一月九日に、業界初のバランス型インデックス・ファンド（「バンガード・バランスド・インデックス・ファンド」）を設立した。

このファンドのアロケーションは、六〇％がトータル株式市場インデックス、四〇％がトータル債券市場インデックスで、開始以来変わっていない。

バンガード・バランスド・インデックス・ファンドは、広く分散されたポートフォリオやコストの低さ、適度なリスクプロファイルにより、年金や大学寄付金等、非常に長期の投資家にとっての中核的な投資ポートフォリオになりうる。実際、このファンドは、米国の最大かつおそらく最も高度な寄付基金のポートフォリオと比較しても引けを取らない。二〇一七年六月三〇日までの一〇年間、年間総リターンは平均六・九％で、平均的なバランス型ミューチュアルファンドのリターン四・四％や、最大の大学寄付基金のリターン五・〇％を優に上回っていた。コストの低さが類似ファンドに対する優位性において大きな役割を果たし、一・九ポイントのうち一・一ポイントを占めていた。

累積リターンはバランスド・インデックス・ファンドが九二％、平均的なバランス型ファンドが五四％、最大の寄付基金が六三％である。

バランス型ファンド群の誕生

バンガード・バランスド・インデックス・ファンドは、ファンド市場において、堅固な投資リターンと同時に、成功も収めてきた。二〇一八年初めの資産は三八〇億ドルで、米国の全六〇五のバランス型ファンドの中で五位を占めている。さらに、バンガードのファンドラインナップのうち、以下の二つのバージョンの投資バランスの前身であることから、バンガードにとっては、それ自身の歴史をはるかに超える重要性がある。

最初のバージョンがライフストラテジー・ファンドで、二番目がターゲット・リタイアメント・ファンドである。ターゲットデート型のファンドは、マネーマーケット・ミューチュアルファンドやインデックス・ミューチュアルファンド以来最強の、ファンド業界を一変させるコンセプトであることが証明されている。

ライフストラテジー・ファンド

一九九四年三月三〇日に、株式六〇%/債券四〇%を目標とするバランスド・インデックスから、最初の変種として、株式/債券の比率の異なる四つの「ライフストラテジー」ファンドが作られた(ライフストラテジー・インカム――株式二〇%/債券八〇%、コンサバティブ・グロース――株式四〇%/債券六〇%、モデレート・グロース――株式六〇%/債券四〇%、グロース――株式八〇%/債券二〇%)。

しかし何ということか、これらのファンドは、出だしを誤ってしまった(私は何を考えていたのだろうか?)。私たちは、先に挙げた一定の株式/債券比率を守るはずが、株式市場・債券市場の将来リターンに関するマネージャーの期待に基づいて株式/債券比率を戦術的に調整する、バンガード・アセットアロケーション・ファンドに、なんと各ファンドの資産の二五%を配分してしまったのだ。

ファンドのコンセプトは、必要以上に複雑にすべきではない。だが、私は言い訳のしようもない、初歩的なミスを犯してしまった。アセットアロケーション・ファンドへの配分は、最初の数年間はライフストラテジー・ファンドのリターンをわずかに増やしてくれたけれども、この強みは続かなかった。私たちは、二〇一一年にこの配分を止めた。

ライフストラテジー・ファンドは、投資家のリスクを引き受けられる財力と、リスクに耐えうる情緒的な能力にしっかりと基づいて、成長期待とリスク許容度のバランスを取るための便利な手段であった。このアイデアを好む投資家は多く、二〇一八年半ばには、バンガードの四つのライフストラテジー・ファンドの資産は総額四四〇億ドルとなったが、これは、バンガードにおいてバランス型ファンドが果たす役割が目覚ましく拡大していく始まりに過ぎなかった。

ターゲット・リタイアメント・ファンド

一九九四年、ウェルズ・ファーゴ銀行に先導されてファンド業界は、顧客が指定した退職日に基づく一連の「ターゲットデート・ファンド」(TDF)を提供し始めた。ターゲットデート・ファンドは、投資家が若い時には株式への比較的アグレッシブな配分で始まり、退職が近づくにつれて徐々に保守的になるという、「グライドパス」に基づいている。

例えば、二〇三五年[*5]のリタイアメント・ファンドを二〇〇五年に購入すると、最初の株式九〇％債券一〇％のバランスは退職まで徐々に、六〇％と四〇％に変更される。これは、退職までの年数が減り、資産が蓄積されるにつれて、投資家のリスク回避度は高くなるという考え方によるものである。

今では、多くのファンド・マーケターが様々なターゲットデート・ファンドを提供している。TDFのマーケターは各自、投資家選好に対する自分の見方と、株式や債券の長期の期待リターンに関する想定に従って、独自のアセットアロケーション・パラメーターを設定している（ただし通常、差異はわずかである）。

＊5　ターゲットデート・ファンドは現在、二〇一五年から二〇六五年まで、一般に五年間隔で提供されている。

アクティブ型ＴＤＦとパッシブ型ＴＤＦ――コストが重要

二〇〇三年に設立されたバンガードのターゲット・リタイアメント・ファンドも、この一般的なアロケーション・パターンの例外ではないが、ほぼ独自といっていい。同業者たちは一般的に、アクティブ運用型の株式ファンドや債券ファンドを提供しているが、株式と債券のインデックス・ファンドにのみ依拠しているのは、バンガードのＴＤＦだけである。

このインデックス・ファンド構造は、コストを大幅に下げることができる。バンガードのTDFの経費率が平均〇・一三％であるのに対し、主要競合先の平均は〇・七〇％である。一般投資家が、高い長期リターンを実現する上でのコストの低さのメリットを意識するようになり、バンガードのターゲット・リタイアメント・ファンドは盛況となった。二〇一八年半ばには、これらのファンドの資産は総額四〇四〇億ドルとなり、TDF資産の三六％という圧倒的なシェアを有し、この分野で間違いなく最大のTDFグループとなっている。

他の新しいコンセプトの導入

一九九二年には、バンガード・トータル株式市場インデックス・ファンドを生み出して、再び新しい境地を開いた。バンガードでは二番目となる、広範な市場を対象とする株式インデックス・ファンドは、世界最大となる運命にあった。また九四年のライフストラテジー・ファンドの設立は、投資バランスを画期的なやり方で調整するもので、リスク許容度が様々に異なる投資家のニーズを満たすものとなった。いずれも、ファンド業界における重要なイノベーションとなった。

だが、バンガードが投資家に提供していたファンドや戦略の幅は、投資家のあらゆるニーズを満たすまでには至っておらず、私たちはまだ満足していなかった。

私たちの伝統的な使命が、集める資産を単純に増やすことではなく、投資家の利益に資することであるのを考えると、もっと多くの選択肢を提供する必要があった。

そこで、私たちは債券ファンドのフランチャイズに磨きをかけることにした。一九九四年三月、七六年にバンガードが先駆けとなった地方債戦略をもとにして、業界初の課税対象満期確定型債券市場インデックス・ファンドの短期、中期、長期のシリーズを作り出した。

ところが、バンガードの同僚たちの反応は、よくて無言というものだった。結局、バンガードにはすでに、社債や、中短期の国債に別途集中したファンドがあったのである。[*6] だが、私はそのまま進もうと決意した。二〇一八年半ばには、バンガードの課税対象満期確定型債券インデックス・ファンド、アクティブ運用型社債ファンド、米国債ファンドの資産は総額二一八〇億ドルとなっている。

＊6　経営陣と初めてミーティングを開いた時、私は、新しいシリーズのインデックス債券ファンドを始める根拠について説明しようとしたが、上級役員は一人も出席せず、全員、代理を寄越した。私はその場でミーティングを取りやめた。私が気分を害したことは露骨に表れていたようで、再調整したミーティングには、上級役員全員が出席した。

節税型ファンド

一九九四年には、タックス・マネージド・グロース・アンド・インカム・ファンド（S＆P500に連動）、タックス・マネージド・キャピタル・アプリシエーション・ファンド（S＆Pで配当利回りが低い二五〇銘柄）、タックス・マネージド・バランス・ファンド（低利回り銘柄が五〇％、非課税中期債券が五〇％、ファンドが税務上有利な取り扱いをファンド株主に「パススルー」することを可能にする最低限の非課税配分）等、業界初の節税型ミューチュアルファンドのシリーズを追加した。いずれも、基本的にはインデックス・ファンドであった。二〇〇四年には、タックス・マネージド小型株ファンドも加わった。

この節税型というコンセプトは、投資家からはあまり好意的な反応を得られていない。その主な理由は、新しいファンドの指数方向性の節税効率が、保有する標準的なインデックス・ファンドや、S&P500をわずかに上回るに過ぎない点であるように思われる。

また、ポートフォリオの節税性に影響する恐れのある、多額のキャピタルゲイン実現の必要性につながる資本流出を抑制するため、投資から五年以内に投資家が償還する投資口に対して、これらでは手数料を導入した。

投資家はこの償還手数料を喜ばなかった。キャピタル・アプリシエーション、バランス、小型株の各ポートフォリオは必要最小限に達するのがやっとで、二〇一八年半ばの資産は総額二〇〇億ドルだった。グロース・アンド・インカムのポートフォリオは、後に、S&P500インデックス・ファンドに統合された。

試行、そして

一九九一年から九六年までの間には、不動産投資信託（REIT）にもインデックス・ファンド投資を導入し、二〇一八年半ばには五八〇億ドル規模の最大のREITファンドとなっている。また、新興市場インデックス・ファンドと先進市場インデックス・ファンドの投資口を組み合わせて、トータル・インターナショナル・ストック・インデックス・ファンドを組成した。トータル・インターナショナルの資産は、二〇一八年が始まった時点で三四〇〇億ドルを超えた。九五年には、クオンツ型ファンドのストラテジック・エクイティ・ファンドを組成し、これは、バンガードのクオンツ株式グループが内部で運用した。このファンドは今も、市場でニッチを探し続けている。

錯誤

バンガードのファンドのメニューを書き上げていく中で（わずか五年で二五の新しいファンド）、私は一度、本当に愚かな間違いを犯した。それは、一九八五年にバンガード特化型ポートフォリオを作った時の過ちを思い出させるものであった。九五年半ばに導入した、ホライズン・ファンドである。

株式市場でバリュエーションが上昇し続ける中、私は、うちの取締役たちはもっとアグレッシブなファンドを増やしたいのではないかと直感で思い、これを作るという間違った判断をした。こうして作られたキャピタル・オポチュニティ、グローバル・エクイティ、ストラテジック・エクイティ、グローバル・アセット・アロケーションの各ポートフォリオはどれもリスクが高く、かつ、長期投資家が保有するように設計されていたのである。

ホライズン・ファンドのポートフォリオ

初期には、ホライズンのどのポートフォリオも、満足のいく成果を挙げられなかった（グローバル・アセットアロケーション・ファンドは、二〇〇一年にバンガードの別のファンドに統合された)。

ぱっとしなかった中で唯一の例外がキャピタル・オポチュニティ・ファンドだが、それも当初は、特に空売り戦略の失敗により、業績は悲惨と言ってもいいほどだった。しかし一九九八年に、投資運用をプライムキャップのチームが引き継ぐと、期待をはるかに上回る成果を上げ、一貫して優れたリターンが生まれるようになった。資金が流れ込み、二〇〇四年には新規募集を締め切った。二〇一八年初めの時点で、バンガード・キャピタル・オポチュニティ・ファンドの資産は総額一六〇億ドルに達している。

ホライズン・ファンドを作った時、私は、一九八五年にバンガード特化型ポートフォリオを作るという愚かで楽観的な行動を取った時と同様に、フィデューシャリー(受託者)の帽子ではなく、マーケティングの帽子をかぶっていたのだ。後継者や同僚には、言い訳のしようのない私の過ちから、教訓を得てほしいと思う。[*7]

＊7　彼らが私の過ちから教訓を得たのか否か、今のところ、どちらとも言えない。二〇〇八年には、毎年三%、五%、七%を支払う(収益やキャピタル・ゲイン、資本リターンから)マネージド・ペイアウト・ファンドを導入したが、うまく行かなかった。二〇一四年に、三%と七%のポートフォリオを五%のポートフォリオに統合した。

ファクター・ファンドの導入

二〇一八年初めには、ETF市場のために設計した六つのアクティブ運用型ファクター・ファンドも導入した。これらのファンドでは質、モメンタム、最小ボラティリティ、価値、流動性といったファクターと、こうした様々なファクターを一つのファンドにまとめたマルチファクター・ファンドを選択することができた。投資家にとってどう展開していくのかはまだ見守っていく必要があるし、バンガードの成長に対する貢献も慎重に評価しなくてはならない。私はこれらのファンドについて公式にコメントすることは避けてきたが、メディアは、私がどう感じているか推測しているようだ。ブルームバーグの見出しにはこうあった。「辛いソースを加えてボーグルを保有しろ（Add the Hot Sauce, Hold the Bogle)」。

航路を守る

一九九一年から九六年までの取り組みは、バンガードの業務運営や活動、そしてファンド組成における将来的な成長の土台を作った。これはすぐに効果を生み始めた。私たちは、顧客の利益に貢献することを導き星として、一九七四年に自分たちで決めた航路を守った。また、その時代のファンド業界で最も強力な会社であった大手のライバルから、私たちの計画に大きな難題を突き付けられたにも関わらず、ミューチュアルファンド市場での価格競争力をさらに高める大きな一歩を踏み出した。加えて、最初のバランス型インデックス・ミューチュアルファンドも生み出した。これは、その後すぐ続いたライフストラテジー・ファンドとターゲット・リタイアメント・ファンドの前身となった。つまり、ウェリントン・ファンドから受け継いだバランス型ファンドを足掛かりにして、航路を守ったのである。

第8章　一九九六〜二〇〇六年

——ETFによるインデックス運用革命

	1996年12月	2006年12月	年間成長率
バンガードの資産（単位億）	$2360	$11,227	16.9%
業界資産（単位兆）	$3.4	$10.1	11.5%
バンガードのシェア	7.0%	11.1%	-
			年次リターン
S&P 500 指数	741	1,418	8.4%
中期米国債利回り	6.2%	4.7%	5.8%
株式 60%／債権 40%	-	-	7.9%

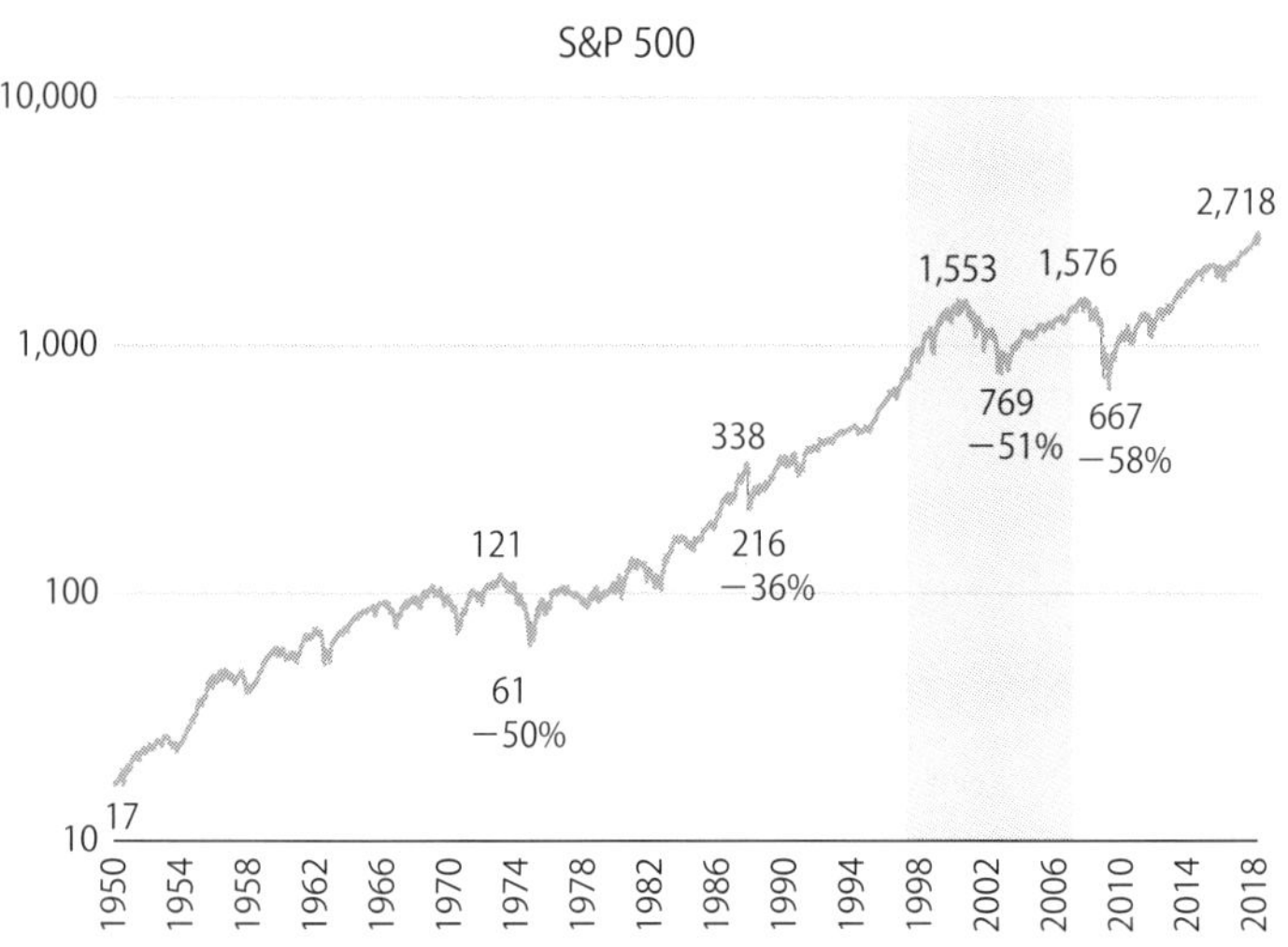

一九九八年から一九九九年の間に進展した株価バブル（「ニューエコノミー」の株価急騰により生まれた）は、二〇〇〇年に崩壊し始め、すぐに、五一％という衝撃的な株価の下落が生じた。だが、バブル前の素晴らしい上げ相場と、バブル後の着実な回復により、一九九六年から二〇〇六年までの一〇年間の株価収益率は八・四％で、健全な年次リターンを挙げている。

ネイサン・モストの訪問

一九九二年初めのある日、[*1]午前七時頃にバンガードの自分のオフィスに着くと、カレンダーの重要な訪問予定の中に、アメリカン証券取引所の新商品開発担当バイスプレジデントである、ネイサン・モストの名前があるのに気づいた。

モスト氏は予定通りに現れ、私の知るいずれの紳士にも劣らぬ品格の持ち主であることが分かった。私は一週間前に、モスト氏から、アイデアの概要を記した書面を受け取っていたので、何を話したいかは分かっていた。彼は、個々の株式のように一日中いつでも、バンガード500インデックス・ファンドの投資口をすぐに売買できる新しい「商品」を協力して作りたい、という提案について、詳しく説明した。

＊1　正確な日付は不明。私の手帳は分かりやすさのお手本とはいえないので。

ＥＴＦ――始まり

モスト氏は、インデックス・ファンドの投資口の保有者が、国内の証券取引所で投資口を売買できるようにするか、売買を推奨するだけでも、バンガードの500インデックス・ファンドの資産は大いに増えると確信していた。

確かに、モスト氏が提案した上場投資信託（ＥＴＦ。この略称は、一〇年ぐらい経つまで、広くは使われなかった）は、投資家を引き付けることになるだろう。ただし、モスト氏は言葉には出さなかったが、当然、投機家も引き付けることになる。

「考えてもみてください、ＥＴＦは、バンガードの500インデックス・ファンドの投資家に、バンガードがすでに提供している分散やポートフォリオの透明性、低経費率に加えて、ポートフォリオ運用におけるはるかに高い柔軟性、優れた税務効率、コストの引き下げ、投資口の空売りや信用買い、海外の取引所での簡単な売買を実現します。それだけではなく、リスクエクスポージャーの微調整が可能になることから、ヘッジファンドやその他の機関投資家も引き付けるでしょう」と彼は言った。[＊2]バンガード側にとって、これは、新しい販売経路を開き、インデックス・ファンドの市場を拡大するチャンスになる。話し方は穏やかでも、ネイサン・モストはまさに、自分のコンセプトの伝道師だった。

しかし、私は興味深く彼の説明を聞いたものの、

（一）そのアイデアが実際に機能するためには、三つか四つ、修正しなくてはいけない欠点がある。

（二）欠点を修正できたとしても、そのパートナーシップには興味がない。

という二つの回答を伝えた。

＊2　まさに、ETFは、コンピューターによるアセットアロケーション・モデルを提供するロボアドバイザーの業務運営にとっても、事実上不可欠なものとなった。

利害一致せず

私は、バンガード500インデックス・ファンドは、長期保有投資家向けのものだと指摘した。そのように流動性を高めることによって集まるのは主に短期の投機家であり、その売買によって、500ファンドの長期投資家の利益が損なわれてしまうことを恐れたのだ。つまり、私たちの間で利害は一致しなかった。だが、私たちは友好的に別れ、その後何年間にもわたり素晴らしい友情を育んだ。

モスト氏は二〇〇四年に亡くなったが、もし今も生きていて、ETFがアメリカの金融の主流に加わっているのを見たら、一体どう思うだろう。ETFを着想から現実にしようという、怯（ひる）むことのない彼の意欲が成功の鍵だったことを忘れてはならない。彼の貢献はほとんど顧みられていない

ので、先駆者としての彼に敬意を表し、ここに書き記したい。

「スパイダー」

ネイサン・モストは、ニューヨークシティに戻る車中で、彼のアイデアの中に私が見つけた業務運営上の問題を解決する方法を考えついたと言った。そして、パートナー探しを再開し、現在はステート・ストリート・グローバル・アドバイザーズと呼ばれている、大手企業を見つけた。

一九九三年一月、ステート・ストリートはスタンダード＆プアーズ預託証券（ＳＰＤＲ）を発売した。Ｓ＆Ｐ５００と連動する「ＳＰＤＲ」ＥＴＦ（ＮＹＳＥアーカ取引所ではＳＰＹ、一般的には「スパイダー」と呼ばれる）は、以来、ＥＴＦ市場を独占している。

その後、新しいＥＴＦが驚くほど大量に出現したにも関わらず（今では、米国だけでも二一九〇ある）、スパイダーは未だに、世界最大の上場投資信託であり続けており、二〇一八年半ばには、その資産は総額三〇七〇億ドルに上った。金額では、世界の証券取引所で最もアクティブに売買される証券として、毎日記録を更新し続けている。

一九九二年に遡れば、私は、ＥＴＦというアイデアが、一〇年のうちに、インデックス運用の性質だけでなく、投資分野全体を一変させる炎に火をつけるとは考えてもいなかった。だが、私がモスト氏の提案を断ったのは、「株式売買は投資家の敵である」という原則を守ったからである。現在、ＥＴＦの保有者の多くは甚だしく過剰と思われる売買を行っているようだが、新たに多くの投資家に低コストのインデックス・ファンドの魅力を広げるには、効果的な手段になっているとも思う。

ETFの流行

ETFは、その前身である伝統的な（トラディショナル）インデックス・ファンド（TIF）の時よりもはるかに急速に市場に受け入れられ、ETF資産は、二〇一〇年までのわずか一七年間で、一兆ドルを超えてしまった。TIFが一兆ドルを超えるには、二〇一一年までの丸三五年かかっている。

現在、米国のETFへの投資額は三・五兆ドルで、米国のTIFへの投資額、三・三兆ドルを上回っている（両方を合わせると六・八兆ドルで、インデックス運用の力を証明していることは間違いない）。ネイサン・モストが先見の明によって考案したETFは、これまで二一世紀で最も成功した金融マーケティングのアイデアだと断言できる。だが、これが最も成功した投資アイデアかどうかは、今はまだ分からない。

投資の「聖杯」

実際のところ、ETFは、一貫してTIFをアウトパフォームすることができているのだろうか？　米国だけでも約二二〇〇のETFがあり、なんと一七〇〇もの様々な指数と連動しているが、ETFの売買の特徴は、株式の売買とまったく同じであり、ただペースが速いというだけである。

だが、インデックス・ファンドへの投機は一般的に、個々の株式への投機よりもリスクが低いとはいえ、どちらの場合にも、売買にはリスクが伴う。

私には、現在のＥＴＦが、投資の「聖杯」、つまり、株式市場全体で得られるリターンを一貫して上回る極意を伝える引く手あまたの秘密だとは思えない。まったくその逆である。

ＥＴＦの中には、株式市場の狭いセグメントに賭けさせようとするもの、風変りなレバレッジ戦略を用いて、所定の日に相場が上がるか下がるかに賭けさせようとするもの、また、商品相場への賭けを相対的に容易にするものもある。だが、六〇年以上の投資経験から、私の基本的な信条はさらに強固なものになった。長期投資は本質的に勝者のゲームだが、短期の売買（敢えて投機（スペキュレーション）と呼ぼう）は、本質的に敗者のゲームである。

公平を期するために言っておくが、ＥＴＦの保有者が全員投機家というわけでは全くない。かなり多くの、計り知れない数のＥＴＦ保有者は良識ある投資家であり、ＥＴＦの優れた特質から利益を得ている。

ＥＴＦの売買は、（一）スパイダーと（二）それ以外の全ＥＴＦの二つに分けられる、と言って間違いではないだろう。二〇一七年には、スパイダーだけでなんと、規模で上位一〇〇位までのＥＴＦの平均日次売買高の二二％を占めた。ただし、そのキャッシュフローは非常に変動が激しい。例えば、〇七年末までの五カ月間（市場のピーク時）に、投資家はスパイダーの保有を四〇〇億ドル増やした。一方、〇九年が始まって五カ月間（市場の底に近かった）には、三〇〇億ドル引き揚げている。相場が一番高い時にお金を注ぎ込み、底を売ったら引き上げるのでは、投資の成功は見込めない。

「リアルタイムで一日中」

スパイダーの初期の広告には、「S&P500インデックス・ファンドを一日中、リアルタイムで売買できる」という宣伝文句が露骨に表現されていた。私は、「そんなことをやる頭のおかしい奴がいるのか？」と思わずにはいられない（乱暴な言葉遣いをお許し願いたい）。だが、改めて言うが、スパイダーは毎日、その約束を果たし続けており、金額でいえば、まごうことなく、世界の全株式市場で、最もアクティブに売買されている証券である。

二〇一七年だけでも、平均日次取引高は七〇〇〇万口に上り、年間取引高は驚異的な四・三兆ドルに上る。同年、スパイダーの平均資産は約二四五〇億ドルだったので、売買回転率は一七八六％となる（平均的な企業株の売買回転率は一二五％。通常のミューチュアルファンドの償還は平均で資産の三〇％）。

投資家は確かに、「リアルタイムで一日中」、想像もつかないほど大量に、S&P500インデックス・ファンドを売買している。

模倣は最も誠実なお世辞

ネイサン・モストは、自分のETFの夢が実現したことを誇りに思うかもしれないが、そこら中に蔓延している突飛なファンドには落胆するだろうと思う。

こうした、スパイダーの後追いファンドによって生まれた投資オプションの多様性は最早、モストのような革新的な人間にとってすら適切とは思えないほど、行き過ぎてしまっている。新種のE

図表 8.1 TIF 資産と ETF 資産の構成、2018 年 5 月

カテゴリー	資産（単位十億）		ファンド数	
	TIF	ETF	TIF	ETF
分散・米国株式	$1,587	$690	69	63
分散・非米国株式	461	540	47	111
分散・債券	462	488	74	218
ファクター／スマートベータ	369	1,092	142	775
集中／投機	64	724	140	1,002
合計	$2,943	$3,533	472	2,169

出典：モーニングスターのデータを用いて筆者が算出

ＴＦ起業家たちは、「何か風変わりな商品、どんなものでも思いつく商品を言ってみて。こっちで作るから」と、鬨の声を挙げている。こういうマーケターの多く、恐らく大半は、必ずしも、自分たちが商品と称しているものが投資家にとって有利だからではなく、自分が一山当てて、たくさんの資産を集め、ひと財産作りたいという理由で、ゲームに参加しているのである。

ＥＴＦと、その前身であるＴＩＦとの違いを、分かりやすいように図表８・１に示した。それぞれの主要カテゴリーの特徴について考えてみよう。まず、ＥＴＦ（二一六九）の数はＴＩＦ（四七二）の五倍近く、「集中／投機的」カテゴリーでは、ＥＴＦは七倍である（一〇〇二対一四〇）。

確かに、広範な株式・債券ＥＴＦは、長期投資として適切に利用すれば、投資家にとって有利である。何度も言ってきたように、「ＥＴＦ

は、売買さえしなければ素晴らしい」のである。投資家が低コストのS&P500ETFを買って、投資期間中ずっと保有するのであれば、反対するわけがない。

だが、ファンド・マーケターにとって、人気の新商品の流行に便乗する誘惑は、ほとんど抗しがたい。私は、自分のキャリアを通じてたくさんの革新を目にしてきたが、長期投資家の永続的なニーズを満たしたのは、ほんの少数に過ぎない。この基準を満たしていないETFが多過ぎる。

「驚いた、驚いたよ」

明らかに、ETF分野では、スペシャリティETFやレバレッジドETFのトレーダーの間だけでなく、トータル米国株式市場や、トータル・インターナショナル（非米国）市場等、広範な市場セグメントを対象とする中道のファンドでも、長期的な投資よりも短期的な投機の方が多く行われているようだ。こうした投機の規模は膨大である。二〇一七年には、米国のETFの売買金額だけでも一七・三兆ドルに上り、全株式取引の二五％を占めた。

ETFの特徴である、巨額の売買高を知って驚きを露わにする人を見ると、私は、クロード・レインズが演じた映画『カサブランカ』のルイ・ルノー署長の「驚いた、驚いたよ、こんなところで賭博が行われているなんて」という有名なセリフを思い出す。

ETF（特にスパイダー）の早急な売買の多くは、金融機関によって、手元現金をヘッジまたは株式化するために行われている。だが、その動きの大半は、投機的なものに思える。ETFを「リアルタイムで」アクティブに売買しており、証拠金勘定で売買していることとすらある。広範な市場を対象とするETFの最大保有者のリストのほぼすべてにおいて、金融機関が圧倒的に多くを占めており、トレーダーとしての規模もはるかに群を抜いている。

　こうした数字が何を意味するか、正確に知る人は誰もいないようだが、私は、少なくとも、ETF資産の半分は機関投資家が保有して激しく売買しており、残り半分は個人が保有していると推測する。また、何らかの戦略を追っているのは個人保有者全体の約三分の二で、残りの三分の一だけが、本来のTIFパラダイムに近い買い持ち（バイ・アンド・ホールド）戦略に従って、多少の売買を行っているのではないかと思う。計算すると、長期投資に主に重点を置く投資家に保有されているのは、ETF資産の約六分の一のみということになる。

バンガードとVIPER

　ETFの成長と可能性を目の当たりにしたバンガードは、二〇〇一年にETFの列に加わり、株式投資グループの取締役、ガス・ソーターが責任者となった。ソーターは、既存顧客と見込み客にETFを提供することを強く求め、熱意をもって実施を率先し、各ETFをバンガードの既存TIFのポートフォリオの新しいシェアクラスにするという、全く新しい（実際、特許を取得した）構造〔同じベンチマークに追随するETFを既存TIFが保有することで、ETFとTIFが合同で運用される、バンガード独自の構造〕を作り出した。

　ソーターがETFのマーケティングでは正攻法を取り、取り扱いを広範な市場を対象とするインデックス・ファンドと米国産業セグメントに限定し、レバレッジドETFや逆レバレッジETF、カントリーETF等、ETFビジネスの「過激派」に加担するのを避けたことは賞賛に値する。

バンガードの最初のETFは「VIPER」（バンガード・インデックス・パーティシペーション・エクイティ・レシート――Vanguard Index Participation Receipts）と名付けられた。だが、VIPERというのは長い牙を持つ蛇（あるいは信用できない人間）を意味するので、速やかに「バンガードETF」に変更された。

バンガードがETFを作る決定をしたのは、取締役の影響が大きかった。取締役の一人で、プリンストン大学教授であるバートン・G・マルキールは、ETFに進出するという決定について、次のように述べている。

ジャック・ボーグル（中略）は、（投資家の売買志向に訴求するものであることから）この商品についてはかなり否定的だった。（中略）消極的だったのはバンガードの経営陣である（取締役会ではない）。（中略）客の口座を管理しているブローカーは、バンガードのファンドでは手数料を得られない。客のためにバンガードのETFを買えば手数料を得られる。[*3]

つまり、ETF立ち上げの主な狙いは、証券会社に、バンガードのETFの投資口を販売してもらうことを主な狙いとするものだった。一九七七年に証券会社を介した販売を止めて以来、バンガードは証券会社に手数料を払わない「ノーロード」となっていた。

ただし、ETF取引に対して支払われる手数料は、投資家から直接証券会社に入る。販売に対して手数料は払わない、というバンガードの長年の方針は変わらない。ETF市場におけるバンガードの多大な成功は、自ら獲得したもので、買ったものではない。

バンガードは、二〇〇一年に、初のETFであるバンガード・トータル株式市場ETFを立ち上げると、グロースやバリュー、大型株、小型株等、既存の従来型の広範な市場を対象とするセクターにも参入を拡大した。また、徐々に、エネルギーや医療、ITといった集中的な市場セクターや、広範な国際指数、様々な債券インデックスETFにも拡大していった。二〇一八年半ば現在、S&P500ETFとトータル株式市場ETFは、バンガードのETF資産の約二一%を占めている。

＊3 Joe DiStefano, "'Random Walk' Malkiel on Rates, Risk, and Why Vanguard Changed," Philadelphia Inquirer, January 13, 2015.

あの高地を取れ

ETF市場において、未知のものに賭けることを奨励する、最も集中が激しく投機的なセクターを、バンガードはほぼ無視してきた。それでも、比較的規律ある戦略には、長期投資家だけでなく、短期の投機家も集まってきた。バンガードのETFの投資口の平均的な年間売買回転率は、TIFの償還率（一八%、保有期間は六年近く）に対して非常に高い（一三五%、保有期間を九カ月と想定）が、ETF全般の年間売買回転率である五七九%（保有期間約二カ月）の四分の一に過ぎない。

私はこのような規律あるマーケティングを賞賛するが、ミューチュアルファンド分野では報われることはまれである。だが、バンガードのETFの成長は、「ETF市場で成功するには、小規模でニッチなファンドを売り込むか、ラピッド・トレーディングを推奨するしかない」という仮説とは矛盾する。バンガードのETF資産は、二〇〇四年の五八億ドルから、二〇一八年半ばには八八五〇億ドルへと、絶えず成長し続けており、ETF資産におけるバンガードのシェアは、二〇〇四年のわずか三％から二五％に増加し、ETFでトップのブラックロック（三九％）に次いで二位、ETFのパイオニアであるステート・ストリート・グローバル（一八％）を十分引き離している。

プディングの証明

「プディングの味は、食べてみないと分からない」というのが真実なら、何百万人ものETF投資家の大半にとって、ETFという料理が栄養に富むかどうかは、まだ証明されていないと言っていい。証拠はどんどん転がり込んできている。総体としての売買取引量が非常に多い投機家を含め、ETF投資家全体が得るリターンは、一般的に、TIF投資家の得るリターンをはるかに下回ることが証明されている。

私は長年、TIFの所有者とETFの所有者の相対的な投資家リターンに関するデータの欠如を懸念してきた。だが、二〇一八年初め、たまたまETFとTIFの資産成長に関する資料を調べていた時に、答えが突然ひらめいた。すごい（ワオ）！

投資パフォーマンスと、資産の目覚ましい成長に対する純資金流入の相対的な重要性を示す簡単な計算をすると、株式ETFの資産の増加の三分の二は、キャッシュフローをうまく集めたことに

図表 8.2　株式 TIF と ETF の正味キャッシュフローと市場の増価、2004 ～ 2017 年

	TIF	ETF
2004 年資産（単位十億）	$410	$185
2017 年資産（単位十億）	2,066	1,984
正味キャッシュフロー、2004 ～ 17 年（単位十億）	$510	$1,009
市場増価、2004 ～ 17 年（単位十億）	$1,146	$790
投資家リターン（年率換算）	8.4%	5.5%

出典：ストラテジック・インサイト・シムファンドのデータに基づく
ボーグル金融市場リサーチ・センターによる計算

よるもので、投資リターン（パフォーマンス）によるものは三分の一に過ぎないことが分かった。

ＴＩＦの成長パターンはまさにその逆だった。ＴＩＦでは成長のほぼ三分の二が投資家の得たリターンによるもので、キャッシュフローによるものは三分の一に過ぎなかった。要するに、ＥＴＦの成長は主にマーケティングの結果だが、ＴＩＦの成長は主に、投資パフォーマンスの結果だった。

ＴＩＦのリターンとＥＴＦのリターンの比較

これらのデータに驚いて、というよりショックを受けて、私はこれらのデータを使いＥＴＦとＴＩＦの両方について、二〇〇五年から一七年までの間に、投資家が得たリターンのレート（正味キャッシュフローを考慮した投資家リターン）を計算してみた。すると、累積の投資家リターンは、ＴＩＦが＋一八四％、ＥＴＦが＋一〇一％と、ＴＩＦの方がはるかに有利なことがはっきりと分かった。全期間を通じ

て、平均的なＴＩＦの方が平均的なＥＴＦよりもリターンが高かっただけでなく、過去一二年間のどの単年においても、ＴＩＦ投資家の得たリターンの方が高かった。図表８・２にこのデータを示す。

もちろん、例えば、Ｓ＆Ｐ５００に連動するＴＩＦとＥＴＦのリターンはほぼ同じになる。だが、投資家リターンでは、ＥＴＦ投資家が行う非生産的な選択（高い売買コストや間違った賭け、不適切なマーケット・タイミング）が勘案されるので、ＥＴＦの保有者の方がかなり低い[＊4]。

ＥＴＦに対するバンガードのアプローチは全く異なる。同期間のバンガードのＳ＆Ｐ５００ＥＴＦ自体の年次リターンは八・五％で、その投資家が得た八・四％というリターンとほぼ同じである。これまでのところ、「優れたマーケティングのアイデアが、優れた投資アイデアであることはまれである」という理念に基づく私の信念は、市場によって裏付けられている。

＊4　投資家リターンは、所定期間にわたるファンドの資産の成長（投資家キャッシュフロー控除後）に対する市場の増価の比率である。この手法はやや大雑把だが、私たちはＴＩＦとＥＴＦの年次投資リターンをモーニングスターが報告した平均ファンドリターンと比較し、それぞれの決定係数を九九・二％と九五・七％とした。

ＥＴＦの新たな市場の台頭

極端に言えば、ＴＩＦとＥＴＦの違いは、「ＴＩＦはパッシブ投資家が保有するパッシブファンドで、ＥＴＦはアクティブ投資家によって売買されるパッシブファンドだ」と考えれば分かりやすいだろう。この意味で、ＥＴＦは、先に述べたように、相対的な投資家リターンでは明らかに劣っているにもかかわらず、投資家にとってある種の「居心地のいい場所（スイート・スポット）」を見出したように思われる。ＥＴＦは、投資家の、コストが重要だという認識の他にも、ポートフォリオをコントロールしたいという衝動や、「何かをする」という傾向に応じるものである。だが、「ただそこに突っ立っているのはやめろ」というのは、直感的に満足の行く理念ではあるが、勝つ投資戦略であると証明されてはいない。

ＥＴＦはまた、投資分散の新しい見方も促進する。各市場セグメントをオーバーウェイトするか、アンダーウェイトするかの判断がどれだけ不確実なものであろうと、規模（大、中、小）とスタイル（グロース、ブレンド、バリュー）を交差させた「ナインボックス」のポートフォリオマトリクスは単純なものだ。この九つのボックスのセグメント・アプローチにより、価値や規模、モメンタム、質、ボラティリティ等、過去のアウトパフォーマンスに関連していた「ファクター」が重視されるようになった。

一方、報酬ベースの投資顧問業が手数料ベースのモデルを駆逐する中、「ロボアドバイザー」という新しい市場参加者が現れ、最低限の報酬で、ソフトウェアを使ったアセットアロケーション・サービスを提供している。ロボアドバイザーはＥＴＦにかなりの重点を置いているが、過剰な売買を行うことはほとんどない。

「最初のＥＴＦから二五年経ち、上場投資信託が投資界を支配する」

これは、二〇一八年一月二八日にウォール・ストリート・ジャーナルが、「現在、世界には二二〇〇近くの上場商品があり、その資産は四・八兆ドルに上る」と、ＥＴＦの勝利を伝えた記事の見出しである。記事は終始誇張の連続で、ただ結論を述べる中の一文だけが、大半の投資家が、上場投資信託（ＥＴＦ）では価値の構築に失敗しているということを言外にほのめかしていた（「このイノベーションの結果は、投資家によって様々である」。正しい）。

恐らく、エコノミスト誌のコラムニスト「スズカケ（Buttonwood）氏」の感想のほうが的を射ているのではないだろうか。二〇一五年五月二五日の「上場投資信託は特化し過ぎた」というタイトルの記事の冒頭で、スズカケ氏は、「あらゆる金融イノベーションがやや行き過ぎてしまう時代が来た。テレビでよく使われる表現を借りれば、〝サメを飛び越えて（落ち目になって）〟[訳注]、人気を求めて妥当性を犠牲にしている。これが、上場投資信託業界で起きていることかもしれない。立ち上げられる予定の最新のＥＴＦは、ＥＴＦ業者の株に投資するファンドである」と書いている。

このエコノミスト誌の見解は素晴らしいと思う。と同時に、今から二五年後、ウォール・ストリート・ジャーナルの見出しはＥＴＦをどう表現するのだろうと思う。的を絞った、特化型ファンドのＥＴＦ投資家は、ＴＩＦ投資家と比較すると、かなり成績が悪いというのが現実だ。この現実を無視することは、ファンド投資家にとって有害と言えよう。

最終的には、投機家であるＥＴＦ保有者は、過去のリターンではなく、実際の投資家経験とＥＴＦを比較して、自分たちの売買戦略を見直すことになるだろう。

訳注　アメリカのテレビドラマHappy Days（一九七四～一九八四年）に登場人物が水上スキーで「サメを飛び越える」場面があり、それ以降だんだん話がつまらなくなったことから。

航路を守る

私は、ＥＴＦ否定派の中心人物とみなされているが（その証拠がないわけではないが）、私の意見はもっと微妙な意味合いを帯びている。つまり、（一）広く分散されたインデックスＥＴＦは強力に支持する。（二）的を絞った特化型の投機的なＥＴＦは好まない。（三）株式売買は究極的には投資家の敵だと思っている。

というもので、今も変わらない。したがって、結論は、投資家は適切なＥＴＦのみ選択すべきだ、と言うに尽きる。そして、長期にわたって保有すべきだ。

ＥＴＦ投資家とＴＩＦ投資家双方への、私の単純なアドバイスはこうだ。ポートフォリオでは分散された、ブロードマーケット（Ｓ＆Ｐ５００等）のインデックス・ファンドを中心にして、売買はしないこと。この戦略を取れば、ＴＩＦでもＥＴＦでも関係ない。どちらにせよ、航路を守る限り、正しいことをしているのだ。

第9章　二〇〇六～二〇一八年

——モメンタムは続く、戦略は構造に従う

	2006年12月	2018年6月	年間成長率
バンガードの資産 （単位兆）	$1.1	$5.0	13.6%
業界資産 （単位兆）	$10.1	$21.0	6.8%
バンガードのシェア	11.1%	23.8%	-
			年次リターン
S&P 500指数	1,418	2,718	8.1%
中期米国債利回り	4.6%	2.9%	3.5%
株式60%／債権40%	-	-	6.9%

この長い期間は、結局のところ、株式と債券の両方にとって申し分のない期間だったといえる。株価の五〇%暴落が収まった二〇〇三年に始まり、〇七年から〇九年の間に、再び五〇%暴落した。

全世界の金融制度が破滅に近い状態に陥ったが、金融市場は生き延び、新たな上げ相場が生まれ、二〇一八年半ばには、株式のバリュエーションは史上最高値に達している。

インデックス運用の勝利

一九九五年、世界に先駆けたバンガードの最初のインデックス・ミューチュアルファンド（当初はファースト・インデックス・インベストメント・トラスト）の二〇周年を祝うため、私は主にバンガードの社員向けに、『インデックス運用の勝利』と題したモノグラフを出版した。

そしてその一部を長年の友人であり、機関投資家向け資産運用会社ミラー・アンダーソン&シェラードの創設者兼シニア・パートナーであり、優れた投資家でもある故ポール・F・ミラー・ジュニアに贈った。返事はすぐに返ってきた。「素晴らしい。まだ早過ぎるが、いずれ君が正しいことが証明されるだろう」。

楽観

ポールの洞察には真実があった。一九九五年でもまだ、インデックス・ミューチュアルファンドの資産は総額わずか五四〇億ドルで、ミューチュアルファンド総資産の二・七％を占めるに過ぎず、いかにも少なかった。だが私は、インデックス運用が蓄積した資産の額のみを根拠として、インデックス運用が勝利するという楽観的な見方をしていたのではなかった。

この楽観は、インデックス投資の根本的な論理や低コストの本質的なメリット、そして、S&P500指数が長期的に実現してきた優れたパフォーマンスについて、投資家がついに理解し始めた、という事実を根拠としたものだった（今でも変わらない）。

実際、遅々として増え始めなかったインデックス・ミューチュアルファンドの資産はやがてすぐに勢いを増し、それに伴ってバンガードの資産も増加することになった。もちろん、私は将来の見込みについても楽観的だった。

モメンタムというもの

一九九五年の『インデックス運用の勝利』での私の予測は、控えめだったことが分かった。一九九六年から二〇一八年までの間、最初のインデックス・ファンドとその後継ファンドは、バンガードの継続的な目覚ましい成長を牽引し続けたのである。

図表 9.1 バンガードの資産に占めるインデックス・ファンドの割合、1975 年～ 2018 年

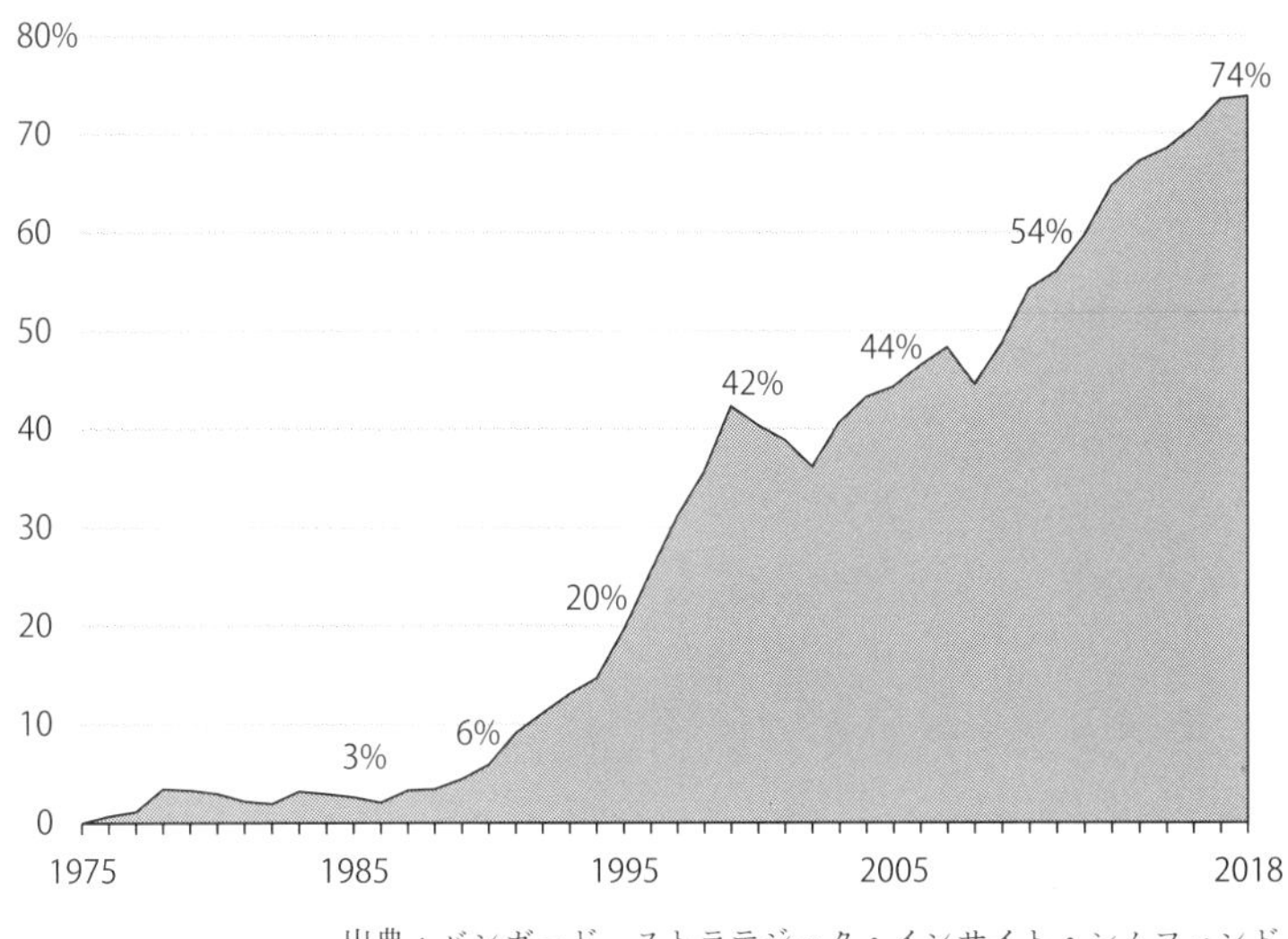

出典：バンガード、ストラテジック・インサイト・シムファンド

この間、バンガードのインデックス・ファンドの資産は五〇〇億ドルから三・三兆ドルに急増した。年間成長率は二一%で、一部はキャッシュフローによるものだったが、多くはその期間の大半の特徴である、長期にわたる株価の上げ相場によるものだった。

バンガードの長期（株式と債券）ファンド資産に占めるインデックス・ファンドの割合は絶え間なく増え続けた（図表9・1参照）。インデックスの割合は、一九九一年の一三%から一九九七年の三一%へと二倍以上に増えたが、二〇一八年には、七四%へとさらに二倍以上に増えている。こうした勢いを「モメンタム」という。

今日の世界では、生き延びるためには「製品イノベーション」がほぼ不可欠だ。だが、バンガードの最初の（S&P50

0）インデックス・ファンドは、一九七五年以来変わっていないし、強化もされていない。[*1] そして、二〇一八年にあっても、業界の二大ファンドの一つとして、バンガードの主要な成長ドライバーとなっている。バンガード最大のファンドである、バンガード・トータル株式市場インデックス・ファンド（500インデックス・ファンドの双子に近い）[*2] も、一九九三年の組成から構成は変わっていない。この二つのブロードマーケット・インデックス・ファンドの姉妹を合わせると、バンガードの全長期ファンドの三〇％を占める。

図表9・2に、二〇一八年の時点で、バンガードが依然としてミューチュアルファンドに牽引されていることを示す。

＊1　指数を構成する五〇〇銘柄は変更されているが、基本的に、米国の時価総額上位五〇〇社のリターンの基準であることはほとんど変わらない。

＊2　S&P500構成銘柄の時価総額を合わせると、トータル株式市場インデックス・ファンドの八〇％を占める。

インデックス革命

私がモノグラフを出版してからちょうど五年後の二〇〇〇年には、インデックス・ファンドの業界資産は四二〇〇億ドルと、ほぼ八倍に増えており、〇五年になる頃には、八七三〇億ドルへとさらに二倍以上増加した。インデックス・ファンドはその後も急成長を続け、一〇年には一・九兆ド

図 9.2 バンガードの資産の 80% 以上は 1997 年以前に立ち上げられたファンド、2018 年半ば時点

	総資産（単位十億）	割合
主要ファンド（設立年）		
トータル株式市場インデックス・ファンド（1992 年）	$742	16%
500 インデックス・ファンド（1976 年）	640	14
トータル債券市場インデックス・ファンド（1986 年）	355	8
トータル国際株式インデックス・ファンド（1996 年）	343	7
ウェリントン・ファンド（1929 年）	104	2
上位 5 ファンドの合計	$2,183	47%
その他の 1997 年以前のファンド		
インデックス	612	13
アクティブ	1,021	22
合計	1,634	35
1997 年以前のファンドの合計	$3,817	82%
1997 年以降のファンド		
インデックス	753	16
アクティブ	96	2
合計	$849	18%
バンガード合計	$4,666	100%

ル、一八年半ばには六・八兆ドルに達し、ミューチュアルファンド業界の資産全体のなんと三七％を占めるようになった。まさに、私が『インデックス運用の勝利』で提示したインデックス運用の未来についての楽観的な見方には、十分な根拠があったことが証明された。

業界資産に占める割合の増加だけでは、変化をもたらす主体としてのインデックス・ファンドの役割を十分に表現することはできない。二〇〇八年から一七年までの間、株式インデックス・ファンドへの純資金流入は総額二・二兆ドルとなり、株式ミューチュアルファンドのキャッシュフロー全体に占める割合は一八七％（！）となった。この一〇年と少しの間に、アクティブ運用型株式ファンドからは、一兆ドルを超える資金が流出しているのだ。この最近の出来事を「インデックス革命」と呼んでも過言ではないだろう。

バンガードのシェア

ミューチュアルファンド分野において、バンガードがインデックス・ファンド資産に占める割合は依然として圧倒的に大きく、インデックス・ミューチュアルファンド資産全体の五〇％近いシェアを有している。広範な市場を対象とし、投資家が一生保有することを目的とする三・三兆ドル規模の伝統的なインデックス・ファンド（ＴＩＦ）は八〇％近く。また、的を絞ることが多く、主に投資家の売買衝動に訴求する三・五兆ドル規模の上場投資信託（ＥＴＦ）は二五％を占めている。[*3]

最早「成熟した」と考えられている分野であっても、このように一社が独占しているというのは、実に驚くべきことだ。これは主に、インデックス運用にバンガードが戦略の重点を置いた、という事実によって説明される。なぜなら、「戦略は構造に従う」からだ。本書の最初のエピソードで触れたとおり、バンガードが提案したミューチュアル構造はアメリカン・ファンズの故ジョン・ラブレスに非常にショックを与えた。ジョンは、その構造によって当時私たちの知っていたミューチュアルファンド業界が「ぶち壊されてしまうぞ」と恐れていたが、彼は正しかった。

＊3　パッシブ投資家が保有する本質的にパッシブなインデックス・ファンド（TIF）、対(バーサス)するアクティブ投資家が保有するパッシブ・インデックス・ファンド（ETF）、というこの極めて重要な区別は、投資界にもメディアにも、ほとんど完全に無視されている。

シェア革命

ある会社が、業界で最も急成長しているセグメントにおいて常に優勢を保つならば、業界そのものにおいても、かなりの差をつけて優位を保つことになる。

一九七四年の設立後、総ミューチュアルファンド資産に対するバンガードのシェアは、当初の四%未満から、九一年になってもわずか五%に伸びたに過ぎなかった。だが、二〇一八年半ばには、ファンド資産におけるシェアは史上最高値の二二%にまで増加した。この増加の四分の三はインデックス・ファンドによるものである（図表9・3参照）。この素晴らしいモメンタムもまた、鈍化の兆しはほとんど見せていない。

バンガードには、インデックス・ファンド革命における先発者の優位性(ファーストムーバー・アドバンテージ)がある。だが、敢えて

図表 9.3 米国のミューチュアルファンド資産に占めるバンガードのシェア（MMF を除く株式・債券の長期資産）、1974 ～ 2018 年

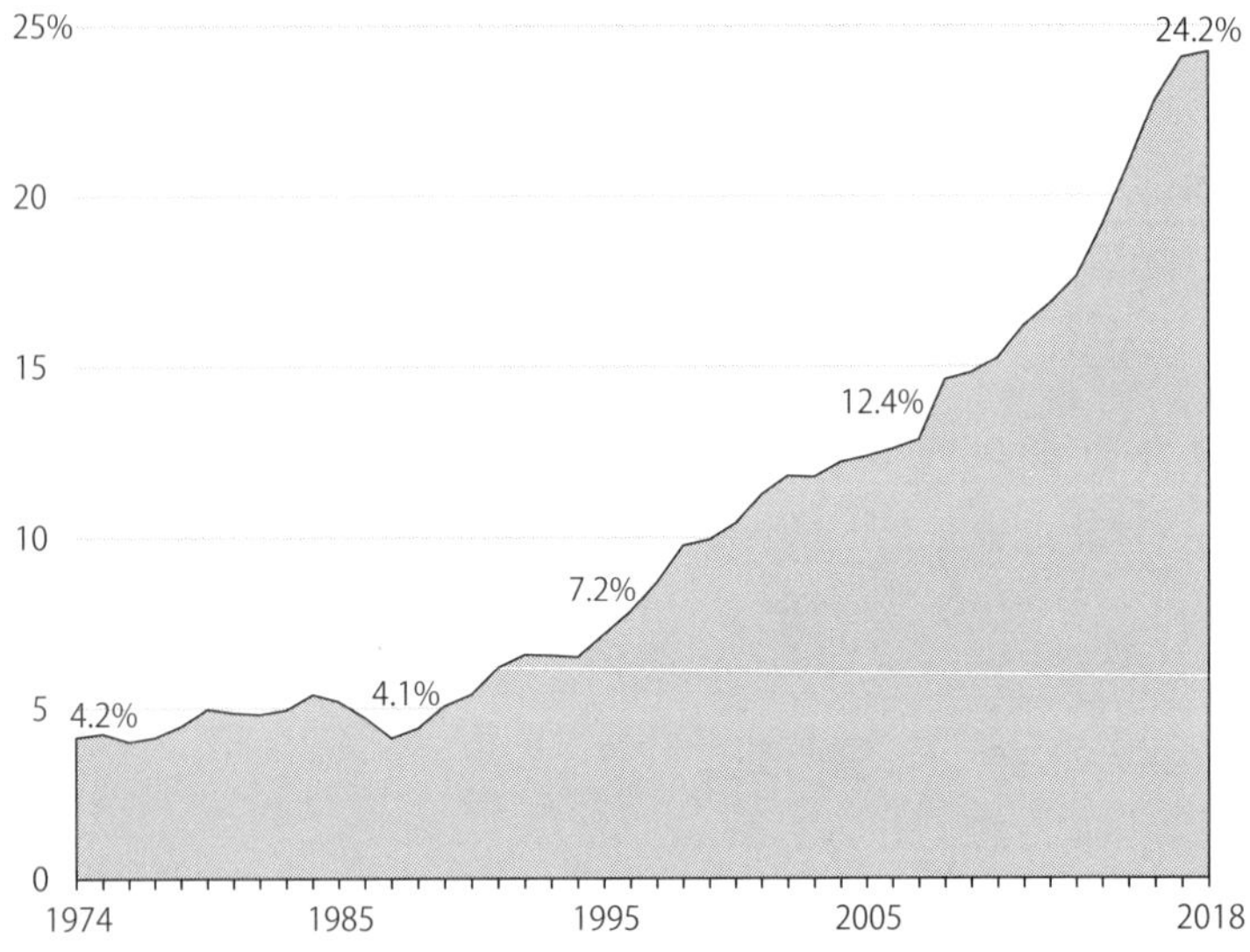

出典：バンガード、ストラテジック・インサイト・シムファンド

言わせてもらえば、私の著書やスピーチのたゆまぬ宣教師的な熱意も、もう一つの推進力になったといえる。私の最初の著書『Bogle on Mutual Funds: New Perspectives for the Intelligent Investor』（一九九三年）ではわずか、三つしか挙げていない見込みある新しい投資商品の中で、インデックス・ファンドを取り上げている。六冊目の著書、『The Little Book of Common Sense Investing』（二〇〇七年）の初版は、ほぼインデックス・ファンドしか取り上げていない。この二冊を合わせると、投資家には五〇万部が購入されていることになり、読者総数は一五〇万人に上ると想定される。アマゾンのウェブサイトでの『The Little Book of Common Sense Investing』の読者

によるコメントは七〇〇件に上り、満点の星五つをわずかに下回る星四・六と評価している。[*4] まさに、投資家は低コスト投資についてのメッセージを受け取って、それに従って行動しているのである。

＊4　同書は、アマゾンのランキング〔Mutual Funds Investing 部門〕で一〇年間売上一位を保っていたが、二〇一七年の秋に、一〇周年記念版を出版した。今も好調である。

「冠を戴く頭は安んぜず」

長期（株式と債券）ミューチュアルファンドにおけるバンガードの二五％近いシェアは、過去の業界他社の実績をはるかに上回っており、特に注目に値する。[*5]

米国でミューチュアルファンド業界が誕生してからほぼ一世紀が経つが（誕生は一九二四年）、リーダーシップを担う栄誉を得たのは四社に過ぎない。先駆けの三社は、業界の総資産の約一五％のシェアを〔ピーク時に〕達成している。

図表9・4に示すように、誰もが羨む栄誉を保ち続けるのは容易ではなく、一時を過ぎると新しく台頭してきた者に奪われてしまう。

今ではいずれも一％台に落ちてしまっているが、長期にわたってトップの座にあったMIT（現MFS）と、これに代わったIDS（現コロンビア）はいずれも、かつては一五％のシェアを誇っていた。想像するのは難しいが、実際に起こったことだ。このことを思うと、私は、シェイクスピアの「冠を戴く頭は安んぜず」という警句を思い出さずにはいられない。一時代で隆盛を誇った者が、次の時代には廃れてしまうのは珍しくない。

＊5　長期ミューチュアルファンド（株式ファンド・債券ファンドのみ）資産におけるバンガードの二五％近いシェアは、ミューチュアルファンド（ＭＭＦ含む）の総資産のシェアである二二％をやや上回る。ファンド業界が誕生してから最初の五〇年間は、ＭＭＦは存在していなかったので、以降の分析との一貫性を保つため、株式・債券ファンドのシェアを図表9・4に提示した。

ＭＩＴ、そしてＭＦＳ

まず、マサチューセッツ・インベスターズ・トラスト（ＭＩＴ）の例を取り上げてみよう。トップの座にあった頃、ＭＩＴの投資ロのマーケティングは別の会社が行っており、投資ポートフォリオの運用はその受託会社が直接責任を負っていた。

一九四九年、プリンストン大学の学生だった私は、フォーチュン誌のＭＩＴを取り上げた記事に目を留め、これが、ミューチュアルファンド業界の研究を始めるきっかけとなった。広く分散されたＭＩＴの投資ポートフォリオは、まるで、ダウジョーンズ工業平均の「優良」三〇銘柄のリストのように見えた。その戦略に驚かされる余地はほとんどなかった。今の用語で言えば、ＭＩＴは市場の標準を巧みに追いながら、コストを差し引いた上で市場と同じリターンを一貫して提供する「クローゼット・インデックス・ファンド」だった。[＊6] ＭＩＴのシェアは、一九五〇年に一五・三％

図表 9.4 大手運用会社のシェア、1935 〜 2018 年

トップ	期間	年数	ピーク年の資産	現在の資産（2018 年）	米国の株式・債券ファンドに占める割合 * ピーク	2018 年
MIT †	1935 〜 1952 年	17	$5.54 億（1952 年）	$2,280 億	15.3%（1950 年）	1.2%
IDS ‡	1953 〜 1982 年	29	75 億（1972 年）	1,540 億	15.8（1964 年）	0.8
フィデリティ	1983 〜 2003 年	20	6,450 億（1999 年）	1.5 兆	13.8（1999 年）	8.2
バンガード	2004 〜 2018 年	13	4.3 兆（2018 年）	4.3 兆	24.2（2018 年）	24.2

*MMF を除く。
† 旧マサチューセッツ・インベスターズ・トラスト。現在はマサチューセッツ・ファイナンシャル・サービス（MFS）傘下。
‡ ピークの時期にはインベスターズ・ディバーシファイド・サービス（IDS）と呼ばれていた。1984 年に投資家シンジケートとして設立されたが、一連の合併を経て、現在同社のミューチュアルファンドはコロンビア・スレッドニードルのブランドで販売されている。
出典：ワイゼンバーガー投資会社年鑑、ストラテジック・インサイト・シムファンド

とピークに達した。

時が経つにつれて、MITには、同じタイプの保守的な投資戦略を取る多数の競合先が現れた。ウェリントン・マネジメント・カンパニーが運営していたファンドを含め、これらの会社が運営していたミューチュアルファンドはほぼすべて、証券会社を通じて販売されていた。

ウェリントン・ファンドによる彼らとの大きな違いは、資産の約三分の二を同じタイプの優良株に投資し、残りの三分の

一を投資適格債が占めるという、いわば危険に備えて「風上に投錨する」バランス方針にあった。ウェリントンは、何十年にもわたって、証券会社が提供する最大のバランス型ファンドだった。ファンド販売会社の数は増加したが、どの会社も、一つの証券会社のグループの注意を惹き、ビジネスを得ようと争っていたので、かつてMITが保有していた圧倒的なシェアは大いに脅かされるようになった。

さらに、一九四〇年代には、「直販会社」という新しいタイプの競合先が現れた。少数のファンド運用会社が、専任の営業チームを直接雇い、見込み投資家に直接電話してファンド商品を販売するようになり、かつては販売するファンド「商品」の選択権を有していた証券会社に支配されていた市場に、力強く参入し始めた。直接と間接の競争が重なったうえに、インデックス・ファンドの台頭が相まって、MFSの業界資産に対するシェアは、一九五〇年の一五・三%から、二〇一八年にはわずか一・二%に下落してしまった。

＊6　一九六九年になるまで、MITの受託会社と投資運用会社のスタッフは、MITから直接報酬を受けていた。その後、受託会社がMITとその姉妹ファンドの運用、販売、管理を行う新しい会社（マサチューセッツ・ファイナンシャル・サービス／MFS）を作った。受託会社は、MFSの所有権と支配権を自ら得て、一九八〇年に同社をサンライフ・オブ・カナダに売却した。奇妙な偶然だが、「実費」の投資運用から外部運用を経て公開会社に転換したことは、ウェリントン／バンガードが行ったことのほぼ真逆である。バンガードの現在のシェアは、同社がファンドの出資者にとって正しい選択をしたことを示すものであろう。

ＩＤＳ（現コロンビア・スレッドニードル）

こうした直販会社のうち、他をはるかに凌いで力があったのがミネアポリスに本拠を置く大手のインベスターズ・ディバーシファイド・サービス（ＩＤＳ）で、その歴史は一八九四年に遡り、固定金利を支払う「券面金額証券」の販売に長年注力していた（一万ドルの一〇年満期証券を買うと、期間を通じて七％の金利が保証される等）。

ＩＤＳにとってもその顧客にとっても残念なことに、大恐慌中に金利が急落すると、ＩＤＳは、発行した証券に定める金利を支払うという契約上の義務を履行できなくなってしまった。そこで、巨大な営業チームに売らせる新しい商品が必要となり、生命保険とミューチュアルファンドの二つを見つけた。

ＩＤＳは、一九四〇年にバランス型ファンドである、同社初のミューチュアルファンド（インベスターズ・ミューチュアル）、四一年には姉妹となる株式ファンド（インベスターズ株式ファンド）他いくつかを設立した。

資産は増加し続け、一九七二年には七五億ドルのピークに達した。六四年にはシェアも一五・八％に増えていた。

ＩＤＳはどこからともなく現れて、四半世紀近くもファンドビジネスをリードし続けたが、証券会社による販売がブームになると、ＩＤＳの投資家に対する直販アプローチは下火になってしまい、業界資産に占めるシェアもわずか〇・八％に下落してしまった。

フィデリティ

MITや、それに続くIDSと、次のリーダーであるフィデリティ・インベストメンツの台頭の間にはあまり類似点がない。一九五〇年に初めてフィデリティのことを調べた時には、ミューチュアルファンド会社の規模では二〇位だった。唯一のファンド（フィデリティ・ファンド）の資産総額はわずか六四〇〇万ドルで、三一億ドル規模の業界に占めるシェアは二％に過ぎなかった。フィデリティ・ファンドは従来型の、優良銘柄を中心とする株式ファンドだった。一〇年後に、ゴーゴー時代がやって来た時、フィデリティは、伝統的なファンド運用会社の中で、真っ先に投機の列に加わったうちの一つだった。良かれ悪しかれ、フィデリティはファンド業界に現代的なマーケティングテクニックを持ち込んだと言っていいだろう。

一九五八年には、ポートフォリオ・マネージャーのジェラルド・サイの指揮の下、フィデリティ・キャピタル・ファンドを生み出し、サイは大評判を取った。同ファンドのリターンは「当たりを取りまくった」（しばらくの間は）。キャピタルにはすぐに、フィデリティの創設者兼CEO、エドワード・C・ジョンソン・ジュニアの息子、若きエドワード・C・ジョンソンⅢ世が運用するフィデリティ・トレンド・ファンドが加わり、これも輝かしいリターンを挙げた。やがてそれも終わったが。

この時代は上げ相場で、両ファンドとも大型注文で成長し、一九六七年には両方を合わせた資産は二二億ドルとピークに達し、ファンド業界の資産の五％を占めた。これはフィデリティ全体のシェア八％のほぼ三分の二に相当していた。だが、これに続く下げ相場ではいずれも暴落し、落胆した出資者たちは大挙して離れることになった。それでも、フィデリティは証券会社の間で名を成した。その暗黙のモットーは、「株式市場のリターンで納得するな。うちの方がもっとうまくやれる」である。

マゼラン・ファンド

ゴーゴー時代は突然終わったが、フィデリティの評判は残った（ブローカーは記憶力が悪いのだろう）。フィデリティは一九六三年に、マゼランという名の新しいファンドを立ち上げて、業界のルールブックを書き換えた。マゼランは小規模ながら、投資口が公募される前の七五年から八三年になるまで、Ｓ＆Ｐ５００を毎年なんと二二・五ポイントも上回った。

マゼランは、設立後の数年間ほどではないとはいえ、その後一〇年間も十分なパフォーマンスを続けた。一九八四年から九三年までは、Ｓ＆Ｐ５００指数を年間三・五ポイント上回った。九〇年（同ファンドの資産は一〇〇億ドル超に急増）に花形ポートフォリオ・マネージャーのピーター・リンチが退社すると、マゼランはすぐにＳ＆Ｐ５００に後れを取り始め、その後二四カ月間、年間ほぼ二ポイントも下回った。このほぼ四半世紀の間のマゼラン・ファンドの総累積リターンは五三九％で、Ｓ＆Ｐ５００の累積リターン八〇五％を二六六ポイント下回る。

ゴーゴー時代には少数の人気のあるファンドの成功、そして、一九八〇年代を通じてはたった一つの人気あるファンドを当てにする、というのはフィデリティにとってはリスクの高い戦略だった。

それでもマゼラン・ファンドの資産は当初の一〇万ドルから、一〇〇〇億ドルを超え、二〇〇〇年には一一〇〇億ドルのピークに達する。だが、このファンドのバブルも、必然的に破綻した。二〇一八年になる頃には、出資者の大きな期待を満たせなかったことから、マゼラン・ファンドの資産は九三〇億ドルも減り、一七〇億ドルに下落した。これに従って、株式・債券ミューチュアルファンド全体の総資産に対するフィデリティのシェアも、一九九九年の一三・八％から、二〇一八年には八・二％に下落した。教訓――「剣を頼りにする者はみな、剣で滅びる」[*7]。

＊7　二〇一八年初めまでには、主にインデックス・ファンドビジネスの成長のおかげでフィデリティのシェアは安定した。インデックス・ファンドは現在、フィデリティの株式ファンド資産の二五％を占める。

バンガード

バンガードは、ミューチュアルファンド分野で市場トップの座についてきたこれらの会社の轍を踏むことにならないと言えるだろうか？　全株式・債券ミューチュアルファンドの資産の二四％のシェアを占めていても（記録的なシェアで、これまでの業界トップの一・五倍を超える）バンガードは心配すべきなのだろうか？　もちろん、心配すべきだ！　慢心は、成功という輝く太陽に近づきすぎる飛行家にとっての敵である[*8]。とはいえ、バンガードは独自のミューチュアル構造や、低コストのインデックス重視戦略により、先駆けの三社よりも、ずっと長くトップの座に留まり続けることになるだろう。

（一）ＭＩＴの問題は、ブローカー・ディーラーの販売網が不安定で、競争と対立に満ちた点にあった。バンガードの直販による「ノーロード」アプローチは、エージェントをサポートすることではなく、顧客にサービスを提供することに依拠している。ＭＩＴが半ミューチュアル形態からＭＦＳに転換して、その後カナダの生命保険会社に買収されてしまったことは、何の問題も解決しなかった。

（二）ＩＤＳは、統制の取れた営業チームを持つことが、販売を成功させる上で最善の方法に十分なり得ていた。が、これに幅が狭く比較的柔軟性の低い独自ファンドの提供というデメリットが伴うと、頻繁に「押し売り」が必要になる。そのため、やがて投資家が不満を募らせることを、身をもって知ることになった。

（三）フィデリティは、市場の気まぐれや自社のファンドマネージャーの「手腕」に賭けて成功した。これは、短期的にはファンドマネージャーに利益を生むかもしれないが（ファンドの投資家には滅多に生まない）、長期的に利益を生むことは決してない。フィデリティは、パフォーマンスの強いファンドも弱いファンドも同様に、類似ファンドの平均リターンに回帰する傾向にあるという、ファンドパフォーマンスにおける「平均への回帰」という永遠の原則を無視してしまったように思える。バンガードは、相対的予測可能性のあるファンドを重視しているので、かつて良い手を打っていたアクティブ・マネージャーの一人が悪手を打ってしまったとしても、ほとんど影響を受けないはずである。

＊8　私は、太陽に近づき過ぎて翼のロウが溶け、はるか下の海に墜落して命を落としたという、イカロスの神話を思い出す。

戦略は構造に従う

つまり、バンガードの戦略と構造が、ミューチュアルファンド業界の九四年の歴史の中で、かつてトップの座にあった三社のものとは全く異なる顧客対応アプローチであるのははっきりしている。三社のいずれも、営業ネットワークを通じてファンドを販売することや、最終的には、販売チームに他社に負けない報酬を払うことを重視していた。SECのコーエン会長の言う通り、最も重要な目的は、投資顧問会社の利益を挙げることにあったのだ（第2章参照）。一方、バンガードの低コスト構造の目的は、別の外部投資顧問会社やディーラー、社内の営業チームの利益ではなく、ファンド投資家の利益を挙げることにある。

低コスト構造

バンガードではミューチュアル形態を取っていることから、低コストであることの価値を簡単に測定できるファンドを重視することになる。この形態から生まれる戦略は、以下の三タイプのファンドに有利である。

1　インデックス・ファンド。うまく運用されているS&P500インデックス・ファンドはすべて、コスト差引前のグロス・リターンが同じになる。よって、最も低コストのインデックス・ファンド会社が、投資家に最も高い正味リターンを提供する。

2　債券ファンド。バンガードでは、コストの低さにより、競合他社よりも高い利回りを提供しつつ、ポートフォリオで質の高い（リスクの低い）銘柄を重点的に保有できる。

3　MMF。SECの規則では、MMFには一定の高品質基準を満たす短期証券を保有することが義務付けられている。その結果、MMFのポートフォリオの質は高く、均一な傾向にある。従って、低コストのMMFは、必ずと言っていいほど、他のファンドよりも利回りが高くなる運命にある。

アクティブ運用型株式ファンドの分野では、低コストのインデックス・ファンドにも、通常は持続的な長期のメリットがある。S&P500に連動するもの等、広範囲のファンドは、市場のリターンを捕捉し、それ以上でもそれ以下でもない。アクティブ型株式ファンドの場合、パフォーマンスは移り変わるが、一般投資家は、優れたパフォーマンスがあった後に投資する傾向にある。当然の成り行きとして低迷すると、期待は打ち砕かれ、投資家はタイミングの悪い時に選択した最初の投資を放棄してしまう。投資家にとって、投資家自身が最悪の敵であることがあまりにも多い。

ファンド投資家は過去の短期リターンを追求したがるという厄介な問題を避けるため、私は、バンガードがまだ最初のインデックス・ファンドを運営し始める前に、バンガードのシニアスタッフたちに対し、「相対的予測可能性」の重要性を強調した。この理念は、外部投資顧問会社に委託しているバンガードのアクティブ型株式ファンドの多くにとって、重要な成功要因になっている。

「相対的予測可能性」の実践

バンガードの目覚ましい成長のカギは、バンガードがインデックス・ファンドのリーダーだからではなく、この分野で最もコストの低い会社というポジションにあるからだ、とは、よく言われてきたことだが、私には同意しかねる。真実は逆である。バンガードの低コスト構造が、インデックス・ファンド戦略を必要としたのだ。

確かに、バンガードのアクティブ運用ファンドのリターンは、経費率の低さと、ポートフォリオの回転率の（全般的な）低さが組み合わされることによってかなり優位にあり、競合先の類似ファンドや、妥当な株式市場セグメントのリターンと密接に連動したリターンを提供するため、その多くは、意図的にマルチマネージャー・ファンドとして組成されている。バンガードでは一九八七年に、アクティブ運用ファンドの一つで、このマルチマネージャー・アプローチを取り始めた。現在は五つのファンドがこれを行っている。その理由は、同様の戦略を取る複数のマネージャーのポートフォリオが一つのファンドに組み合わされると、ファンドのパフォーマンスはベンチマークと近いものになる可能性がかなり高いからだ。

相対的予測可能性のメリット

バンガードの低コストファンドの提供者としての立場を考えると、相対的予測可能性の美点は、「目的や戦略が類似するファンドは、同様のグロス・リターンを挙げる傾向にある」という点にある。従って、コストが最も低いファンドは、高い正味リターンを挙げる可能性が高い。総年間コスト（経費率、入替コスト、販売手数料を含む）が約一・五％という有利なファンドは、丸一〇年間にわたって、追加のリスクを負うことなく、類似ファンドに対してリターンで二〇％有利になる。

ウェリントン・ファンドのリターンは明らかに、この相対的予測可能性を示している。[＊9] 過去一〇年間にわたるウェリントンの月次リターンの変動は、このファンドの株式と債券を合わせたベンチマークで九八％を説明できる（この数字は現在決定係数〔R^2（アールスクエア）〕と一般的に呼ばれているが、呼びづらい[＊10]）。この二つの指数から成る純粋なインデックス・ファンドの決定係数は一〇〇％〔すなわち1〕になる。リターンのうち、ファンドのアドバイザーによるものは、恐らく二％しかない。

ウェリントン・ファンドとそのベンチマークとの間の密接な関連性は、バンガードのアクティブ運用型ファンドのうち、ウェリントン・ファンドに特有のものではない。図表9・5にいくつかの例を示す。

＊9　ウェリントン・ファンドでは、パフォーマンスがベンチマークを上回った場合にはアドバイザーに特別なインセンティブを払い、下回った場合には同様のペナルティフィーを課している。ファンドのベンチマークは、六五％がS&P500指数、三五％がブルームバーグ・バークレイズ米国投資適格社債指数で構成されるポートフォリオである。

図表 9.5　バンガードの主要アクティブ型ファンドの決定係数、2018 年

ファンド	R^2
ウェリントン・ファンド	0.98
エクスプローラー・ファンド	0.99
中期非課税債券	0.97
ウィンザー・ファンド	0.95
プライムキャップ・ファンド	0.93
キャピタル・オポチュニティ・ファンド	0.92
バンガード株式ファンドの平均	0.96
類似のアクティブ運用株式ファンドの平均	0.88

＊10　決定係数は、適切な市場指数のリターンの変動によって説明される、ミューチュアルファンドの変動の比率を表す。これは相関の二乗であるため、さらに厳密な基準となる。

バンガードのアクティブ運用ファンド

相対的予測可能性の高さには明らかにメリットがあるとはいえ、この特徴は、すべてのアクティブ運用ファンドが合わせなくてはならないプロクルステスの寝台（古代ギリシアの山賊。捕らえた者を寝台の大きさに合わせて足を切ったり、無理矢理伸ばしたりした）ではない。まず、顧客がバンガードのアクティブファンドを選択したのであれば、バンガードのパッシブ・インデックス・ファンドは所有したくないのだろうと結論付けるのが合理的である（一九七四年の開始時には、アクティブファンドしか運用していなかったが）。

だから、珍しい、非常に珍しいスターが誕生した時には、私たちはそのスターを大切にする。

もちろんウィンザーのジョン・ネフや、バロー・ハンリーのジム・バロー、プライムキャップのハワード・ショーとミッチ・ミリアスのことだ。彼らが去ると、私たちはその後継者たちの能力を観察し、そのままその会社を使い続けるか、それとも、新たに外部の運用会社を加えて、現在の運用会社を補完するか、判断する（私は常に、会社に対して「疑わしきは罰せず」の態度で来た）。

必要に応じて新規募集を締め切る

RTM（平均への回帰）はまさに、ミューチュアルファンドのリターンの普遍的なルールとなっている。だが、ファンドの資産基盤が大きく成長すると、最終的には審判判定を押し付けられる。ファンドの出資者の長期的な利益を守るための主な方法のひとつは、優れたリターンを生む上で、巨大な資産規模が及ぼす消耗性の影響を意識することである。

資金の流入によりファンドの資産が増えると、運用会社は、追加された資金を一番ベストな投資アイデア（恐らくは高い価格で）か、二番目にベストな投資アイデアか、それから三番目、またその次といったように、ベストな投資アイデアに投資せざるを得ない。一般的に言って、大量に資金が流入すると、アクティブ型の資金流入は、アクティブ型のマネージャーが投資目標を達成するのを難しくさせる。よって、ファンドマネージャーには、新規の投資家に対してファンドを締め切らなくてはなくてはならない時がある。

一九八五年、ウィンザー・ファンドのキャッシュフローの上昇と急激な資産の成長を食い止めるため、バンガードは、ファンドを締め切った二番目のファンド会社となった。バンガードでは、マネージャーたちがそれぞれのパフォーマンス目標を達成する能力を損なう可能性のある資金流入を制限するため、過去三〇年間にわたって三〇回以上ファンドの新規募集を締め切っており、ミューチュアル形態のおかげで（またも！）、この方策を躊躇せずに取ることができる。

最後になるが、もちろん、レガシーファンド（ウェリントンとウィンザー）を維持し、こうしたあらゆる新しいアクティブファンド（ウィンザーII、プライムキャップ、インターナショナル・グロース等）を作り出さなければ、バンガードはインデックス運用が花開くまで、二〇年間も持ちこたえることはできなかっただろう（素直に認めよう）。

バンガードのミューチュアル形態

バンガードのミューチュアル形態に由来するコストの低さは、基本的に実費モデルから生じるものである。コストの低さは、「ミューチュアルファンドの出資者に高い報酬を課し、利益は運用会社の株主に渡す」という業界慣行には従わず、潜在的な「利益」をファンド自体に返すことを意味する。

この目的を達成するミューチュアル形態は理にかなっていると同時に明快で、約四四年にわたって実力を発揮している。バンガードの出資者が、類似ファンドの出資者を全部合わせたよりも、大幅に高いリターンを得ている主な理由である。[*11]

＊11　恐らく、バンガードの成功を測る上で最も印象的な目安となるのは、モーニングスターが、投資家が利用可能な中で最も有利なミューチュアルファンドに与える「ゴールド」のアナリスト格付だろう。二〇一八年初めには、バンガードでは、二位以下の四社を合わせた四三を上回る、四八のファンドがゴールド格付を誇っている。

報酬対料率

バンガードは、報酬が最も低いことを誇りに思っているが、「投資顧問料」と「投資顧問料率」を混同しないことが重要である。確かに、バンガードは、外部投資顧問会社が運用するファンドの報酬体系については、タフ・ネゴシエイターとしてやって来た。だが、バンガードのファンドを運用する会社が、清貧の誓いを立てる必要があったわけではない。バンガードの庇護の下では、ファンドの資産は通常非常に大規模に成長するので、報酬の金額も膨大になる。

「バンガードも……違わない」本当に？

私が一九九五年に既に予見していた「インデックス運用の勝利」を生んだのは、まさに、バンガードの形態と戦略である。この二つの要素は、いつまでも、バンガードの堅い基盤として持ち堪えると思う。よって、私は、これからの時代も、バンガードこそファンド業界においてトップであり続けると予想する。

バンガードの形態が、会社や投資家にとっての価値を生み出すことを否定した人々もいた。資質に富んだ評論家ですら、バンガードの形態が何らかの違いを生み出すことを否定していた。ジョン・モーリー教授は、イェール・ロー・ジャーナル（二〇一四年三月）に、バンガードの非常に安いコスト構造やその戦略、ミューチュアルファンド分野における傑出する目覚ましい台頭の形成において、ミューチュアル性が果たした役割を嘲笑するような評論を寄稿した。

バンガードの創設者、ジャック・ボーグルは、ファンドと運用会社の分離を活発に批判している（中略）経済的実態においては（中略）バンガードの投資家は、本当の意味では運用会社の「所有者」ではない（中略）実際には、バンガードも、他のミューチュアルファンド運用会社とさほどの違いはないのである。

モーリー教授には、「記録を見てみましょう」としか言えない。

成功ほど続いて起こる（あるいは、失敗につながる？）ものはない

二〇〇六年から一八年までの間、バンガードは目覚ましい成長を遂げてきたが、これは主に、それ以前の数十年間に生み出されたモメンタム（と、ミューチュアルファンド）の上に築かれたものである。一九八五年に（同様に愚かな）判断をしたとはいえ、バンガードの個別の特化型ポートフォリオのうち、少なくともひとつ（ヘルスケア・ファンド）は、これまでで最もパフォーマンスの優れたミューチュアルファンドの中に数えられている。九五年にホライゾン・ファンドを組成した時にはまた躓いたが、その他のファンド資産は隆盛し、八七年の二七〇億ドルから本格的に始まったファンド資産の成長はそれ以降、単に継続するだけでなく、加速している。

まさに「成功ほど続いて起こるものはない」という古い格言通りだ。ここには、たくさんの真実がある。だが、まったく逆に「成功ほど失敗につながるものはない」という格言もある。この格言は、かつてファンド業界のトップの座にあった三社が失墜してしまったことからも歴然としている。MIT／MFS、IDS／コロンビア、フィデリティという、ミューチュアルファンドのかつての王者はいずれも、恐らく突然、長年の王座から遠のくことになったわけだが、バンガードとても現状に甘んじていてはならない。歴史が経てば、誰でもあざ笑われる可能性がある。

将来直面するであろう数多くの未知の課題、私がバンガードを立ち上げ、築き上げる中で直面してきたものとは違う、新しい課題にうまく対応してこそ、王座にあり続けることができるだろう。[*12]

＊12　バンガードのいくつかの将来的な課題については、第Ⅲ部「投資運用の将来」で詳しく述べる。

……だが、空に届くほど育つ木はない

大きな課題のひとつは、バンガードのファンドが今では巨大かつ強力になり、コーポレート・ガバナンスに影響を及ぼし得るという点にある。

バンガードのファンドは現在、米国の全株式の約八％を占めており、毎日増え続けている。私は、バンガードはもっと積極的に、徹底的に、コーポレート・ガバナンスの問題に取り組むべきだと思

っている。インデックス・ファンド運用会社の大手三社が現在、米国の全企業の議決権株式の二〇％を保有していることによる、企業所有の集中を巡る問題を、連邦議会や規制当局が無視しないであろうことは確信できる。

ミューチュアルファンドで王座に就いた会社はすべて、特にバンガードは、好調な株式相場の恩恵を大いに受けた。だが、空に届くほど育つ木はないし、現在の株価評価（株価収益率倍数で測定）は過去最高に近く、配当利回りは過去最低に近い。

S&P500は、バンガードの長い歴史を通じて、平均一二・一％と目覚ましい年間名目収益率を挙げており、六年ごとに価値を倍加させている。この収益率はそれまでの半世紀の平均名目収益率の八・七％（インフレ調整前）をはるかに上回る。

将来の株式投資収益率はこの水準には届かず、今後一〇年間は年三～五％の水準になるというのが現在の大方の見方である（四％の年間収益率では、株価が倍加するのは一八年ごとになる）。将来どのような収益率が投資家を待ち受けているかは分からないが、注意が必要だろう。

インデックス・ファンドの課題

現在、たった三社のインデックス・ファンド運用会社（バンガード、ブラックロック、ステート・ストリート）が、インデックス・ミューチュアルファンド資産の八〇％を占めている。この三社の報酬の低さは、三社間での競争の結果であり、他の大規模なミューチュアルファンド会社の報酬に下方圧力を加えている。フィデリティが二〇一八年に「ゼロコスト」インデックス・ファンドを導入したことから、報酬はそれ以上大きく下がることはないだろう。

少数の運用会社の間に株式保有が集中していれば、大企業の支配権や競争、受託者責任に関する問題が生じる。我が国の政府も、間違いなく注目している（この問題については、第Ⅲ部の「投資運用の将来」で掘り下げる）。

過去の経験からは、市場が衰退している時には、S&P500インデックス・ファンドも、平均的なミューチュアルファンドと同程度下落することが分かっている。近年、インデックス・ファンドへの正味キャッシュフローがかつてないほどになっていること（主に、時価評価が過去最高に近づいていることによる）を考えると、インデックス投資家は、必ずやってくる次の弱気相場では過剰反応に陥り、史上最高値近くで買った投資口を、史上最安値近くで売却することになりかねない。

特に、不確実な時代には、投資家には「航路を守る」ことを勧める。バンガードの長い歴史において、この助言は素晴らしい効果があった。だが、株式市場では、過去はプロローグではない。投資家がこの先、この助言を心に留め続けるかどうかは、時間が経たなければ分からない。

配慮する組織

最終的には、組織は規模の大きさにより硬化症や慢心、自己中心主義に陥ることが多く、会社の本来の使命を見失ってしまうことが多い。

もしも、バンガードの経営陣（本章末の付録Ⅰ参照）が、バンガードが誕生した由来を忘れ、投資家に貢献するというミッションから外れてしまえば、バンガードのトップの座はすぐに、他社に奪われてしまうだろう（どの会社かは、私には言えないが）。これらは、バンガードが直面している主な「既知の未知」の一部に過ぎない。「未知の未知」はさらに大きな課題かもしれない。

だが、これまでを通じて確かなひとつの既知の事実がある、乗組員（クルー）――正しい動機を持ち、完全に信頼でき、自分たちのミッションを明確に理解している、ベテラン（一五年以上在籍）を含むバンガードの乗組員――の力強さである。私たちはただ、この特徴を醸成してきた配慮（お互いへの配慮、顧客やオーナーである人々への配慮、バンガードという組織への配慮）が、急成長する我が社を運営する上での中心的な要素であり続けるようにすればいいだけである。

航路を守る

二〇〇四年になる頃には、バンガードは、ミューチュアルファンド業界が一九二四年に誕生して以来、トップの座に就いた四番目の会社となっていた。それまでトップの座にあった会社はどれも、その歴史のいずれかの時点においては強大であったが、途中で位置を見失い、投資環境や投資家の選好、業界の販売システムの変化に対応できなくなってしまった。

バンガードは違う。私たちは二〇〇四年に優位に躍り出るまでの三〇年間、ずっと「株主優先」という導き星に従ってきた。ミューチュアルな形態とインデックス戦略という航路を守れば、バンガードは今後数十年間も、トップの座を守り続けるはずだ。

新しい問題が生じて、苦労して手に入れたリーダーとしての王冠がバンガードの頭から転がり落ちてしまわないように、慢心を避け、何年も前に確立した航路を守り続けなければならない。

付録 I

——後継者たち

私は一九九六年一月三一日に、バンガードのCEOの座を降り、取締役会会長として留まった。経営を若いチームに任せるべきだと思ってはいたが、健康の衰えによって決意が固まった。私は、一九六〇年、三一歳の時に初めて心臓発作を起こしてから、心臓のトラブルにずっと悩まされており、三六年にわたって、定期的に合併症に苦しんできた。そして、フィラデルフィアのハーネマン病院で一二八日間待った後、九六年二月二一日に心臓移植を受けた（これもまた、忘れえぬ転機である）。二二年以上経った現在も、元気でやれていることに感謝する。

今も、ボーグル金融市場リサーチセンターの所長として、精力的に（時には精力的過ぎるほど）活動しており、ミューチュアルファンド業界を中心として、金融の調査を行っている。私は毎日、バンガードにある自分のオフィスに出社し、研究責任者のマイケル・ノーランや、優秀なアシスタントのエミリー・スナイダーやキャシー・ヤンカーと、講演や著書（本書を含む）の土台となる調査や分析を行っている。

そして今でも、バンガードの仲間たちとは仕事をともにし、記念日や退職を祝い、一九七五年に私が作ったバンガードの、インデックス・ファンド全体や、特に、基本的で伝統的なインデックス・ファンドに根差す成長の勢いが続いていることを誇りと喜びをもって見守っている。

ジョン・ブレナン

私が後継者として選んだのは、一九八二年に、ハーバード・ビジネス・スクールを卒業した後、二番目のキャリアステップとしてバンガードに入社し、私のアシスタントを務めたジョン・J・ブレナンだった。私たちは親しい関係を育み（定期的なスカッシュの試合を含む）、彼は順調に昇進した。八五年からは最高財務責任者として能力を発揮し、すぐに、凄腕のマネージャーとしての評判を得た。今まで一緒に仕事をした相手の中で、ブレナンほど、自分のやりたいことを成し遂げる力を持った人はいなかった。

一九九六年一月三一日にバンガードのCEOに就任して以降、マーケティングへの注力や、データ駆動型パフォーマンス運用の全社的な導入等、数々の功績を挙げている。

バンガードで上場投資信託（ETF）を組成する最終決定をしたのもブレナンで、責任をもって担当組織を構築した。国際的なビジネスに参入するという決定をしたのは私ではあったが、幅広いアプローチを開始して世界の市場に参入したのは彼である。ただ、ブレナン自身は、アグレッシブな海外拡大には懐疑的で、欧州やアジア、南北アメリカへの本格的な拡大が始まったのはブレナンの後継者、ウィリアム（ビル）・マクナブの就任後である。

F・ウィリアム（ビル）・マクナブ

ブレナンは一二年間CEOを務めた後、二〇〇八年に退任したが、彼がビル・マクナブを後継者に指名したのは当然だった。マクナブは、ウォートン・スクールでMBAを取得した後、チェース・マンハッタン銀行を経て一九八六年にバンガードに入社した。昇進は早く、九五年には、法人マーケティンググループのトップに就任した。

ビルはいわゆる「人づきあいがいい」人間で、スタッフとうまく付き合いながら、バンガードの法人事業を業界で最も強力な事業部門（だと私は聞いている）に育て上げた。また、それ以上に、バンガードを私が考えていたような、急増するスタッフが仕事のしやすい、人間らしい場所に戻してくれたことは、会社にとっての転機と言っていいだろう。

二〇一五年にビルが、個人投資家向け投資顧問業務を提供すると大胆な決断をしたことも、転機といえる。これは、思い切った戦略的な動きで、バンガードは、自社のファンドの投資口を顧客に販売している登録投資顧問会社（RIA）と直接競合することになった。

RIA各社や他のブローカーは、この新しい競争を喜ばなかったが、この問題は徐々に薄れつつある。成長しつつある「ロボアドバイス」市場（基本的には個人向けで低報酬のコンピューターによるアセット・アロケーション戦略）への参入決定もタイミングがよく、二〇一八年半ば現在、一〇〇〇億ドルの資産を集めている（そのうち大半はバンガードの既存顧客によるものである）。

私は、重みを増しつつある、米国のほとんどすべての公開会社の主要株主としての役割を強化したアグレッシブ（最もいい意味で）な動きを特に称賛したい。二〇一八年現在、バンガードは米国の全公開企業の八％以上を所有している。私は、コーポレート・ガバナンスにおけるバンガードの役割は、企業が株主の利益を最優先にして行動するように確保すること（可能な限り）と考えてきたので、ビルのこの大胆な行動を喜ばしく思っている。

モーティマー・J（ティム）・バックリー

ビルは二〇一七年一二月三一日にCEOを辞任し、取締役会議長として留任した。後任としてCEOに就任したのが、一九九一年に私のアシスタントとして入社したティム・バックリーである。ティムは二年後、ハーバード・ビジネス・スクールに入学してMBAを取ってから、バンガードに復帰した。

初めて会った時の印象はとても穏やかで知的な若者で、その後一九年間、投資家対応グループやテクノロジーグループ、最終的には投資グループのトップを務めた。バンガードの様々な部署でトップを務めたことが、CEOへの資質を高めたといえる。投資家は安泰だろう。

五兆ドル規模の企業の経営には、ハッカーの時代における投資家のプライバシーや情報セキュリティの維持、今日のファンド業界に蔓延する「売らんかな」主義の回避、やがて来るデータ管理革命への参加、人工知能の影響についての判断、我が国の巨大な公開企業や、インデックス・ファンドや他の大規模な機関投資家による所有や支配が公共政策に及ぼす影響への対応等、様々な課題が伴う。

私が直面していた課題とはまるで違う。私には、ほぼ何もないところから始めて新しい会社が生き残るための戦略を策定し、その実施を取り仕切り、成功まで導くという課題があったが、ティムが率いているのは、計り知れないモメンタムを有する会社である。バンガードが達成した巨大な規模と、業界における優位性に対応していくことはなかなか難しい。頑張ってほしい。

付録 II

——数字で見るバンガード

正味キャッシュフロー（単位百万）	資産の５年移動平均に対するキャッシュフローの比率	ファンド数（ETF含む）	社員数	社員数／資産（単位十億）	長期資産に占めるインデックスファンドの割合
-$52	–	6	28	19	–
-60	–	8	47	27	–
-133	–	10	97	48	0.8%
-99	–	13	99	54	1.4
-17	-4.4%	13	106	55	4.1
146	-2.0	15	133	56	4.1
106	-0.3	18	167	50	4.3
54	1.6	20	272	65	3.9
586	5.4	21	360	64	3.4
1,350	10.3	24	431	59	4.8
1,739	13.6	32	663	67	4.4
4,308	21.4	37	886	54	2.9
5,817	28.2	44	1,124	45	2.5
173	25.5	48	1,497	55	4.5
222	20.9	53	1,588	46	5.1
4,311	18.6	53	1,873	39	6.8
4,357	11.7	57	2,230	40	9.7
13,117	9.4	57	2,631	34	12.8

年	総資産 * （年末） （単位百万）	長期資産の業界シェア	総コスト （単位百万）	経費率 †	市場増価 （単位百万）
1974	$1,457	4.3%	$10	0.66%	–
1975	1,758	4.16	11	0.66	$360
1976	2,035	4.26	11	0.59	411
1977	1,831	4.02	12	0.60	-105
1978	1,919	4.15	12	0.62	105
1979	2,380	4.48	12	0.58	315
1980	3,326	4.97	16	0.58	840
1981	4,161	4.86	20	0.53	781
1982	5,660	4.82	31	0.63	913
1983	7,316	4.95	40	0.61	306
1984	9,877	5.40	48	0.56	821
1985	16,408	5.19	69	0.53	2,222
1986	24,961	4.73	101	0.49	2,736
1987	27,007	4.13	102	0.39	1,874
1988	34,172	4.42	120	0.39	6,942
1989	47,562	5.07	145	0.35	9,080
1990	55,711	5.40	172	0.33	3,792
1991	77,027	6.19	211	0.32	8,198

正味キャッシュフロー（単位百万）	資産の5年移動平均に対するキャッシュフローの比率	ファンド数（ETF 含む）	社員数	社員数／資産（単位十億）	長期資産に占めるインデックスファンドの割合
$15,564	13.3%	68	3,112	32	14.4%
17,040	16.6	69	3,520	28	16.1
2,135	14.4	79	3,545	27	18.8
14,617	14.8	83	3,927	22	24.2
26,191	13.1	87	4,798	20	31.0
35,590	12.0	87	6,400	20	36.6
46,165	11.4	92	8,113	19	41.5
43,399	13.1	94	9,886	18	48.8
19,649	11.6	99	10,129	18	47.2
35,310	9.9	96	11,200	19	46.5
37,320	8.2	115	10,495	19	44.0
34,021	6.5	121	10,007	15	47.2
55,534	6.1	132	10,251	13	49.3
47,287	6.5	133	11,205	12	50.5
48,621	6.3	148	12,000	11	53.4
80,496	6.5	154	11,944	9	56.2
72,714	6.4	157	12,534	12	55.0
122,304	7.1	165	12,587	9	56.3

年	総資産＊ （年末） （単位百万）	長期資産の業界シェア	総コスト （単位百万）	経費率†	市場増価 （単位百万）
1992	$97,412	6.56%	$258	0.30%	$4,821
1993	125,755	6.53	336	0.30	11,303
1994	130,743	6.49	392	0.31	2,853
1995	178,317	7.15	485	0.31	32,957
1996	236,006	7.82	606	0.29	31,498
1997	322,441	8.69	762	0.27	50,844
1998	431,693	9.77	1,044	0.28	63,087
1999	537,405	9.94	1,299	0.27	62,313
2000	561,236	10.42	1,479	0.27	4,183
2001	577,942	11.26	1,521	0.27	-18,604
2002	555,789	11.80	1,466	0.26	-59,473
2003	689,980	11.77	1,623	0.26	100,170
2004	818,513	12.20	1,753	0.23	72,999
2005	928,862	12.37	1,888	0.22	63,062
2006	1,122,722	12.58	2,187	0.21	145,238
2007	1,304,606	12.86	2,280	0.19	101,388
2008	1,045,935	14.62	2,060	0.18	-331,385
2009	1,336,082	14.82	2,409	0.20	167,843

正味キャッシュフロー（単位百万）	資産の5年移動平均に対するキャッシュフローの比率	ファンド数（ETF含む）	社員数	社員数／資産（単位十億）	長期資産に占めるインデックスファンドの割合
$90,454	7.3%	181	12,483	8.0	60.7%
77,294	7.2	180	12,872	7.8	62.3
139,465	7.5	180	13,500	6.8	65.2
129,459	7.7	182	14,000	5.7	69.7
218,776	7.1	177	14,200	5.0	71.6
230,107	7.4	194	14,000	4.6	72.7
276,039	8.2	198	15,000	4.2	75.0
343,274	8.4	210	17,000	3.7	77.4
81,593	7.8	217	17,000	3.6	77.9

* 米国を居住地とするミューチュアルファンドの資産。米国非居住ファンドの資産は合計4000億ドル。

† 平均資産に対するコストの割合。外部運用会社に支払われた運用報酬を含む。

年	総資産＊ （年末） （単位百万）	長期資産の業界シェア	総コスト （単位百万）	経費率†	市場増価 （単位百万）
2010	$1,563,797	15.25%	$2,594	0.18%	$137,260
2011	1,649,177	16.21	2,551	0.16	8,087
2012	1,973,503	16.85	2,643	0.15	184,861
2013	2,441,655	17.62	3,091	0.14	338,693
2014	2,848,111	19.13	3,513	0.13	187,680
2015	3,073,030	20.91	3,671	0.12	-5,189
2016	3,612,844	22.80	3,738	0.11	263,776
2017	4,547,219	24.06	4,174	0.10	591,101
2018 （6月）	4,671,986	24.23	4,610	0.10	43,175

第10章　思いやり

——創設者のレガシー

本書のこれまでの九章では、バンガード本来の根幹をともに形作ってきた基礎的な構造〔ミューチュアル〕と戦略〔インデックス〕の策定を中心に取り上げてきた。単純に、どちらも、新機軸として優れたアイデアだったので（その通りであったことを歴史が証明している）、バンガードの目覚ましい成長の源となっただけでなく、投資の本質的な性質も変えた。だが、何度も言うように、「アイデアだけなら大した価値はない。実行がすべて」なのだ。

この第I部の最後の章では、私がどのように、バンガードで実際に業務を履行する人々（スタッフ）の有能さを保ち、彼らが公正な扱いを受け、十分な訓練を受け、十分な情報を与えられ、バンガードの使命に献身し、私が掲げる価値観に触発されるように取り組んできたかについて話したいと思う。こういったことがきちんとなされているならば、戦略は必ず勢いをもって、きちんと実施されるはずだ。

会社を設立した時の価値観は、大いに私自身の個人的な価値観を反映している。人生において出会うあらゆる人に敬意を払うこと（身分や立場に関わらず）、公正にふるまうこと、同僚や自分の仕事に献身すること、信頼し、信頼されること、人としての品性、情熱とエネルギー、顧客／オーナーやコミュニティ・社会への奉仕など、どれも平凡なものばかりだ。

創業メンタリティ

バンガードの設立は一九七四年と、まだ五〇年も経っていないが、その伝統は今でも、会社と、現在では一万七〇〇〇人を数える社員を動かし続けていると信じている。創設者として私が残したものは、『創業メンタリティ』[*1]という本によく表現されているので、抜粋する。

> 持続的成長を成し遂げる会社の大半は、一度目の挑戦を成功させた、野心的で大胆な創業者に共通にみられる態度と行動を持ち合わせている。（中略）利益を生みながら成長した企業は、自らを革新勢力だと考えることが多い。十分なサービスを受けていない顧客のために業界や業界基準に戦いを挑み、まったく新しい産業を作り出そうとする。
>
> このような会社には、全社員が理解し自分事だと思えるはっきりした使命感と焦点があり、社員の強い個人的な責任感を醸成する特別な能力がある。
>
> ［創業者は］複雑さや官僚主義など、戦略をつながなく実行する障害となり得るものすべてを嫌悪する。ビジネスの細かいところまでこだわり、顧客に直接対応する現場の社員を称える。こうした態度と行動が組み合わさってできる意識の枠組みこそ、これまで注目されてこなかった成功の秘訣である。

創業者のメンタリティは、革新志向、オーナーマインド、現場へのこだわりという三つの特徴で構成される。

これらは、（中略）従業員の日々の意思決定や行動の指針となる原則や規範、価値観に、創業者の影響がはっきりと残っている企業に見出される。

素晴らしい！「野心的で大胆な創業者」「革新勢力」「業界に戦いを挑み、まったく新しい産業を作り出そうとする」「はっきりした使命感」「社員の強い個人的な責任感」「複雑さや官僚主義を嫌悪する」「現場の社員を称える」。

これらの言葉を繰り返したのは、バンガードの物語に共通していることを伝えるためだ。実際、私がベストを尽くして生み出そうとしたものが簡潔にまとめられている。そしてこの精神は、今も、一万七〇〇〇人を数える社員の中に生き続けている。

＊1 Chris Zook and James Allen, The Founder's Mentality. Boston: Harvard Business Review Press, 2016／クリス・ズック、ジェームズ・アレン著『創業メンタリティ』（火浦俊彦監訳、門脇弘典訳、日経BP、二〇一六）

歴史に残る偉大な指導者たち

私は自分が、劇中の主人公がそのまま抜け出してきたような、カリスマ性を備えたリーダーだと思ったことは一度もないが、歴史に残る偉大な指導者たち、合衆国建国の父の一人アレクサンダー・ハミルトンのほか、エイブラハム・リンカーン、セオドア・ルーズベルト、ウィンストン・チャーチルには常に啓発を受けてきた。一九七四年に「バンガード」を社名に選んだ時には、もう一人の英雄、ホレーショ・ネルソン卿からひらめきを得た。一七三〇〜一八一五年の大英帝国海戦について調べているうちに、王室海軍を指揮したネルソン卿について多くのことを学んだ。

ネルソン卿——「信頼の輪を広げる」

二〇〇五年一〇月二三日（ネルソン卿がトラファルガーの海戦で命を落としてから二〇〇回目の戦没記念日）、妻のイブと私は、英国海軍本部に招かれ、ロンドンの壮大なセントポール大聖堂に座り、ロンドン主教リチャード・シャルトル閣下の祝辞に畏敬の念を抱きながら耳を傾けた。

ネルソンが完璧な職業人であり、勤勉な監督であったことは確かですが、指導者というものは、決断の時には、基盤を成す強い信念や、深い内観から生じる召命感に触れる必要がありまする。これが、健全な自信と、最も極端な状況において恐怖を克服し、人々を励ます能力の根源となるものです。教育システムにおいて、能力のある指導者や部下を生み出そうとするのであれば、基盤を成す強い信念を非常に真剣に醸成する必要があります。

ですが、私たちは、定量化して数値に集約される真実だけが現実の正確な表現として認められ、八福〔キリストの説いた幸福の教え〕や世界の知恵の伝統が、今はこの世にいない賢人の疑わしい意見程度にしかみなされないという奇妙な時代に生きています。

ネルソンの人としての召命感は、精神生活の成長や隣人愛の成長をも理解するという伝統の中で醸成されたものでした。ネルソンは労を惜しまずに船員仲間を支え、彼らに奉仕しました。また、ネルソンが示した信頼は周囲に広がって、人々の最大限の能力を引き出し、ネルソンの信念、（中略）相手が信頼に足る人間になろうとするように、自分も信頼すべきだ、という信念を広げていったのです。[*2]

ネルソン卿の死から二〇〇年後に、人としての土台となる強い信念について語る感動的な言葉を聞いて、私は、一九七四年にバンガードを設立した時、どれほど自分がネルソン卿の理念に倣っていたかを知って雷に打たれたように感じた。この理念は、大企業や「ビッグデータ」やロボットの時代、そして、金融の価値観が道徳絶対主義から道徳相対主義に徐々に（不幸にも）変化していく時代も生き残るだろう。

＊2　シャルトル閣下のスピーチの文章は、式典の出席者に配られたプログラムに印刷されていたもので、www.leadershipnow.com/leadingblog/2008/12/out_of_context_the_leadership.html に再掲されている。

バンガード・アワード・フォー・エクセレンス

新しい会社を作ることとは、いつも挑戦である。バンガードが最初に直面したような悲惨な状況で設立された会社の場合、挑戦はとてつもない。もちろん、私が注力したのは戦略とファンドの組成で、それはうまく行っていたが、私はバンガードの社員（一九八三年にも四三〇人しかいなかった）の特徴と士気を維持することにも、深く関与していた（今もだ）。

また、小さいが成長を続けていた会社が長く生き延びられるように内部の革新も進めていた。一九八四年には、同僚の推薦によって社員を表彰するバンガード・アワード・フォー・エクセレンス（AFE）を創設した。アイデアはシンプルなもので、「顧客に価値あるサービスを提供するためには、社員の一人として、バンガードの価値観を守り、社風を維持し、バンガードの精神をフルに生かす人間、一言で言えば、思いやる（ケア）ことのできる人間でなくてはならない」という私の強い信念を公に示すことを目的としていた。

忠誠心は双方向

バンガードで仕事をする人間に、会社に対して配慮するよう（そして、正真正銘の現実的なオーナー／顧客である人たちに配慮するよう）求めるのであれば、こちらも社員を大切に思わなくてはならない。当たり前のことだ。結局のところ、忠誠心とは双方向のものなのだ。バンガードでは、働く一人ひとり（改めて言うが、身分や立場に関係なく）に当然の敬意を払い、大切に扱っている。

ここで重要なのは、会社の「お偉方」なら当然のように享受できると思っている特権を最小限に抑えることだ。だから、バンガードには「役得禁止」ルールがあり、リースカーも、専用駐車場も、ファーストクラスでの出張も、役員食堂もない。

社員から信頼して欲しければ、経営陣も社員を信用しなくてはならない。毎日袖をまくって対等に仕事をしなくてはならない。バンガードでは、役員にも社員にも、「正しいことをせよ。分からなければ、ボスに訊け」という私の行動基準が一律に適用されている。

そこで、「バンガード精神（スピリット）」を体現する社員を表彰する式典を始めることにした。創設以来三四年間、四半期ごとに、これまで五〇〇名以上の社員がＡＦＥを受賞している。

「ひとりでも変化は起こせる」

アワード・フォー・エクセレンスの受賞が特に有意義なのは、受賞候補者が同僚によって推薦される点にある。私はＣＥＯとして、式典に出席する同僚が見守る中で受賞者に賞を授与した。受賞を祝う朝食会では毎回、同僚の社員が書いた推薦の辞を読み上げた。ＡＦＥは、人間に奉仕し、他人に奉仕される組織における個人の努力やチームワーク、プロ意識を称賛するものである。

受賞者が受け取るＡＦＥの飾り板には、「私は、ひとりでも変化を起こせると信じている」という言葉が彫ってある。

資産基盤が成長する中、社員の数や組織の規模がどれだけ大きくなっても、バンガードではひとりでも変化を起こせるし、起こしている。私は、今でも創立の原則を支持していることを示すため、二〇一八年にも、受賞者の一人ひとりと、一対一で、一時間面談している。社員たちは、私が今でも、自分たちやバンガードを大切にしていることを知っている。

組織への配慮

バンガードの社員と話す時には、一九六六年から七一年までマサチューセッツ工科大学の学長を務めたハワード・M・ジョンソンの言葉を引用することが多い。八六年に、私が初めて彼の言葉を引用した時には、社員は一一〇〇人に増えていた。

本校には、組織に配慮する人間が必要である。［組織には］人間の集中的な配慮と教養が向けられなくてはならない。たとえ過ちを犯して躓いたとしても、組織は大切にされるべきであり、重荷はそれに取り組む者全員、それを所有する者全員、それに奉仕される者全員、それを支配する者全員が負担すべきである。

配慮とは、厳格で要求の厳しいものである。興味や思いやりや気遣いだけでなく、自己犠牲や知恵、意志の強さ、規律も要求される。責任ある者はすべて、自分の人生に触れる組織に深く配慮すべきである。

配慮（ケア）という言葉は、社員や顧客に対する私の態度を一語で表している。だが、大切なのはそれを実行して具体化することだ。言葉だけではアイデアを伝えるに過ぎない。

バンガード・パートナーシップ・プラン――もう一つの転機

設立して間もない頃、資産が様々な節目を超えるごとに定期的に行っていた社員向けのスピーチで、バンガードが経費率をどのように下げているか、自慢したことがある。バンガードの目標は、世界で最もコストの低いミューチュアルファンドの提供者になることだった。だが、率直に言えば、社員の間で不安が高まっているのを感じたのである。社員たちは、コスト規律によって自分たちの給料が上がらなくなるのではないかと心配していた。

解決策はそれほど複雑ではなかった。出資者／オーナーに対して生み出した節減分を社員が分け合う、賞与制度を導入したのである。設立初期の数年間の厳しいコスト圧力の下では、これはアイデアに過ぎなかった。だが、一九八四年になる頃には資産が急増し始め、経費率は下がり、資金流入は記録的なレベルに上昇し、このアイデアをバンガード・パートナーシップ・プランとして実施する時が来た。

そこで、一九八四年終わりに、アワード・フォー・エクセレンスを凌ぐ異例の施策を実行した。社員全員に、会社の「収益」を分配したのである。バンガード・パートナーシップ・プラン（VPP）は、出資者や組織に対して、一丸となって価値を生み出した社員全員の努力を表彰することを目的にしていた。

即金

VPPでは、社員一人ひとりに、かなりの金額が年に一度支給された。額は、顧客のコスト節減分と、他社の類似ファンドと比較した投資パフォーマンスに基づいて決定した。社員は入社初日に、バンガード・グループに一セントも投資することなくバンガードのパートナーになり、パートナーシップ・プランの恩恵を受ける資格を得る。

本書の「転機」のコラムは、当初の骨組みから、今のような本格的な一大帝国を作り上げるまでに、バンガードが飛び越えなくてはならなかった主なハードルを記してきた。バンガード・パートナーシップ・プランは、社員と社員が対応する出資者との間の利益共同体を堅固にし、社員同士がお互いや、投資家のことを大切にするようになることを目的としていたので、数ある転機の中でも一番重要なものかもしれない。

転機12　一九八四年
バンガード・パートナーシップ・プラン――経緯と理由

バンガード・パートナーシップ・プランは、「バンガードの基礎を成す構造と革新的な戦略の実行者である社員の利益」と、「同業他社よりも低いコストによるサービス」と、「高い投資家リターンの提供」の三点を成立させるために作られた。結果は驚異的で、VPPの一口あたり利益は、一九八四年の三・四三ドルから、二〇一七年には二四八・四五ドルと着実に増え、複利年率は一三・九％である。

バンガードは外部の投資運用会社ではなく、事実上ミューチュアルファンドの出資者に所有されている真の意味で「ミューチュアル」なミューチュアルファンド・ファミリーなので、正式には会社の利益を計算することはできない。バンガードでは、以下の二つの方法によって、利益を出資者へのリターンに付加された価値の組み合わせとして定義している。

一、バンガードのファンド経費率と大手競合先の経費率の差。この差を、バンガードの運用ファンド資産に適用する。

二、ファンドの優れた投資パフォーマンスにより出資者が得た超過リターン（不足額があればその控除後）。

この二つが節減分としてプールされ、そのうちの適度な額がバンガード・パートナーシップ・プランに配分される。

第5章で述べたように、経費率によるバンガードのメリットは、二〇一七年には総資産の〇・六五％になった。資産平均の四・五兆ドルを乗じると、その年の正味節減額（＝利益）は二九五億ドルになる。この年間節減額のうち、社員に分配する比率は経営陣が決める（私は元CEOなので、この比率の設定には関わっていない）。

バンガード・パートナーシップ・プランのコストは、社員による献身やバンガードの業務運営の有効性、効率性、生産性により、オーナー／投資家には何倍にもなって返ってきていると自信を持って言える。[*3]

VPPの初期には、毎年六月に開かれるバンガード・パートナーシップ行事でパートナーシップの小切手を配布していた。小切手は多い時でベテラン社員の年間基本給の三〇%になることもあり、バレーフォージの駐車場に建てた大きなテントに集まった何千人もの社員が熱狂していたのも不思議ではない。私はその場で、バンガードの企業的価値観と事業の見通しについて、有益で(そう願いたい)やる気を起こすようなコメントをした(年に一度のVPPでの講話他、特別な行事の時の私のスピーチは「垂訓(サーモン)」と呼ばれていたが、これが誉め言葉だったのかどうかは定かではない)。

改めて言うが、忠誠心は双方向でなければならない。前線で勤勉に働く人々に忠誠を誓わず(そして報いもしない)企業は悲惨だ。お金は確かにものを言う。お金は、「みんな一緒に頑張ろう」という、私が社員に伝えたいメッセージを伝えてくれる。

＊3 私の説明にあるプランの規定は、主に、私がCEOに在任中に有効だったものである。私自身の加入は二〇〇〇年に終了しているので、バンガード・パートナーシップ・プランの運営には関与していないが、幸い、まだ存続している。

我らが航海術の伝統

個人を認めることと、パートナーシップへの参加の両方が重要であることは心の底から確信していたが、一体感を強める何かが必要だということも感じていた。そこで、CEOを務めた二三年間、私は折に触れ、自分たちが重要な目的を追い求めていることや、オーナー／出資者のコミュニティに奉仕すること、バンガード号の乗組員一人ひとりの努力が変化を起こすのだということを社員たちに指摘してきた。

「錨の強さは鎖の丈夫さで決まる」と言うように、私たちは、バンガードの鎖（各事業部門、各社員）がすべて強くあるように（それほどの完璧さは、この世ではまず見つからないものだと認めてはいても）ベストを尽くした。私は、現社員や元社員から何百通も素晴らしい手紙を受け取った（今でも受け取っている）が、自分たちが価値ある人間的な企業の一員であるという感覚がそこに現れている。

名前が意味するもの

私が選んだ「バンガード」という名前には、いつまでも共鳴する何かがある。

航海術の伝統は、バンガード自体にも浸透している。フィラデルフィア郊外に新しい社屋を建てるための融資計画（第7章参照）が完了しつつあった時、私たちは各棟を、一七九八年のナイル海戦の時のネルソン艦隊の船にちなんで名づけることに決めた。もともとあった中央の社屋にはHMSビクトリー、ゴライアス、マジェスティック、オーディシャス、ゼラス、スウィフトシュア、東の社屋にはHMSアレキサンダー、リアンダー、シーシュース、西の社屋（今のところ）にはHMSオライオンとディフェンスといったように、そのほとんどに、心を揺さぶるような名前を付けた。

これをさかのぼること数年前の一九八五年二月に、資産一〇〇億ドル台を突破したことを祝っていた時、私はこれらの戦艦の名前の意味にちなんで、バンガードの価値観を表現した。


熱意を持て（Zealous）――「ひたむきで勤勉であれ」。

恐れるな（Audacious）――「大胆で、危険を顧みず、慣習を破れ」。

俊敏であれ（Swift）――「敏速に行動せよ」。

確信を持て（Sure）――「自信を持て」。

最後に、ベストの状態で、堂々とあれ（Majestic）[*4]――「堂々とし、高潔であれ」（中略）マジェスティには「尊大」という意味もあるが、バンガードは尊大になることなく、業界で、最も誇り高い（いうなれば、最も威厳ある）名前のひとつになった。[*5]

＊4　一九九九年に、もともとの社屋の中心だったマジェスティックビルは、私の後継者によって、私のメンターかつ友人であるウェリントン・ファンドの創設者、ウォルター・L・モルガンに敬意を表して「モルガン」と改称された。その後「マジェスティック」と新たに名付けられた別のビルには、バンガードの広大な研修施設が設けられている。

＊5　第2章で触れたように、一九七四年の危機を切り抜けた時、筆頭独立取締役の故チャールズ・D・ルート・ジュニアにより、「このひどいミューチュアルファンド業界で、［バンガードを］一番素晴らしい名前にする」という目標を立てた。

相補う二つの見方

最後に、「思いやり（ケアリング）」の意味に関する相補う二つの見方について述べて、この章を締めくくろうと思う。一つ目は、一九七六年に初めてバンガードで人事部を設立した時のエピソードで、二つ目は、イギリスの詩人、ジョン・ダンが一六二四年に著した『不意に発生する事態に関する瞑想』からの有名な抜粋である。

素晴らしい人々

バンガードは、一九七四年に二八人で始まったが（八〇年末には一六七人に達した）、ある時、人事部（現「人材管理部」）を作らなければと思いついた。

当時財政的にはまだ厳しい状態で、経費を抑えようと苦心していたので、人事専任の社員を増やすことはできないと判断した。そこで、簡単に調べた後、当時バンガード唯一の弁護士レイモンド・カプリンスキー氏のアシスタントだったエレノア・ゼントグラフが適任だと思いついた。エレノアは魅力的で頭の回転が速く、勤勉でプロ意識が高かった。責任を引き受けてほしいと頼むと、エレノアは二つ返事で（「お望み通りに、ボーグルさん」）、私のオフィスから出て行った。

しばらくすると彼女は戻ってきて、「何をしろとおっしゃったんでしたっけ?」と言った。私は、この質問に一瞬考えてから、「自分でも、何をして欲しいのか正確には分からないんだよ。ただ、一つ分かっているのは、君に、思いやりのある素晴らしい人間を雇ってもらって、その人たちもまた、思いやりのある素晴らしい人間を雇うようにして欲しいんだ」と答えた。

今では一万七〇〇〇人を数えるようになった、大勢の、思いやりのある素晴らしい社員のことを思うと、エレノア・ゼントグラフには感謝の言葉しかない。「よくやった（ウェルダン）！」。

「なんぴとも一島嶼にてはあらず」

詩人のジョン・ダンの感動的な一篇の詩には、本章で伝えたいことが凝縮されていると思う。この詩を読むと、社員、特に勤続年数一五年を超える何千人ものベテランたちが果たした重要な役割のことが頭に浮かぶ。だが、勢いよくやって来て仕事をしていても、誰もがいつかは去って行く。

私は、バンガードを築き上げる上で力になってくれた素晴らしい人々のことを、心から大切に思っている。たった一人であっても、ベテランが退社する時は、会社の力が衰えることになるので、とてもつらい思いをする。ダンの言葉は、私自身もまた、長い人生と素晴らしいキャリアを通じてベストを尽くしては来たが、どちらも永遠には続かない、ということを思い出させる。

なんぴとも一島嶼にてはあらず
なんぴともみずからにして全きはなし
人はみな大陸（くが）の一塊（ひとくれ）
本土のひとひら　そのひとひらの土塊（つちくれ）を、
波のきたりて洗いゆけば
洗われしだけ欧州の土の失（う）せるは

さながらに岬の失せるなり
汝が友どちや汝みずからの荘園の失せるなり
なんぴとのみまかりゆくもこれに似て
みずからを殺ぐにひとし
そはわれもまた人類の一部なれば
ゆえに問うなかれ
誰がために鐘は鳴るやと
そは汝がために鳴るなれば

〔大久保康雄訳。ヘミングウェイ『誰がために鐘は鳴る』の題辞〕

その日が来るまで、感動に満ちたキャリアのことを忘れることはないだろう。

私を支持してくれる投資家たち（特に、我が国で人気のある有名な金融ウェブサイトで「ボーグルヘッド」と呼ばれている人たち）からは、今でも毎日のように手紙が来る。私のこれまでの一冊の著書は熱心な読者の共感を呼んでいる。数多くの優秀な社員と一緒に働く喜びも変わらない。何年も前に作った会社が、思いやりという価値観を今後も守り続けていくことを、今でも確信している。

航路を守る

独自のミューチュアル構造と、設立時に作った先駆的なインデックス・ファンド戦略が組み合わさって、バンガードはミューチュアルファンド業界を一変させてしまった。この二つの革新的な特徴は、私が一九九六年にCEO、二〇〇一年に会長を辞任した後も、ほとんど変わらずバンガードを牽引し続けている。だが、バンガードの繁栄には、重要な三つ目の要素がある。それが人材だ。バンガードやその価値観を大切に思う、献身的な人材を育成することである。

私は、今では一万七〇〇〇人にもなった社員が会社を大切に思ってくれるように、ベストを尽くしてきた。もちろん、時代も、業界も、市場も変わる。だが、根本的な価値観は変わらない。バンガードの社員たちは、お互いや顧客に対して、この思いやりのある態度を示してきた。これらの価値を守り、航路を守ることは、バンガードが業界をリードする立場を維持する上で不可欠である。

バンガードを作った時には、このような伝統を残そうとは思ってもいなかった。ただ、「投資家の、投資家による、投資家のための企業」を作ることを目指していただけだった。私はまだリタイアすることは考えていないが、これから何世代後にも、バンガードは「航路を守り」、私が思うままに、喜びをもって身を捧げてきた試みを続けていくだろうと、確信している。

第Ⅱ部　バンガードのファンド

第Ⅰ部では、バンガードの歴史と設立構造、そしてこの構造が必要としたインデックス戦略を中心に取り上げてきた。

第Ⅱ部の六つの章では、運営するミューチュアルファンドが、バンガードを優位なリーダー的立場に就かせたことを詳しく述べる。最後の章では、いくつかのバンガードのファンドが、当初は期待通りのパフォーマンスを挙げたが、数年後、時には数十年後に、低迷して失敗したことを考察する。

第11章では、バンガードの土台となったウェリントン・ファンドについて述べる。

第12章は、インデックス・ファンドを中心に取り上げる。「バンガード」といえば「インデックス運用」とほぼ同義語になっているが、インデックス・ファンドは現在、バンガードの総資産の約四分の三を占めている。

その次の二章では、バンガードで最も成功しているアクティブ運用型株式ファンドをいくつか紹介する。

第13章はウィンザー・ファンドである。このファンドは、バンガードの前身であるウェリントン・マネジメント・カンパニーが提供した最初の株式ファンドで、一九八〇年代半ばには圧倒的な成功を収めていたが、あまりにも成長してしまったため、新規募集を締め切らざるを得なかった。締め切り後ウィンザーⅡを作り、同様の成功を収めている。

第14章では、インデックス運用の最も優れた特徴（コストの低さと売買回転率の低さ）を備え、優れた実績を持つアクティブ運用ファンドであるプライムキャップについて語る。

第15章ではバンガードの債券ファンドを取り上げる。バンガードフィクスト・インカム・グループで初めてアクティブ運用に乗り出したバンガードは、債券インデックス・ファンド分野のパイオニアでもある（もちろん！）。

最後に、第16章では、前半で、バンガードUSグロース・ファンドとバンガード・アセットアロケーション・ファンドという、立ち上げた当初は目覚ましい成功を遂げたが、やがて低迷し失敗してしまった二つの新しいファンドを、後半では、最初から不運だったように思えるニューエコノミー時代のバンガード・グロース・エクイティ・ファンドについて述べる。

第11章　ウェリントン・ファンド

——バンガードの始まりと終わり

始まり

一九二八年に設立されたウェリントン・ファンド（現バンガード・ウェリントン・ファンド[*1]）は、バンガードにとって起源というだけでなく、バンガードの特徴を確立する基準を決めたバランス型ファンドであるという点においても、バンガード投資会社グループの始まりである。

ウェリントンは、設立後の約五〇年間、ウェリントン・マネジメント・カンパニーが運用する唯一のファンドであった。現在の資産は一〇四〇億ドルで、バンガードの最大のファンドのひとつであり、業界の二大バランス型ファンドのひとつでもある。

ウェリントン・ファンドは今でも、典型的なバランス型ファンドで、慣例により、通常はポートフォリオの三五％を投資適格債、残りの六五％を優良株に投資しており、市場下落時のダウンサイド・プロテクションと、同様に市場上昇時の上限を備えた「全季節対応（オールシーズンズ）のファンド」である。私たちは長年、「完全な投資プログラムを一枚の証券で」というスローガンを使っていた。

＊1　一九八〇年、全ファンドにバンガードの名前が付いた時、このファンドの正式名称も「バンガード・ウェリントン・ファンド」に変更された。ウェリントン・ファンドの詳しい歴史については、私の著書『The Clash of the Cultures』（Hoboken, NJ : Wiley, 2012）の第八章、「ウェリントン・ファンドの盛衰と再生」参照。

設立目的

設立以来、ウェリントンでは（一）資本の保全、（二）適度な収益、（三）不当なリスクを伴わない利益、という三つの目的を達成しようと努めてきた。これらはファンドの長い歴史を通じて掲げられ続けているが、その実践は必ずしも適切だったとはいえない。

最初の四〇年間、ウェリントンのポートフォリオは主に、長期保有を目的とする投資適格債と、優良株で構成されていた。その後、一九六六年に、投資顧問会社との合併によるパートナーである、新しいストラテジストのグループが引き継ぐと、アグレッシブな戦略により高いリターンを挙げようとする、新しいポートフォリオ・マネージャーが指名された。その戦略は投機的な要素に溢れており、以後一〇年間にわたる悲惨な失敗となった。

創設者・メンターであるウォルター・L・モルガン

一九五一年七月九日、私がこのファンドの投資顧問会社であるウェリントン・マネジメント・カンパニーに入社した時には、ウェリントン・ファンドは社にとって唯一のミューチュアルファンドだった。が、当時の運用会社にとって、それは珍しい状況ではなかった。一九二八年、パイオニアであるウォルター・L・モルガンによって設立されたこのバランス型ミューチュアルファンドは、当時、一億七四〇〇万ドルもの資産を監督しており、三一億ドル規模のミューチュアルファンド業界で八番目だった。モルガン氏は私のメンターであり、私のキャリアの立役者でもある。

私は、八九年近い歴史のうち、六七年間をウェリントン・ファンドに関わって過ごし、二回の重要なターニングポイントにおいて意思決定者となった。最初は一九六六年に、パフォーマンスの低迷を改善しようとして、もう一人、新しいポートフォリオ・マネージャーを加えた時である。残念ながら、彼は保守的な投資方針から離れ、アグレッシブでリスクの高い戦略に変えてしまい、その戦略は続く一〇年間で失敗してしまった。

一九二八年から六〇年までの間は、私は、ウェリントンの成功に何の役割も果たしていないが、六〇〜六五年には、投資委員会の委員を務めている。それに続く失敗には、私にも重い責任がある。だが、その失敗が自分のやり方の誤りに気づかせてくれた。

一九七八年に、二番目のターニングポイントがやって来た時には、私にも準備ができていた。株式・債券の優良銘柄を中心とするバランスの取れたポートフォリオ、収益、リスク管理、最低限の投資顧問料他の運営経費、競争力のある投資リターンという、ファンド本来の長期的な基準に回帰するには、知恵と決意、そして伝統への敬意が必要だった。私は率先して、ウェリントン・ファンドを伝統的な投資の根幹に回帰させ、その戦略は、以後数十年間の成功をもたらした。

低迷――ウェリントン・ファンドにとって最悪の状況（一九六五～一九七八年）

一九六六年の合併が完了すると、アグレッシブな新しいマネージャーたちは、ウェリントン・ファンドを「手に入れるのが待ちきれず」、すぐに投資ポートフォリオの「近代化」を始めた。今にしてみれば不適切に思えるかもしれないが、保守的なはずのファンドが、新しい投機の列に加わったのだ。六七年には、ウォルター・M・キャボットがファンドのポートフォリオ・マネージャーに指名された。

キャボットは、パトナム・ファンドを退社してウェリントン・マネジメントに入社すると、迅速に行動を起こして、ファンドの目標株式比率を六二％から七二％に引き上げた。一九六七年度年次報告書には、自分の理念について、次のように書いている。

> 明らかに、時代は変わる。ポートフォリオは、近代的な考え方とチャンスに即したものに変えるべきだと判断し、変化に対応して形を変え、利益を得る企業を重視する「行動的な保守主義」を理念として選択した。（中略）保守的な投資ファンドも、積極的に報酬を追求し（中略）想像力や創造性、柔軟性を要求する。（中略）行動的な投資と保守的な投資は言葉として矛盾しない。強力な攻撃こそ、最善の防御である。

キャボットは、ウェリントン・ファンドの新たなパートナー／マネージャーに促されて、ファンドの長い歴史において前例のないアグレッシブなスタンスを取った。上げ相場がピークに達した一九七二年になる頃には、株式比率をこれまでで最高の八一%に上げていたが、まさにその時、大下落相場が始まった。

「行動的な保守主義？」

下げ相場では、S&P500指数は四八%、ウェリントンの資産価値も四〇%下落した。指数の八〇%近くが下落し、ファンドの長い歴史を特徴づけてきた「ダウンサイド・プロテクション」を超過するという衝撃的な事態となった。最終的に損失を回収したのは一九八三年で、一一年を要した。

キャボットの「強力な攻撃」はまったく「防御」にはならなかった。一九六〇年代初めのパフォーマンスの低迷を改善しようと新しいマネージャーをパートナーとして迎え入れたのに、余計悪化させてしまったのだ（ここにも深い教訓がある）。

バランスの取れた「優良な（ブルーチップ）」ウェリントン・ファンドは、保守主義の根幹を離れ、株式の比率とリスクを伝統的な水準を超えて増やしてしまった。質が疑わしい投機的な銘柄や、未熟な企業の株式や、最も高い株価で売られていた株式を増やしたのだ。

一九七二年三月――投機についての警告

私は、ファンドの本質的な変化に危険を感じ、一九七二年三月一〇日に、投資担当幹部に、過度のリスクとその結果生じ得る不幸な結末の両方について警告する厳しい文書を送った。以下に一部抜粋する。

ウェリントン・ファンドは、今はとても、「バランス型ファンド」とは言えない。株式比率が八一%に上っている。私は、ファンドの目論見書に定めた投資方針が守られているのかどうか、強い疑念を抱いている。

ウェリントン・ファンドは、会社の基礎を成す土台である。全社員の行動指針となっている、ウェリントン・マネジメント・カンパニーの名前が持つ価値観と信用がそこには反映されている。

キャボットはすぐに返事を寄越したが、私には同意しておらず、私の結論も受け入れていなかった。返事の一部を引用する。

これは、私が思うにマーケティング上の問題で、ウェリントン・ファンドの投資目的や戦略とはほぼ無関係である。(中略)従来の投資方針に戻るつもりはない。バランス型というコンセプトは時代遅れである。

彼の回答にはまったく満足できなかった。彼は完全に間違っていた。

悲惨な失敗

新しくてリスクの高い戦略が際立つキャボットの運用により、ウェリントンは下落から大打撃を受けた。一九六六年から七九年、ウェリントンの総リターンは－六・三％で、他の類似バランス型の平均リターンである＋一四・四％をはるかに下回り、キャボットが退任するまでの一〇年間それが続いた。[*2] 市場が回復しても、ウェリントンは類似ファンドに後れを取り続けた。パフォーマンスの不振と悲惨な市況が相まって大きな打撃を与え、ファンドの資産基盤は下落し続けた。

ウェリントンの資産は、一九六五年の年末時のピークの二〇億ドルから、八二年六月には四億七〇〇〇万ドルと、最低値を更新してしまった。状況は切迫しており、出口はなさそうに思えた。一瞬、かつては業界における高水準の範例と目されていた「グランド・オールド・レイディ」とウェリントン・ファンドを他のファンドに統合し、ビジネスをうまく進める、という考えが浮かんだ。しかし、それはできなかった。私にそう決心させたのは、ウェリントン・ファンドの創設者ウォルター・モルガンに対する忠誠心のみならず、ファンドの「バランス型」というコンセプトは根本的に健全なままのはずだ、という確信だった。

意図せぬこととはいえ、私は、モルガン氏の期待に反してしまった。だが、モルガン氏は私を雇い、私の判断を信じ、一九六五年春には私を社長に指名したのだ。すべて、この素晴らしいメンターのおかげであり、彼を落胆させることはできない。私には、ウェリントン本来の三つの健全な目標――（一）資本の保全、（二）適度な収益、（三）不当なリスクを伴わない利益――の中に解決策が見つかるという自信があった。

ウェリントンの元の栄光を取り戻すためなら、何でもするつもりだった。一見してそれとは分からなくても、これは生涯のチャンスだった。さて、どうやって目標を達成すべきか？　私は、ウェリントン・ファンドやバンガードの他のファンドの会長兼社長という、非常に強い立場を利用することにした。

＊2　キャボットは、ハーバード・マネジメント・カンパニーの社長に就任し、ハーバード大学寄贈基金の運用責任者になった。

一九七八～二〇一八年――再生

ウェリントン・ファンドの会長として、私は、その時既にバンガードとなっていた各ファンドのリターンを評価する責任も負っていた。他の取締役たちも、私同様、ウェリントン・ファンドがかつて誇りにしていた名声のことを心配していた。立て直しは容易くはなかったが、一九七七年にウェリントン・ファンドの取締役会に加わったプリンストン大学のバートン・マルキール教授の力を借り、やり遂げることができた。

一九七八年、取締役会は、（一）株式比率は必ず資産の六〇～七〇％に保つ。（二）配当を支払っている伝統的な優良銘柄を重視し、利回りの低い成長株の割合を減らす。（三）ファンドの配当所得を大幅に増やす。という私が提案した三つの方針を採用することに同意した。

私たちは、ウェリントン・マネジメント・カンパニーに改革を実施するよう指示した。取締役会宛の書面には、次のように書いた。

今後、どのような収益を生み出すことができるか、株式六五％、債券三五％のバランスを想定して予測を立てた。（中略）この変更により（段階的に実施する）、ファンドの配当所得は一九七八年の一株あたり〇・五四ドルから、八三年には〇・九一ドルに増やすことができる（七〇％増[*3]）。

＊3　ウェリントン・マネジメントに分かりやすいように、私は、自分が説明した基準を満たす五〇銘柄から成る株式ポートフォリオのモデルを提示した。このリストは、バリュー・ライン・インベストメント・サーベイが発表した財務データからまとめたものである。

配当金七〇％増

ウェリントン・ファンドの一九七八年度年次報告書では、次のように発表した。

取締役会では、普通株投資によるファンドの配当金所得の金額を増やすという投資アプローチの変更を承認しました。この目標は（中略）、「総リターン」（収益＋資本増価）を犠牲にせずに達成できるはずです。私たちは、一九七八年末にかけて当期収益を増やすための精力的なプログラムを立ち上げ、一九七九年にはさらに収益を増やすよう注力していく予定です。

この進軍命令を出した時、特に、今後五年間にわたって、ファンドの配当所得を七〇％増やすよう主張したことに、ウェリントン・マネジメントは不満そうだった。パートナーたちは、成長株が最適な選択であり、高利回りの銘柄を重視すれば、パフォーマンスが損なわれると考えていた。

それでも、賢明な運用会社なら、顧客の言葉に耳を傾けるものだ。ウェリントン・マネジメントは渋々新しい戦略を受け入れた。キャボットの後任のポートフォリオ・マネージャー、ヴィンセント・バジャキアンがその実行を見事に成功させ、ファンドの年間配当所得は着実に増え始めた。実際、一九八三年の配当は一株あたり〇・九二ドルで、七八年に立てた目標の一株あたり〇・九一ドルを上回った。振り返れば簡単なことのように思えるが、決してそんなことはなかった。

戦略＋実行－コスト＝ファンドリターン

ファンドのリターンを回復することは容易ではなかったが、完了すると、設立時のウェリントンの特徴も元に戻り、過去五〇年間にわたるファンドの実績も、平均的な類似バランス型ファンドには超えられないほどのレベルに改善した。

一九六五年から八二年までは劣勢で、平均年次リターンは類似グループが八・〇％だったのに対し、ウェリントン・ファンドはわずか五・八％だった。だが、その後力強く回復し、一九八二年から二〇一七年の間の平均年次リターンは一一・〇％と、それまでの不足を補って余りあるものとなった（図表11・1参照）。

一九六五年から二〇一七年までの全期間のウェリントン・ファンドの年次収益率は九・三％で、類似ファンドの平均である八・一％を一・二ポイントも上回る。つまり、この厳しい期間も投資を継続していれば、一九六五年にウェリントン・ファンドに初期投資した一万ドルは、二〇一八年初めには一〇〇万五七三四ドルに増えたことになる（図表11・1参照）。同期間の平均的なバランス型ファンドの投資を比較すると、五六万六九五五ドルにしかならない。まさに、複利計算のマジックでリターンに大きな差が出ることが明白となった。

私の好きな表現をすれば、リターンを長期的に複利計算することによるマジックも、コストを長期的に複利計算するという暴挙には簡単に打ち負かされてしまう。コストが重要なのだ。バンガードのミューチュアル構造により、ウェリントン・ファンドは、類似ファンドとは異なり、コストが複利で増えるという暴挙を最小限に抑えるので、出資者は永遠に、リターンの複利計算というマジックを享受して利益を得ることができる。

コスト優位性

ウェリントンの相対的な優位性の主要因が、類似ファンドに対する多大なコスト優位性、その優れた実績であることは間違いない。類似のバランス型ファンドに対するウェリントンのコスト優位性（長期の経費率はウェリントンの〇・三九％に対し他社は一・一〇％）により、ファンドの正味リターンが直接、〇・七一％も増える（図表11・2参照）。この著しいマージンにより、ウェリントト

図表 11.1 ウェリントン・ファンド：1 万ドル初期投資した場合の成長率、1965 ～ 2018 年

初期投資	ターミナルバリュー	年次リターン	バランス型ファンド平均
不振な時代：1965 ～ 1982 年			
1965 年	1982 年		
$10,000	$25,996	5.8%	8.0%
好調な時代：1982 ～ 2017 年			
1982 年	2017 年		
$25,996	$1,005,734	11.0%	8.1%
現代合計：1965 ～ 2017 年			
1965 年	2017 年		
$10,000	$1,005,734	9.3%	8.1%

出典：バンガード

図表 11.2 他社を上回るウェリントンの長期パフォーマンス

	リターンとコスト 1965 ～ 2017 年		
	コスト差引前グロスリターン	経費率	コスト差引後正味リターン
ウェリントン・ファンド	9.58%	0.39%	9.20%
バランス型ファンド平均	9.32	1.10	8.21
ウェリントンのプラス分	0.26	–0.71	0.99

出典：ワイゼンバーガー投資会社年鑑、バンガード

ン・ファンドの長期的な累積リターンは非常に大きくなる。

実際、図表11・2に示すように、他社を上回る年〇・九九％（年一ポイント近い）の大半は、七一ベーシスポイントという大きなコスト優位性によるものである。残りの二六ベーシスポイント（本章で述べた良い時代と、それ以前の悪い時代の両方に及ぶ）は、二〇〇〇年に任命され、二〇一八年もまだ現役であるウェリントン・マネジメント・カンパニーのポートフォリオ・マネージャー、エドワード・P・ボウサが巧みに実行したウェリントンの保守的な投資戦略によるものである。ウェリントン・ファンドには、ポートフォリオの保有銘柄の売買回転率の低さというコスト優位性もある。ウェリントン・ファンドでは長期保有を重視しているので、ポートフォリオ・マネージャーによる売買の頻度も少なく、ファンドの取引コストが低い。ウェリントンの長期的な年間売買回転率は平均三一％だが、平均的なバランス型ファンドでは八七％である。売買頻度の低さがファンド出資者にとってのコストの低さとリターンの高さに直結し、揺るぎない強みになっている。この二番目の実例の比較によっても、ウェリントンは類似ファンドに対して圧倒的な優位性を誇っている。

まとめ

一九六六年の初めには、ウェリントン・ファンドは、当時証券会社が支配していたコミュニティにおける最大のミューチュアルファンドで、資産は二一億ドルと史上最高に達したが、八二年には七〇％減の四億七〇〇〇万ドルに下落した。その後長期的な成長軌道に戻り、八九年には、資産は

図表 11.3 ウェリントン・ファンドの資産、1965–2018 年

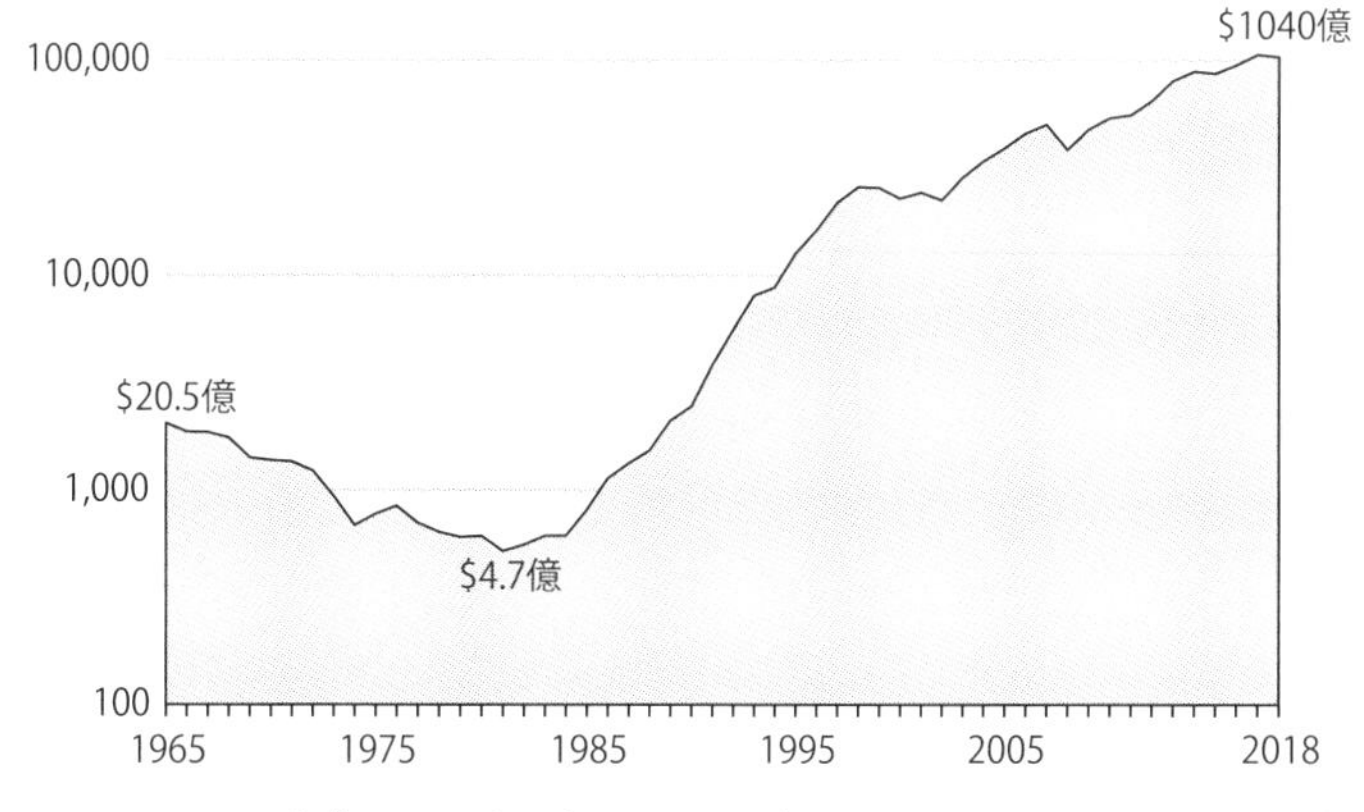

出典：バンガード、ストラテジック・インサイト・シムファンド

それまでの最高記録二一億ドルを上回った(図表11・3参照)。

業績はさらに向上し、二〇一八年半ばには、ウェリントン・ファンドの資産は、過去の記録の五〇倍増となる総額一〇四〇億ドルとなっている。この増加の中心となったのは、金融市場における着実なリターンであったが、投資家からの資金流入も大きな役割を果たした。一九八五年から二〇一四年のうち、二五年間において、ウェリントン・ファンドへの資金流入はプラスであった。[*4]

＊4　資産が急増したので、ウェリントン・ファンドは二〇一三年以降、新規募集をほぼ締め切っている。その結果、過去三年間はわずかな資金流出となっている。

終わり

一九二八年の設立からほぼ九〇年経つが、ウェリントン・ファンドはこれまで半世紀にわたり、最初にして唯一無二のファンドという意味で、バンガード・グループの始まりであり続けている（バンガードは今、米国だけで一八〇のミューチュアルファンドを運営している）。そして今でも、バンガードの保守的な投資の伝統を守る模範として、極めて重要な役割を果たしている。

ウェリントン・ファンドは、〔聖書の黙示録において神が自らを称したのと同じく〕バンガードの「始まり（アルファ）であり、終わり（オメガ）である」。今も守るそのバランスが、今後も守られ続けると信じている。

ウェリントン・ファンドは、株式六五％、債券三五％のバランスを目指しているが、これは、バンガードのファンドの現在の資産基盤全体の株式七一％、債券二九％という割合に非常に近い。かつては一つのミューチュアルファンドだけが主に行っていたバランス型投資は、今では複数のファンドで実行されており、決して廃れることはない。いくらうわべが変わっても、本質は変わらない。

第12章　インデックス・ファンド

一九七五年に作り出した、世界初のインデックス・ミューチュアルファンドであるファースト・インデックス・インベストメント・トラスト（八一年からはバンガード500インデックス・ファンド）は、長年、ミューチュアルファンドという川で、小さなせせらぎしか生み出すことはできず、そのコンセプトが流れになるまでには、九〇年代半ばまでかかった。それが二〇〇〇年になる頃には、数々のインデックス・ファンドは川を成し、二〇一八年には、止めることのできない激流となっている。

第5章で、最初のインデックス・ファンドを設立するまでの苦労について述べた。沢山の幸運や、偶然のタイミングに恵まれたが、当初の熱意や決意に続く落胆も大きかった。例えて言えば、この小さなドングリは、決して大きな樫の木には育たない運命であるように思えた。

この章では、この一ファンドのみならず、バンガードで生まれたインデックス・ファンド全体について考察する。二一世紀の初めには、インデックス運用を中心に構築が進み、現在、インデックス・ファンドは三・五兆ドルと、バンガードの五兆ドル規模の資産基盤の七七%を占めている。

模倣され、称賛されるバンガードのインデックス・ファンド

S&P500指数は、バンガードが生み出したインデックス・ファンドの基準となり、ウェルズ・ファーゴ（一九八四年）、コロニアル（八六年に誕生し、九三年に終焉を迎えた。合掌）、フィデリティ（八八年）が続いた。九三年に設立され、今ではSPDR（「スパイダー」）として知られる最初の上場インデックス・ファンド（ETF）も、S&P500指数に連動している。

ウォーレン・バフェットもまた、バンガード500インデックス・ファンドの熱烈な支持者である。助言を求める投資家には（万人に、と言ってもいい）、500インデックス・ファンドを勧めることが多い。この勧めはもう二〇年以上続いており、バークシャー・ハサウェイ・コーポレーションの一九九六年度年次報告書には、次のように書いている。

> 機関投資家や個人投資家が普通株を所有するのであれば、請求する報酬が最低限のインデックス・ファンドを通じて保有するのが最も有利である。そうすれば、投資のプロが挙げる正味（報酬・経費の控除後）の実績を上回るはずである。

私たちは初めから、S&P500指数が、米国市場を完璧に反映してはいないにしても、十分、総合株式市場指数の代用になるものと認識していた（当時は、ウィルシャー五〇〇〇が米国総合株式市場の指数として認められていた）。長期的には、S&P500と米国総合株式指数の差はわずかである。

S&Pのデータが最初に発表されたのは一九二六年で、総合株式市場指数の平均年次リターンが九・九%であるのに対し、S&P500は一〇・一%である。一九三〇年以降は、リターンは等しい(S&P500も総合市場指数も年九・七%)。記録からは、S&P500のリターンの変動の九九%以上が、ウィルシャー五〇〇〇のリターンで説明がつくことが分かる。

500インデックス・ファンドへの賭け

バンガードのインデックス・ファンドのターゲットとしてS&P500を選んだ時にも、市場のリターンを把握するためには、総合株式市場指数が最も偏りのない方法だろうということは認識していた。

そこで、一九八七年に、二番目の株式インデックス・ファンドであるバンガード・エクステンデッド・マーケット・インデックス・ファンドを作った。これは、S&P500には含まれていない中型株と小型株を保有する「コンプリーション・ファンド」であった。

バンガードの投資家は、株式市場全体を保有したい場合には、単純に、バンガード500インデックス・ファンドに投資のうち約八〇%、バンガード・エクステンデッド・マーケット・インデックス・ファンドに残りの二〇%を割り振ればいい。この目的でエクステンデッド・マーケット・インデックス・ファンドを利用する投資家もいたが、しかし実際には、「中小型株の方が大型株よりも長期リターンが高い」と考える投資家に利用されることの方が多かった。

いずれにせよ、バンガード・エクステンデッド・マーケット・インデックス・ファンドは主要インデックス・ファンドの中で有力なポジションを獲得し、二〇一八年半ばには、資産は六八〇億ドルに達した。二〇一八年のポートフォリオにはS&P500以外の銘柄が三二七〇含まれていた。

一九九〇年代が始まると、インデックス投資の成功は誰の目にも明らかになり、バンガードではインデックス・ファンドのラインナップを増やすことに引き続き注力した。

債券には、トータル債券市場インデックス・ファンドで対応した[*1]（一九八六年）。

次は、米国外の株式に連動するインデックス・ファンドを提供することが当然の道筋であるように思われた。

＊1　一九八六年における二番目のインデックス・ファンド、バンガード・トータル債券市場インデックスの設立については、第15章参照。

国際株式インデックス・ファンド

一九九〇年には、米国以外の全主要先進市場の銘柄を網羅するMSCI EAFE（欧州、オーストラレーシア、極東）指数に連動するインデックス・ファンドの提供を検討した。だが、私は当時の日本の株式市場を非常に懸念していた[*2]。広範な海外投資をしようとしている投資家に、国際資本の六七%を太平洋地域に投資するようなリスクを取るよう強要したくはなかった。そこで九〇年六月に、一つではなく、欧州株に投資するファンドと、太平洋地域に投資するファンドという、二つのインターナショナル・インデックス・ファンドを立ち上げた。この新機軸にも、やはり、前例はなかった。
一九九四年にはバンガード新興市場インデックス・ファンド（これもまた、それまで類を見なかった）を立ち上げ、国際的な領域でも革新を続けている。このファンドは、世界のいわゆる開発途上市場の株式に、幅広く分散投資するものである。

国際的な投資における革新はこれにとどまらず、現在、バンガードでは、世界総合指数（米国株含む）や、国際的な高利回り銘柄から小型株に至るあらゆるものを網羅する一一のインターナショナル株式インデックス・ファンドと、二つのインターナショナル債券インデックス・ファンドを提供しており、国際的なインデックス・ファンドの運用額は七〇〇〇億ドルに上る。

＊2　一九八九年のピーク時には、日経平均株価は三八九〇〇円の高値にあり、株価収益率は七〇近くに上昇していたが、二〇〇三年には、なんと八〇〇〇円に下落している。二〇一〇年には、日本の株式市場の時価総額は全世界の株式の四五％から七％に下落している。

トータル株式市場インデックス・ファンドへの参入

一九九二年初めには、再び大きな一歩を踏み出した。総合的な米国株式市場ポートフォリオの保有に対する「コンプリーション・ファンド」によるアプローチは、まだ不十分だった。株式市場全体を保有するために、投資家に二つのインデックス・ファンド（S＆P５００とエクステンデッド）に投資させることは不当に煩雑で複雑なように思われたのだ。インデックス運用を、必要以上に入り組んだ難しいものにする必要はない。

そこで、投資家が低コストですぐに利用できる、米国の全株式市場を対象とするシンプルなポートフォリオ（最も有利な戦略であることはほぼ間違いない）を作るという、当然の決定をした。一九九二年四月二七日（少し時間がかかった）、S&P500指数に基づく最初のインデックス・ファンドを作り出してから約一七年後に、バンガード・トータル株式市場インデックス・ファンドが誕生した。

このファンドはすぐに大成功を収めた。二〇一八年半ば現在、資産は総額七四〇〇億ドルを超え[*3]、世界最大のミューチュアルファンドとなっている。

＊3　機関投資家向けに設計された姉妹ファンドの資産を含む。

グロースとバリューのインデックス・ファンド

わずか数カ月後の一九九二年一一月に、S&Pが前年に導入したグロース指数とバリュー指数に基づいて、グロース・インデックス・ファンドとバリュー・インデックス・ファンドを加え、インデックス運用のコンセプトをさらに精緻化した。これらの指数は、各銘柄の簿価に対する相対的な時価（簿価時価比率が低い＝グロース、簿価時価比率が高い＝バリュー）に基づき[*4]、市場の銘柄のうち指数の時価総額の半分が「成長株（グロース）」、もう半分が「割安株（バリュー）」になるように、全五〇〇銘柄を二つのグループに分けるという、非常にシンプルなものだった。当初、グロース指数は一九〇銘柄、バリュー指数は三一〇銘柄だったが、二〇一八年現在は両ファンドともCRSP指数に連動しており、成長株が合計三〇〇銘柄、割安株が合計三三七となっている。

＊4 これは根拠としては大雑把なように見えるかもしれないが、事実である。S&Pのグロース指数とバリュー指数のリターンの九七％は、より高度なラッセル一〇〇〇（大型株）グロース指数とバリュー指数（決定係数）の該当部分のリターンによって説明されてきた。バンガードのグロース・インデックス・ファンドとバリュー・インデックス・ファンドのベンチマークは二〇〇三年にはMSCI米国プライムマーケット・グロース／バリュー指数、二〇一三年には、CRSP米国大型株グロース／バリュー指数に変更された。

ファンドにとっては成功、投資家にとっては失敗

バンガードのグロースとバリューのインデックス・ファンドはある意味では成功したが、別の意味では失敗だった。それぞれ、二〇一八年半ば現在の資産は七九〇億ドルと六六〇億ドルで、今でも、モーニングスターが「戦略的ベータ」ファンドに分類する中では最も古く、最も規模の大きなファンドである。「スマートベータ」ファンドや「ファクター」ファンドと呼ばれることも多い戦略的ベータファンドは、一般的に、割安株や小型株、あるいは株価モメンタム等、特定の特徴を持つ銘柄を保有することにより、広範な市場に対して相対的なリターンを増やすか、リスクを最小化することを目指す。

しかし第7章で述べたように、誕生から二五年強の間、各ファンドは年九％のリターンを挙げて

いたが、それによって各ファンドの投資家自身の実際のリターンは却って増えず、グロース・インデックス・ファンドでは年二・七%、バリュー・インデックス・ファンドでは年一・四%も下回ってしまった。グロース・インデックス・ファンドとバリュー・インデックス・ファンドは長期保有のために設計したものなので、投資家には定期的に、市場の「タイミングを計る」ために利用するな、と警告している。

しかし投資家は、私のアドバイスなど無視しているようで、グロースもバリューも、主に、各ファクターのリターンの高さや期間についてまるで確信があるかのような、短期的なトレーダーたちによって利用されている。グロース・インデックス・ファンドとバリュー・インデックス・ファンドの歴史は「意図せざる結果の法則（何事も思い通りにはいかない）」と言っていいだろう。

インデックス・ファンドの増加

バンガードでは、一九九二年一一月にグロース・インデックス・ファンドとバリュー・インデックス・ファンドを設立してすぐに、業界初のバランス型インデックス・ファンドを作った。さらに九六年四月には、欧州・太平洋地域・新興市場のインデックス・ファンドを、バンガード・トータル・インターナショナル株式インデックス・ファンドに統合した（二〇一八年現在、このポートフォリオは、FTSEグローバル・オールキャップ［除く米国］指数の構成銘柄で構成されている）。このファンドの総資産は二〇一八年半ば現在三四三〇億ドルで、バンガードで四番目の規模を持つ。バンガードは、インデックスの革新をリードしてきた（先発者となった）おかげで優位に立った。

一九九六年以降、米国の投資家向けに五九のインデックス・ファンドを立ち上げ、今では、欧州やアジア、カナダ、南米の投資家にも提供している。現在は、米国株式市場の「九ボックス」セグメント（大型株・中型株・小型株／グロース・混合・バリュー）をすべて網羅するインデックス・ファンドやセクター・インデックス・ファンド、米国債・社債を対象とするインデックス・ファンド、地方債インデックス・ファンド等を取り扱っている。

二〇〇〇年以前に組成された「ベテラン」たちが二・九兆ドルと、バンガードのインデックス・ファンド資産基盤の八六％を占めている。別表12・1に、七五あるインデックス・ファンドの主なグループと、それぞれの二〇一八年現在の資産、設立日を示す。

市場指数はアクティブ運用ファンドの九一％を上回る

二〇一八年春、スタンダード＆プアーズは、アクティブ運用ファンドの主要全クラスについて、一五年リターンの年次比較を行い、各カテゴリーのS＆P指数が達成したリターンと比較した。「スタンダード＆プアーズの指数とアクティブの比較」と題するこのレポートは、一般に、「SPIVAスコアカード」と呼ばれている。

SPIVAスコアカードには、指数の全体的な優位性が見事に反映されている（図表12・2参照）。S＆Pの指数は、下は小型割安株ファンドの八六％から、上は小型成長株ファンドの九九％に至るまで、なんと、米国の大型株、中型株、小型株の各カテゴリーのアクティブ運用ファンドの約九四％（！）をアウトパフォームしており、最も有名な指数であるS＆P５００は、全アクティブ大型

図表 12.1 バンガードのインデックス・ファンドの資産および経費率の開始年別一覧、2018 年 12 月 31 日現在

ファンド名	開始年	総資産（単位十億）	経費率（アドミラル／ETF）
500 インデックス	1976	$640	0.04%
トータル債券市場インデックス	1986	355	0.05
エクステンデッド・マーケット・インデックス	1987	67	0.08
大型株・中型株・小型株インデックス	1989 ～ 2006	296	0.07
欧州・太平洋地域インデックス	1990	33	0.10
トータル株式市場インデックス	1992	742	0.04
グロース／バリュー・インデックス	1992	145	0.06
バランスド・インデックス	1992	38	0.07
債券インデックス	1994	94	0.07
新興市場インデックス	1994	89	0.14
トータル・インターナショナル・株式インデックス	1996	343	0.11
その他	1996 ～ 2017	610	0.11
合計		$3,451	0.09%

出典：バンガード

図表 12.2 ベンチマークにアウトパフォームされたアクティブ運用の米国株式ファンドの割合、2017 年

カテゴリー	ベンチマーク	過去 15 年間にベンチマークにアウトパフォームされた割合
大型株	S&P 500	92%
グロース	S&P 500 グロース	94
コア	S&P 500	95
バリュー	S&P 500 バリュー	86
中型株	S&P 中型株 400	95%
グロース	S&P 中型株 400 グロース	95
コア	S&P 中型株 400	97
バリュー	S&P 中型株 400 バリュー	89
小型株	S&P 小型株 600	96%
グロース	S&P 小型株 600 グロース	99
コア	S&P 小型株 600	97
バリュー	S&P 小型株 600 バリュー	90
平均		94%
その他		
不動産	S&P 米国 REIT	81
グローバル	S&P グローバル 1200	83
インターナショナル（非米国）	S&P インターナショナル 700	92
インターナショナル小型株（非米国）	S&P 先進国（除く米国）小型株	78
新興市場	S&P/IFCI コンポジット	95
全ファンド	全指数	91%

出典：S&P SPIVA、2017 年末現在

株ファンドの九二％をアウトパフォームしていた。ＳＰＩＶＡスコアカードは「投資家が成功するための最も有利なチャンスを提供しているのはインデックス運用戦略だ」という、圧倒的な証拠だといえる。[*5]

＊5　さらに、一五年前に始まったミューチュアルファンドのうち、最後まで残ったのは約四〇％に過ぎない。ＳＰＩＶＡデータには「生存者バイアス」が見られる。

インデックス・ファンドの優位性

一九七五年の思いがけないファースト・インデックス・インベストメント・トラストの誕生から、米国のみで七五に上るインデックス・ファンドのポートフォリオに至るまで、バンガードは、ミューチュアルファンド業界において急成長するインデックス・ファンドの分野をリードしてきた。図表12・3に示す通り、米国の全株式ファンドの資産においてインデックス・ファンドが占める割合は、一九八五年の〇・四％から、二〇一八年半ばには四三％に上昇しており、インデックス運用の勝利は明らかだが、この勝利はまだ終わってはいない。

現在、バンガードの伝統的なインデックス・ファンドはＴＩＦカテゴリーの八〇％近く、上場投資信託はＥＴＦカテゴリーの二五％を占めており、合わせると、バンガードのファンドは、米国の全インデックス・ミューチュアルファンドの資産の約半分を占めている。

バンガードが今後もリードし続けられるかどうかは、バンガードに資金を委託する投資家の信頼

図表 12.3 株式ミューチュアルファンド資産に占めるインデックスの割合、1976 ～ 2018 年

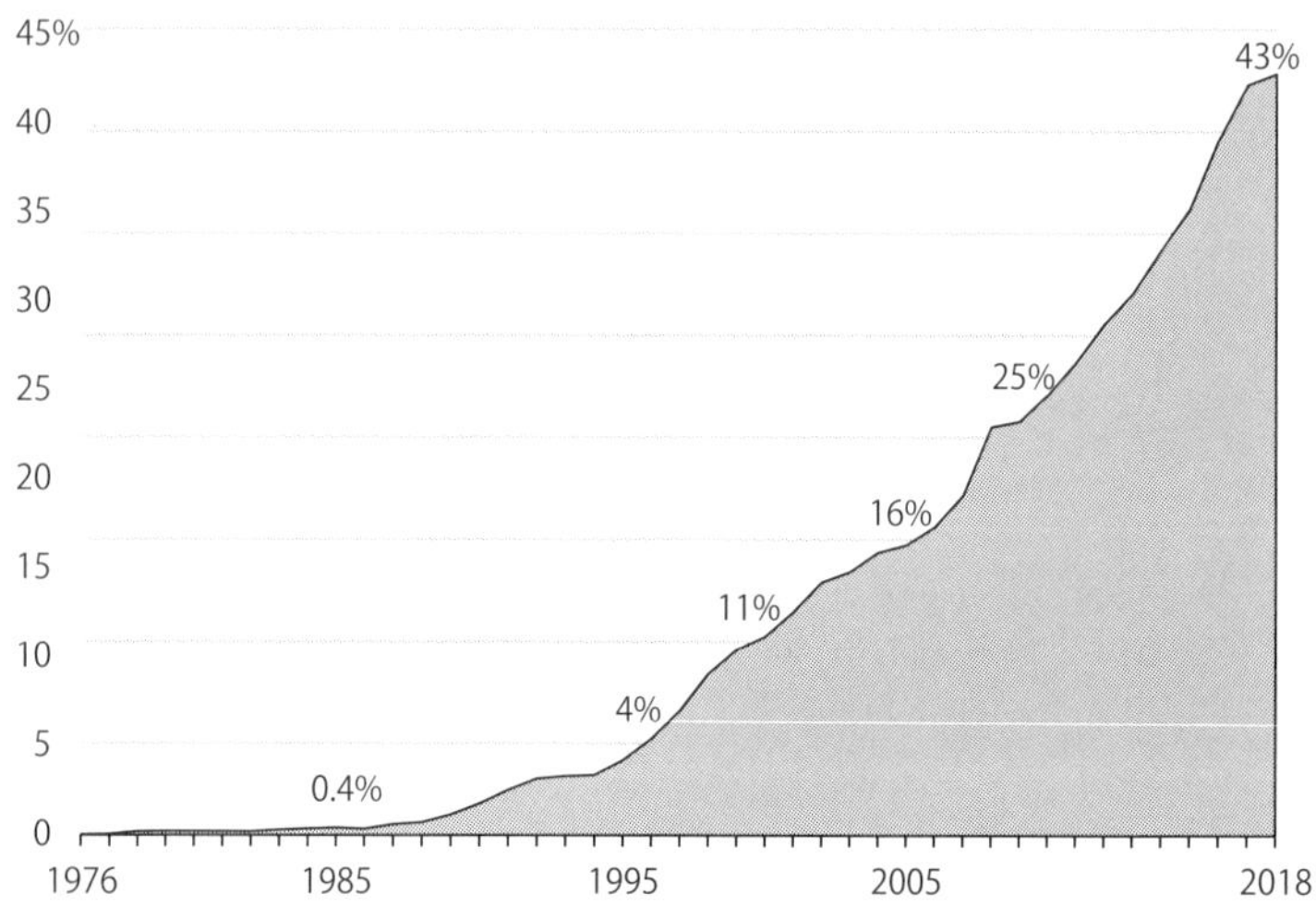

出典：バンガード、ストラテジック・インサイト・シムファンド

図 12.4 インデックス・ファンドの総資産に占めるバンガードの割合、2018 年

	TIF	ETF	インデックス・ファンド合計
バンガードのインデックス資産	$2.6 兆	$8850 億	$3.5 兆
業界のインデックス資産	$3.3 兆	$3.5 兆	$6.8 兆
バンガードの割合	78%	25%	51%

出典：バンガード、ストラテジック・インサイト・シムファンド

を得られるかどうか、そしてその資金を効果的かつ経済的に管理するという長期的な期待に応えられるか、そして、ＴＩＦがＥＴＦよりも明らかに高い価値を提供できるということを投資家が認めるかどうかにかかっている（図表12・4参照）。

主要な市場セクターへの幅広い分散投資を重視するインデックス・ファンドを長期保有することが、投資を成功させる上で最も有利な戦略であることは証明されている。圧倒的多数の投資家は、自分自身の経験に基づいて、ＥＴＦよりもＴＩＦを選ぶことになるのではないかと思う。いずれ分かるだろう。

＊

インデックス・ファンドは、目覚ましい成功により、何百万人もの投資家から、何兆ドルも集めた。だが、「成功ほど続いて起こるものはない」という古い格言が、「成功ほど失敗につながるものはない」に変わらないように、注意するに越したことはない。インデックス・ファンドの成長における今後の課題については、第Ⅲ部「投資運用の将来」で取り上げる。

第13章　ウィンザー・ファンド

一九二八年から五八年までの間、のちにバンガード投資会社グループとなるウェリントン・ファンドは、ウェリントン・マネジメントにとって唯一のミューチュアルファンドであった。ウェリントンは保守的なバランス型ファンドのみに注力していたので、設立以来ほぼずっと、バランス型ミューチュアルファンドのカテゴリーにおいて優勢な状態にあった。最近の言い方に倣えば、ウェリントンは、株式ファンドに注目することが多かった他社が挑戦していなかった「ニッチ市場を開拓した」のである。

だが、一九五〇年代終わりになると、ミューチュアルファンドを顧客に販売する証券会社から注目（と好評）を集めようとする競争がどんどん激化していった。我々のホールセールチームは、ウェリントン・マネジメント自身の後押しを受けて投資家に売る株式ファンドがないことにいら立っていた。恐らく、私が一番いら立っていたのではないかと思う。会長兼CEOのウォルター・モルガンの直属だったジョゼフ・E・ウェルチ社長宛に、「新しい株式ファンドを作って売る必要がある、今がその時期で、時間は非常に重要だ」と強硬に主張する文書を書くことさえした。[*1]

その論理と、株式の販売を成功させればすぐに、当時は自分一人が所有する会社だったウェリントン・マネジメント・カンパニーの利益になるという事実に動かされて、モルガン氏は「ゴーサイン」を出した。

社員が少なかったので、私は、新しいミューチュアルファンドをゼロから作り上げ、IPOの目論見書を作るチャンスを得た。これは、若い時代の私のキャリアにとって、他の何よりもはるかにエキサイティングなプロジェクトだった。

私たちはキダー・ピーボディをIPOの主幹事、ベイチェ&カンパニーを共同幹事に選んだ。どちらの会社にも非常に優秀なバンカーがいたし、どちらも長年、ウェリントン・ファンドの投資口の販売に積極的に関わっていた。私たちは何週間も、モルガン氏のオフィスで弁護士たちと、広いテーブルを囲んで、ファンドの目的や方針、管理手順、ファンドの取締役の選定(ウェリントン・ファンドと同じ)といった詳細について、徹底的に議論した。名前はウェリントン・エクイティ・ファンドに決めた(これはたまたま私のアドバイスだった。ウェリントン・ストック・ファンドより「響き」がいいと思ったのだ)。

＊1　一九五八年には既に、リーマン・ブラザーズのワン・ウィリアム・ストリート・ファンドと、ラザード・フレールのラザード・ファンドという二つの新しい株式ファンドが作られていた。前者は新規株式公開で一億九八〇〇万ドル(二〇一八年の価値に換算すると約一七億ドル)、後者は一億一八〇〇万ドル(一〇億ドル)調達しており、その年のミューチュアルファンドへの資金流入が合計一一億ドルだったことを考えると、驚くような数字だった。

名前が意味するもの

しかし私たちはまもなくちょっとした災難に見舞われてしまう。この新しいファンドの名前を不満に思ったウェリントン・ファンドのある投資家が、弁護士を立てて、「ウェリントン」という名称はウェリントン・ファンドの独占的な所有物であり、ウェリントン・エクイティ・ファンドはそれを不当に利用していると訴えたのだ。

訴訟は複雑で、バカげたものに思えたが、デラウェア州地方裁判所を経てデラウェア州最高裁でも原告の主張が認められ、合衆国最高裁が棄却し、私たちは負けた。

とはいえ新しい名前は必要なので、ウィンザー・ファンドに決めた。これが「英国のW(ブリティッシュ)」戦略の始まりとなり、その後にウェルズリー・インカム・ファンド、ウェストミンスター債券ファンド、ホワイトホールMMF、ワーウィック地方債ファンド、W・L・モルガン・グロース・ファンドが続いた。これらの命名戦略は、一九八〇年に、「バンガードのファンドには以後、すべて〝バンガード〟で始まる名前を付ける」という統一「ブランド化」ポリシーを採用するまで行われた。

ささやかなIPO、少ないリターン

引受を行った時には、ミューチュアルファンドのIPOに使える資金は殆どなかったが、三八四〇万ドルの調達に成功し、ウェリントン・エクイティ・ファンドは一九五八年一〇月二三日に投資を開始した。私たちには、ファンドの業務運営と販売の準備はできていたが、投資を運用する準備はできていなかった。

最初の数年間のリターンは低迷し、マネージャーたちはどの方向に進むべきか迷っていた。一九五八年から一九六四年まで、S&P500は年+一一%と上げ相場にあったのに、ウェリントン・エクイティ・ファンドは+七・七%と後れを取っていた。一九六三年半ばには、同ファンドの資産は七五〇〇万ドルの閾値を下回ってしまったが、その時、心強い助っ人が現れ、実績はすぐに改善し始めた。

ジョン・B・ネフの参入

新しいポートフォリオ・マネージャーとして加わったジョン・B・ネフは、クリーブランドのナショナル・シティ銀行の信託部門に八年勤務した後、新しいキャリアチャンスを求めていたところだった。さらに新しいことに挑戦したいと思っていたその折、ウィンザー・ファンド（その時には改称されていた）に契機を見出したのだった。

ネフは、一九六四年の夏にポートフォリオ・マネージャーに就任するとすぐに馴染んで、私たちは生涯続く友情を育んだ。

ジョンは、私たちの友情が始まった時のことを、「ボーグルさんは、理由は分からないけど自分の同類だと感じたそうです。私にはその理由が分かりました、二人ともクルーカットだったんです」と話している。

ネフの庇護の下、ウィンザーはすぐに、保守的かつアグレッシブになった。つまり、バリュー投資に対しては、時価が低迷しており、慎重な分析を行って利回りが高い銘柄に重点を置く「受託者責任」アプローチ、ダウンサイドリスクを制限するためのアプローチを取るという意味で、保守的だった。だが同時に、ポートフォリオはネフの気に入った銘柄にかなり集中してもいた。広範に分散された他社のファンドに比べ、このファンドのリターンは予測をつけにくいという意味で、アグレッシブでもあったのだ。

ネフのバリュー理念が実現してウィンザーのリターンが改善されるまでには、少し時間がかかったものの、それまで明確に示すことが難しかったウィンザーの方針は、最終的には受け入れられたのだった。

好調なファンドリターン、好調なキャッシュフロー

一九六五年までは、ウィンザーのパフォーマンスは上昇基調にあり、七〇年までの平均リターンは、S&P500がわずか四・八%だったのに対して、一二・六%だった。一九七〇年から七三年の「ニフティ・フィフティ」の成長株騒ぎの間には、S&P500に後れを取ったが、七四年から七九年には、ウィンザーの年次リターンが一六・八%に上昇した一方、S&P500は六・六%に留まった（一九六五年から七九年までの累積リターンは、ウィンザーが＋三五九%でS&P500は＋一二六%）。

ミューチュアルファンド界では、このような見事なパフォーマンスは、注意深い投資家と機を見るに敏な証券会社の注目（とお金）を集めるものだ。ウィンザーの場合にはネフが輝き続けたので、

これが有利に働いたが、ウィンザーに追随し成功していた他のファンドの場合には、不利に働くことが多かった。「ホット」なファンドは冷める運命にある。

一九八一年初め、ウィンザー・ファンドの資産は総額一〇億ドルを超えた。膨大だった投資家からMMFへの資金流入が落ち着く中、ウィンザーは不足を補って余りあった。一九八一年から八四年までのウィンザーへの資金流入は総額九億六五〇〇万ドルと、全社的なファンドの総キャッシュフローの一七％を占めていた。ファンドを締め切った八五年には、ウィンザーの資産は総額四〇億ドルを超え、我が国最大の株式ファンドとなった。

株式ファンドのリターンにおける、平均への回帰という、一見避けようのない悪魔（第16章で詳しく述べる）も、ウィンザーは見過ごしたようで、ジョン・ネフは突き進み続けた。一九八九～九〇年には意外な未達があったが、八〇年から九二年の年次リターンはなんと平均一七・二％で、S&P500のリターンを年一・二ポイントも上回っている。

「時が来た」

ウィンザー・ファンドは、ウェリントン・ファンドに代わってバンガードの旗艦ファンドとなったが、ジョン・ネフと私は二人とも、「空に届くほど育つ木はない」ことを十分認識していた。バンガードにとってはつらいことではあったが、私たちは原則として、いつかファンドを締め切る日が来ることに同意していた。締め切らなければ、ウィンザーは大きくなり過ぎて、余りにも莫大になり、ネフの特徴である投資柔軟性を損なうことになるだろう。

一九八五年五月、ジョンが私のオフィスにやって来て、「ウィンザー・ファンドへの資金流入を止める時が来ました」と口にしようとした瞬間、私はもう同意していた。私はジョン同様、「金の卵を産むガチョウを殺し」たいとは思わなかった。[*2]

ミューチュアルファンド業界で新規募集を締め切るのは、ウィンザーがほとんど初めてと言ってよかった。従来の構造のファンドのマネージャーであれば、旗艦ファンドへの資金流入を絶ち、飯の種であるファンドから受け取る、右肩上がりに増える運用報酬を失うくらいなら、死んだ方がましだと思うだろう。だが、バンガードのミューチュアル構造のおかげで、私はこの問題に悩まずに済んだ。資産を集めて投資顧問料収入を最大限に増やすことには興味がなかった。

＊2　一九八五年五月に閉鎖された時、ウィンザー・ファンドの資産は三六億ドルで、S&P500の時価総額に占める割合は約〇・三%だったが、現在の価値に換算すると、S&P500の〇・三%は約六三〇億ドルになる。

何をすべきか

私は、増え続けるファンド投資家のために、バリュー志向のファンドを提供し続ける必要があることを確信していた。ウェリントン・マネジメントを投資顧問としない、独立したポートフォリオ・マネージャーによる二番目のバリューファンドを立ち上げるのが当然と思われた。議論は起きなかったが、姉妹ファンドにウィンザーⅡの名前を付けようとすると、「ウィンザーⅡは、ウィンザー・ファンドが生み出したようなリターンは絶対に挙げられないと承知しながら、ウィンザー・ファンドの名前やジョン・ネフの輝かしい実績を利用しようとしている」という厳しい批判にさらされた。[*3] その批判は誤っていたが。

＊3　一九六四〜九五年のネフ時代には、ウィンザーはS&P指数を年三・四ポイント上回った。この実績は、ミューチュアルファンド業界の歴史において前例がなかったと思う。ジョン・B・ネフ万歳。

懐疑派には意外な結果に

一九八五年春、バリュー投資家として実績のある投資運用会社を数社面接し、テキサス州ダラスに本拠を置く、定評ある投資運用会社、バロー・ハンリー・ミューヒニー・アンド・ストラウスを選んだ。同社は、経験豊富な共同経営者たちによって運営されていた。リーダーのジェームズ・P（ジム）・バローは信頼できる人物のように見え、バンガードのよいパートナーになると思われたので、取締役会も同意した。

同年五月一五日、ウィンザーを閉鎖する決定の発表と同時に締め切った。事前に発表すれば資金が急激に流れ込むことになるので、それを避けなくてはならなかった。ウィンザーⅡの投資口の販売はその一カ月後に開始した。

振り返ってみて、バロー・ハンリー・ミューヒニー・アンド・ストラウスを選んだことは素晴らしかったと思う。三三年後の二〇一八年も、同社はウィンザーⅡの資産の最大の部分を運用している。ウィンザーⅡは、高く評価されたウィンザーに引けを取らなかっただけでなく、年次収益率では少し上回っている（ウィンザー・ファンドは一〇・一％、ウィンザーⅡは一〇・五％）。この功績は、ジム・バローのスチュワードシップによるところが最も大きい。[*4]

＊4　ジム・バローは素晴らしい個性の持ち主で、投資戦略の才とウィットに満ちている。ある時、バンガードの取締役の一人がジムに、市場調整の心配はあるか尋ねると、すぐに「いや、まだプリマドンナが歌ってない〔諦めるのはまだ早い、の意〕」と答えた。

複数の運用会社による運用

ウィンザーⅡの資産が増え続ける中、私は、リターンの「相対的予測可能性」を確保するためには、ウィンザーⅡのポートフォリオをさらに分散する必要があると判断した。一九八九年に、ファンドの資産が二〇億ドルを超えた時、アトランタのインベスコを二社目の運用会社として選び、二億五〇〇〇万ドルの資産の運用を委託した。

これは、バンガードが一ファンドに複数の運用会社を使用した最初の例となった。ファンドにパフォーマンスの相対的予測可能性を与えるという考えを、私は一九七四年に既に表明していた。ファンドのグロスリターンが類似ファンドとほぼ同じであるなら、コストの低さでしか勝てないという理念は、バンガードの投資家たちには有効に機能していた。

「経験と実績豊富なリーダーが率いるそれぞれ独立した二組のポートフォリオ・マネージャーが、

どちらも、立証済みのバリュー（グロースに対して）理念によって投資すれば、時間の経過とともに、リターンとリスクプロファイルは同様になる」という、理論的に知っていたことを、ウィンザーの二ファンドは実証した。一九八五年以降のウィンザー・ファンドのボラティリティは一七・二％、ウィンザーⅡは一六・〇％（S＆P５００のボラティリティ、一六・五％をやや下回る）である。

一九八五年から二〇一五年までジム・バローが運用のトップを務めたウィンザーⅡのリターンは非常に競争力が高く、一九八九年まで、バリューファンドの平均を一・四ポイント上回った。

ネフのリタイア後、ウィンザーの後継者はウェリントン・マネジメントが指名したが、直後の一九九五年から九八年までは苦戦し、ウィンザーⅡの年次リターンが二七・七％だったのに対し、ウィンザーは一九・二％に留まった。

だが、ここでもやはり、必ずと言っていいほど起きる、平均への回帰が起き、一九九九年から二〇〇七年までは、ウィンザーが年八・〇％、ウィンザーⅡが六・五％と、形勢が逆転した。〇七年が終わると、ウィンザーが七・二％、ウィンザーⅡは六・七％とほぼ同じになった。

図表13・1は、ウィンザーとウィンザーⅡの相対累積リターンのグラフである。グラフが上昇している時はウィンザー・ファンド、下降している時はウィンザーⅡがそれぞれ、アウトパフォームしていることを示す。長年の間に多少の変動はあるにしろ、長期的なリターンは、ウィンザーがやや有利とはいえほぼ同じである。

図表 13.1 ウィンザー／ウィンザーⅡの累積リターンの比較、1985 ～ 2018 年

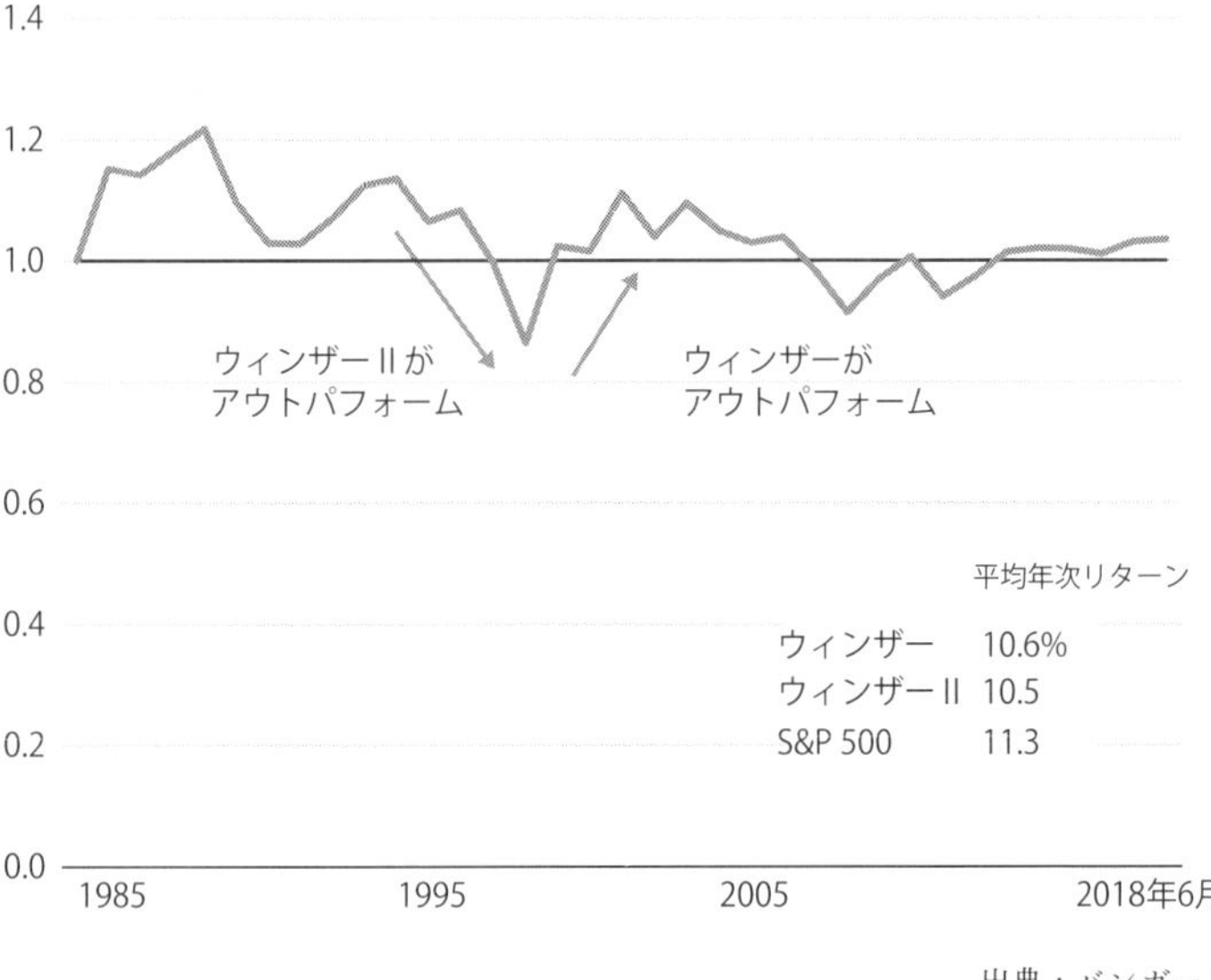

出典：バンガード

歴史の教訓

この二ファンドの歴史からは、どのような教訓が得られるだろうか？　まず、最初に優れたポートフォリオ・マネージャーを得ること。もちろん、その点私たちはラッキーだった。そして、見つけたら「決して手放してはならない（ネバー・レット・ヒム・ゴー）」。ジョン・ネフがリタイアしてからもう二三年になるが、私たちの友情は続いており、これからも永遠に続くだろう。

次に、光陰矢の如しだと認識すること。ポートフォリオ・マネージャーの命は限られているし、優れた実績を挙げられる期間も限られている。これに対処するには、複数の会社の複数のマネージャーに、同じマンデートで運用を委託することだ（ウィンザーⅡの場合のように）。マネージャーの数を制限しても何もいいことはない。

　三番目に、コストを最低限に抑えること（パフォーマンスは変動するが、コストは永遠に変わらない）。これにより、もちろん出資者には有利な報酬体系となるが、ファンドのポートフォリオの保有銘柄の入れ替えも適度なレベルに減ることになる。株式の売買は多額の費用がかかるため、投資家全体にとっては、究極的には「敗者のゲーム」であるに過ぎない。

　四番目に、投資家やマスコミ、一般の人々とのコミュニケーションはすべて誠実に行うこと。アクティブ運用されるミューチュアルファンドのリターンがどこから生じるのか、説明することが大事だ。どんなファンドのパフォーマンスにも、予測のつかない変化は起きる。

　私は、これらの原則を守るようベストを尽くしてきた。そのことは、ウィンザーのリターンが一二七・九％、S＆P５００のリターンが一七・五％だった年度の翌年である、一九九〇年の、ウィンザー・ファンドの年次報告書によく表れている。私は投資家向け挨拶の冒頭にこう書いている。「これで、ご挨拶させていただくようになって二五年経ちますが、これほど、書くのが難しかったことはありません」。

　ウィンザーの二ファンドの来歴は、何よりも、航路を守ることの賢明さを伝えている。

第14章　プライムキャップ・ファンド

一九八四年の夏、バンガードの歴史のハイライトと言っていい、素晴らしいことが（やや偶然に）起きた。私は、「ウィンザー・ファンドを中心とするバリュー志向ファンドのラインナップとバランスを取るには、グロース・ファンドが必要だ」と考え、カリフォルニアでその新しいファンドのマネージャー候補の面接をしていた。

一九八〇年代の初めには、比類なきポートフォリオ・マネージャー、ジョン・B・ネフ率いるウィンザーが、株式を中心としたファンドの資産基盤の半分を占めるようになっていた。八五年には、ウィンザーの資産は四〇億ドルを超えてさらに急速に増加しており、我が国最大の株式ファンドになっていた。私は経験から、時代は変わるし、投資スタイルには流行り廃りがあることを知っていたので、ウィンザーの資産急増のペースが失われる前に、行動を起こしたかった。

一九六〇年代のゴーゴー時代と、それに続く一九七二～七四年の株式市場の暴落を受けて、グロース・ファンドの運用会社の多くが行き詰まり、破綻した。私はこれを、第3章で述べた悲惨な合併から直に学んでいた。生き残っていた会社の中から「いつもの顔ぶれをかき集め」、四社訪ねたが、確実な候補は見つからずにいた。そんな中、ミッチェル・J（ミッチ）・ミリアスが新しい資産運用会社を始めようとしていることを知った。ミッチは、一九六九年から七〇年までウェリントン・マネジメント・カンパニーで資産を運用していたので、仕事上よく知っていたが、その後ロサンゼルスの大手、キャピタルのアメリカン・ファンズ・グループに移っていた。八四年半ばに再会した時も、相変わらず感じがよく誠実そうで、高い価値観を持った優秀な投資のプロのままだった。

プライムキャップ・マネジメントの設立

ミッチと、キャピタルの新しいAMCAPファンドをミッチと一緒に運用していたハワード・B・ショーは、キャピタルの規模をやりづらく感じ、当時巨大だった株式ファンド（今ではさらに大きくなっている）と、かなり小規模だったが成長していたAMCAPの間に取引を割り振るキャピタルのやり方に不満を覚えていた。

二人はキャピタルを辞めて、同僚のテオ・A・コロコトロニスと共に、新しい会社を始めることに決めたが、専門職が退社するのは考えられなかった（少なくともそれまでは）ので、アメリカンは驚愕した。

三人は、自分たちの会社をプライムキャップ・マネジメント・カンパニーと名付け、一九八三年九月一五日、パサデナ近くにオフィスを開いた。プライムキャップは徐々に、優良な年金基金の顧客を集め始めた。一年後に立ち寄った時に、私はミッチとの旧交を温め、ハワードとも知り合った。周知の通り、私たちは大いに意気投合し、二人とも、私の試案に共感したように思えた。私が伝えたのは、基本的に以下の内容である。

バンガードはミューチュアルファンドというビジネスや業務運営、規制や販売に関わる要件を理解しているが、お金を運用することに興味はない。君たちは株式市場を理解しているし、プロのファンドマネージャーとしての実績もあるが、必要不可欠な周辺的な業務に興味がない。それなら、一緒にファンドを始めようじゃないか。うちが業務運営と販売をやる。君たちがファンドの投資顧問会社となって投資をする。ファンドの組成と運営のコストは全部うちが負担するので、君たちはコストを一切負担しなくて済む。

二人は私の申し出を気に入ったものの、検討する時間をくれと言った。ミッチはこの取引に乗り気だったが、ハワードはこういう提携関係は「うちの事業計画にはなかった」と懸念していた。だが、その後考えを変え、ミッチに「ジャックが信用できる人間なら」乗ると言った。ウェリントンとタッグを組んでしばらくしてから、ミッチはハワードに、私とは信頼の絆で結ばれていて、それが切れることはまずないだろうと話したという。こうして、どちらの側も弁護士をつけることなく、書面を締結することもなく、私たちは取引を成立させた。

バンガード・プライムキャップ・ファンドの設立

バンガード・プライムキャップ・ファンドは、バンガードの他のファンドと同じ役員と取締役で、一九八四年八月二〇日に設立された（当時、会社の総ファンド資産は八八億ドルになっていた）。

図表 14.1 プライムキャップと S&P 500 の累積リターンの比較、1984 〜 2018 年

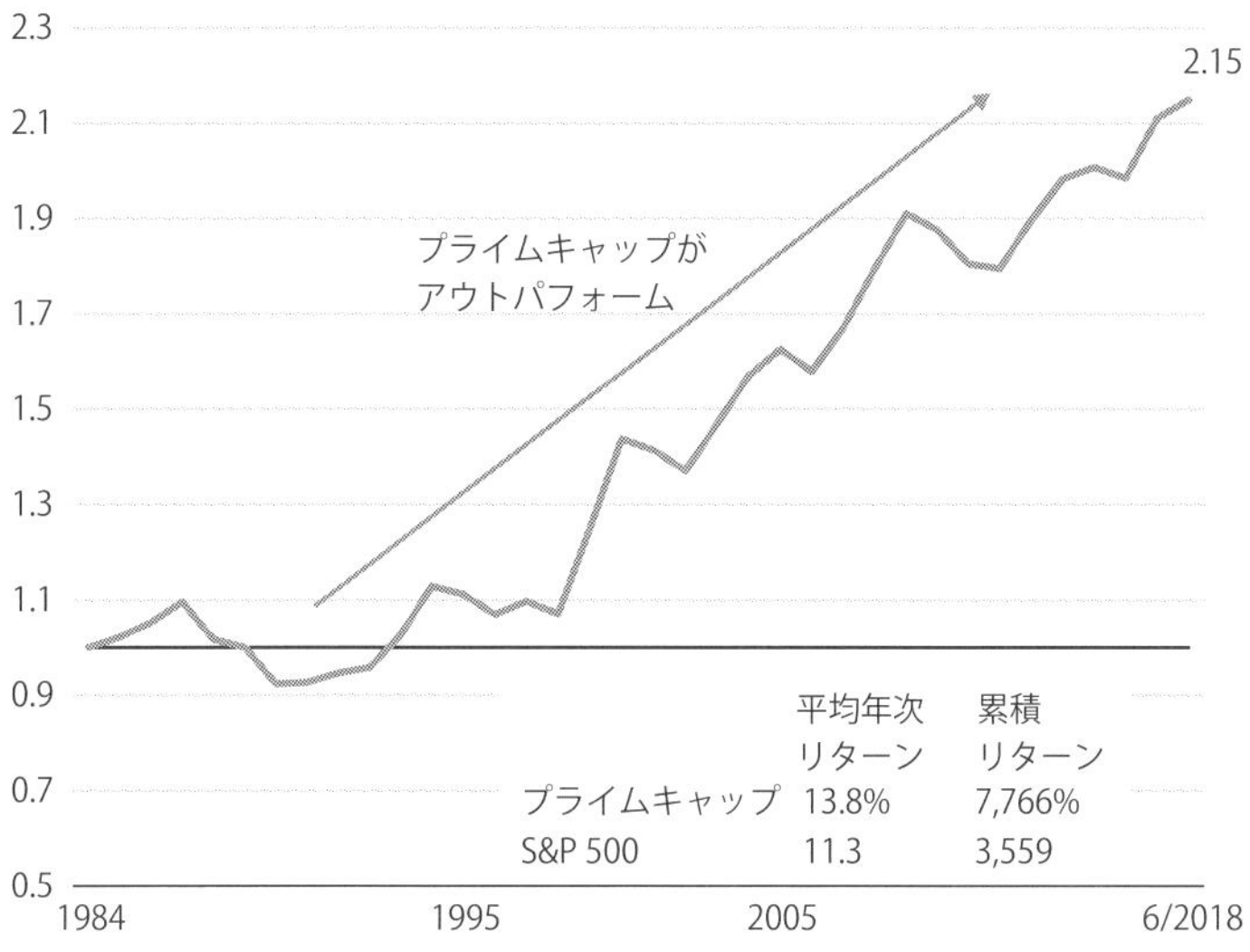

出典：バンガード、モーニングスター

新しいファンドのシード資金は一〇万ドルだったが、当時は、私が個人的に提供しなくてはならなかった（法的な問題で、バンガードが自社のファンドを所有することはできなかったのだ。私はラッキーだった！）。最後に、必要な投資顧問契約に署名し終えて、プライムキャップは同年一一月一日に投資業務を開始した。

実績

プライムキャップ・ファンドは最初期には好調で（図表14・1参照）、一九八四年から八六年までは、S&P500のリターンを約一六ポイント上回った。その後、八七年から八九年にかけて低迷し、S&P500

のリターンを二五ポイントもアンダーパフォームしたため、最初の七年間のパフォーマンスは水準をやや下回っている。他の取締役たちは、ファンドのパフォーマンスは必ず上下に変動することを十分理解していなかったので、何人かは投資顧問契約を解除するよう要求したが、もちろん拒否した（そしてそのまま逃げ切った）。

その後は歴史が証明する通りである。パフォーマンスは、ファンドというビジネスの必然として、その後二七年間にわたって上下に変動し続けた。

プライムキャップは、そのうち一七年間はS&P500を上回ったが、残りの一〇年間、特に一九九六年と、ニューエコノミーのバブルが破綻して大幅な下落相場に転じた二〇〇一年と〇二年には、S&Pにわずかに後れを取った。だが、回復期になると、S&P500を大きく上回り、年次リターンはS&P500の一二・八%に対して一七・四%となった。

プライムキャップの年次リターンの優位性の多くは低コストによる

コストの低さは、プライムキャップ・ファンドの成功に大きな影響をもたらし、二〇一七年の経費率は〇・三三%で、他の大型株グロース・ファンドの経費率、一・三三%を一ポイントも下回っている。同ファンドの生涯年次リターンは一三・八%で、類似ファンド（一〇・五%）を三・三ポイント上回っていたが、そのうち、約四〇%がコスト面の優位性によるものだった（その半分近くはバンガードの業務運営の効率性と経済性によるもので、残り半分は、資産に対する投資顧問料の比率の低さによるものである）[*1]。低コストと、長期の複利計算のメリットがはっきりと分かる。

このファンドが投資家の注目を集めるまでにはしばらくかかり、資産が五億ドルを超えるには、一九九二年を待たなくてはならなかった（当時は、それが素晴らしいことのように思えた）。九四年には資産は一〇億ドルを超え、徐々に増えて、二〇〇一年初めには二二〇億ドルに達した。〇四年には新規募集を締め切ったにも関わらず[*2]、好相場と好調なパフォーマンスのおかげで、プライムキャップは四〇年目に向けて資産六五〇億ドルで始めることができ、その実績に対して、モーニングスターから「ゴールド」格付を得た。

＊1　プライムキャップ・ファンドの成長により、経費率は急激に下がり、一九九〇年の〇・七五％から、二〇一八年には〇・三三％と、半分に下がっている。バンガードの運営コストは〇・二四％から〇・一四％に、プライムキャップ・マネジメントの投資顧問料は〇・五一％から〇・一九％に下がった。報酬料率は低いかもしれないが、報酬の金額は大きい。プライムキャップ、キャピタル・オポチュニティ、プライムキャップ・コアの各ファンドの運用に対しプライムキャップに支払った投資顧問料の金額は、二〇一七年だけでも、一億九一〇〇万ドルを超える。

＊2　プライムキャップ・ファンドは一九九五年三月に一度新規募集を締め切ったが、九六年一〇月に再開した。その後再び、九八年四月から二〇〇一年四月まで締め切っていた。〔二〇〇四年以降、現在まで締め切っている。〕

ファンドマネージャー評価における「四つのP」

プライムキャップをバンガードの新しいグロース・ファンドの運用会社に選定したのは、単なる偶然ではなく、新しい投資顧問会社を選ぶ際の私の基準を満たしていたからである。最初の年次報告書の一九八五年の会長挨拶を再掲する。

プライムキャップのパートナーと協力できたことは、初年度における重要かつ楽しい経験であった。同社を選んだのは、以下の「四つのP」の基準による。

一、人材（People）。ファンドマネージャーはどういう人間か。プライムキャップには、優れた投資のプロがおり、全員を合わせると資産運用に八五年の経験を有し、確かな評判を得ている。

二、理念（Philosophy）。何を達成目標にしているか。成長志向の投資理念を実践していること（二〇〇九年から一七年まで、ポートフォリオの売買回転率は年間わずか七％で、プライムキャップが長期を重視しているのも気に入っていた）。

三、ポートフォリオ（Portfolio）。どのように理念を実践しているか。プライムキャップが運用している年金ポートフォリオには、成長志向や、高利回り、公開買付の対象になりそうなものや、金利感応性の高そうなもの等、様々な優良銘柄が含まれている。

四、パフォーマンス（Performance）。過去の実績はどうだったか。「過去のパフォーマンス」は第一ではないが、最後の基準ではあり、右の三つの要素との関連性においてのみ重要となる（私は、プライムキャップが類似ファンドを上回る時があれば、下回る時もあると警告したが、見事な予測というよりは、明らかな洞察だったといえよう）。目標は、競争力のある長期リターンを挙げることである。

この四つのPは、時の試練に耐えるように思う。

プライムキャップを振り返って

私は、二〇〇〇年一月三一日にプライムキャップ・ファンドの取締役としての役目を終えたが、その後も、一九九九年度年次報告書の「バンガードが新たに設立した部署でも精力的に活動し続け（中略）、プライムキャップ・ファンドの投資家の利益を厳しい目で見守り続ける」という約束は守り続けた。

以来、ファンドが目覚ましい結果を挙げ続けていることを喜ばしく思っている（個人的には投資家として、また、職業上、ファンド・リターンの調査に携わる者として）。プライムキャップは、その三四年の歴史において、二一年間はS＆P５００を上回り、一三年間は下回った。最も優秀なファンドマネージャーでも、毎年市場を上回るのは不可能だということが分かるだろう。プライムキャップの実績を見れば自明である。

プライムキャップとバンガード・キャピタル・オポチュニティ・ファンド

一九九四年、非常な強気相場の時に、バンガードの取締役会は私に、今あるファンドよりも、プロファイルがアグレッシブで相対的予測可能性の低い、新しい株式ファンドを組成してはどうかと提案した。

私はその戦略に乗ったが、これは、投資による判断ではなく、マーケティングによる判断だった（経験から、マーケティングを優先させるのは分別に欠けると分かっていたのに）。そして一九九五年に、相対的予測可能性が低い、四つのファンドから成るバンガード・ホライズン・ファンドを組成した。その中の一つがバンガード・キャピタル・オポチュニティ・ファンドである。[*3]

私は、バンガードのモルガン・グロース・ファンドを既に一部運用していたアグレッシブな運用会社であるカリフォルニアのヒューシック・キャピタル・マネジメント・カンパニーを、キャピタル・オポチュニティのポートフォリオの運用委託先に選んだ（自分を責めるしかない！）。ヒューシックは、株式の空売り（株価が下がる方に賭ける）等、柔軟な運用をしていたが、その戦略は失敗した。一九九七年、S&P500のリターンが年三三％を超えていたのに対し、キャピタル・オポチュニティ・ファンドの総リターンは、信じられないことに－一八％だった。ヒューシックとの契約は解除し、プライムキャップが運用を引き継ぐことになった。[*4]

キャピタル・オポチュニティのパフォーマンスは劇的に好転した。初期のヒューシックの時代には、年次リターンは五・四％と、S&P500の年次リターンの二八・一％を大きく下回っていた。プライムキャップ・マネジメントが引き継いで以降の二〇年間は、キャピタル・オポチュニティが一四・一％で、S&P500は七・一％である（図表14・2）。

四つのPは効果を挙げ、モーニングスターから「ゴールド」格付を得た。一九九七年にプライムキャップが運用するようになった時、キャピタル・オポチュニティ・ファンドの資産は六三〇〇万

図表 14.2 キャピタル・オポチュニティ／S&P 500 の累積リターンの比較、1995 ～ 2018 年

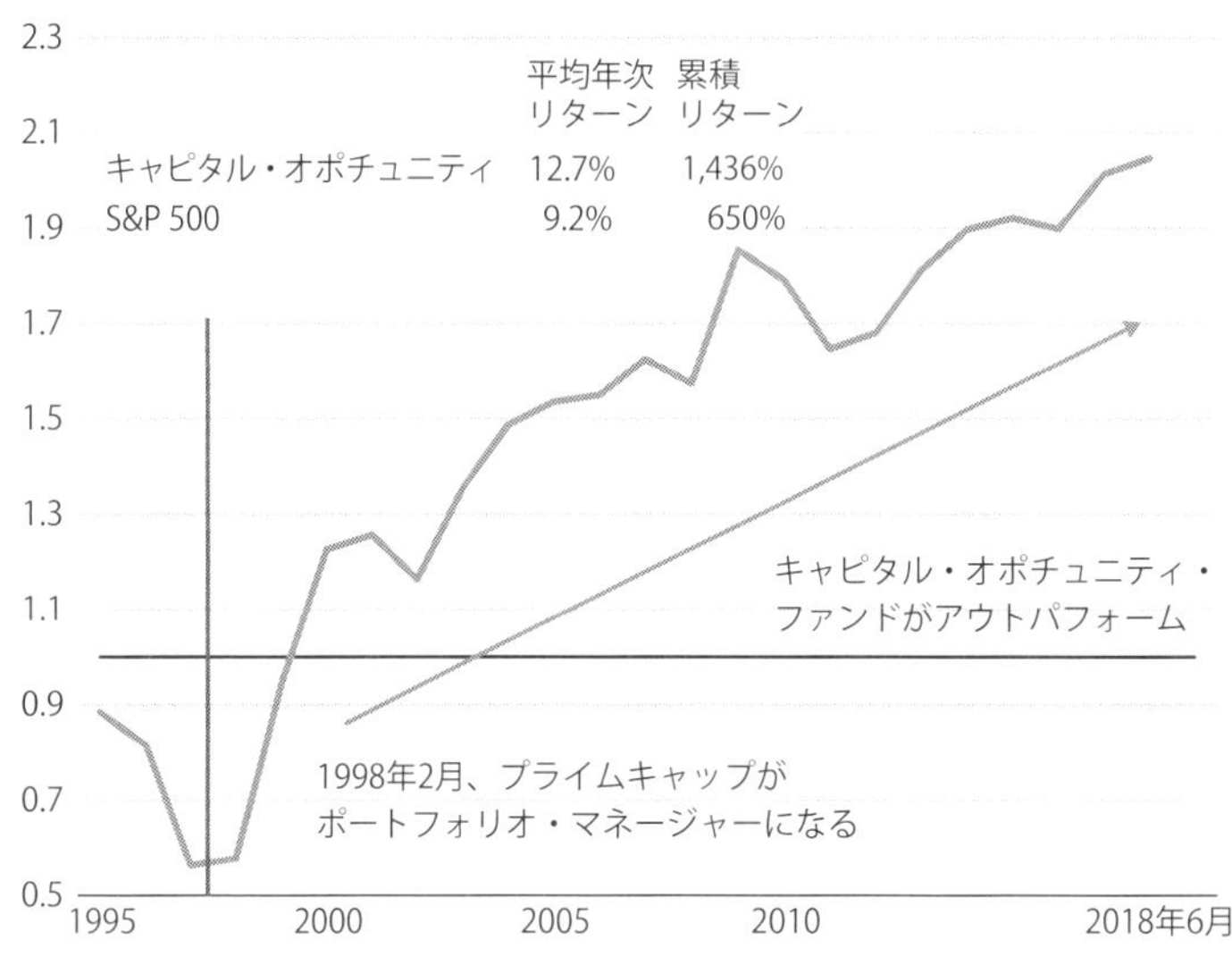

出典：バンガード、モーニングスター

ドルだったが、現在は一七〇億ドルを超えている。〔二〇〇四年に新規募集を締め切り〕

＊3　キャピタル・オポチュニティは、グローバル・エクイティ・ファンド、ストラテジック・エクイティ・ファンドと共に、生き残った三つのホライズン・ファンドのうちのひとつだった。四番目のグローバル・アセットアロケーション・ファンドは、二〇〇一年に消滅した。

＊4　後継者たちがプライムキャップ・マネジメントを選ぶことに決めたと聞いて私は嬉しかった。

プライムキャップの運用ファンドの今

プライムキャップ・ファンドの最初

のポートフォリオ・マネージャーは、ハワード（他界）、ミッチ（二〇一三年末に、キャピタル・オポチュニティのシニア・マネージャーをリタイア）、テオ・コロコトロニス（今もまだ、プライムキャップのリーダーとして現役）の三人だった。その後、ジョエル・フリード、アル・モーデカイ、モー・アンサリ等、投資におけるプライムキャップの堅固な価値観が身に沁みついた、経験豊かな投資のプロがスタッフに加わった。全員が、バンガードの両ファンドの運用に携わっており、成功に貢献している。そのことは、ファンドの継続的な好成績を見ればはっきりと分かる。

プライムキャップ・マネジメントは、プライムキャップ・ファンドとキャピタル・オポチュニティ・ファンドの他に、バンガード・プライムキャップ・コア・ファンドの投資顧問も務めている。二〇〇四年に設立されたプライムキャップ・コアも、開始以来の年次リターンは一〇・六％と、広範な米国株式市場のリターンである八・四％を十分上回っており、投資顧問会社の能力の証左となったが、〇九年半ばに、資産一一〇億近くで、新規募集を締め切った。

まとめ

バンガードの資産は、プライムキャップが立ち上げられた一九八四年の約九〇億ドルから、現在は五兆ドルに増え、たくさんのことが変わった。だが、プライムキャップのファンドの資産が、比較的控えめなまま留まったのは、偶然ではない。プライムキャップとキャピタル・オポチュニティのいずれについても、双方の合意により新規募集を締め切り、実質的に追加の運用資産が流れ込まないようにした。前述のウィンザー・ファンド同様、「金の卵を産むガチョウを殺す理由はない」

からだ。資産の規模を抑制して、プライムキャップの二つのポートフォリオを運用するポートフォリオ・マネージャーの柔軟性を維持する方が望ましかったのである。

当時、バンガードでは、出資者に対する受託者責任という厳しい原則のもとに業務を運営し、信頼の絆によって責務を果たしていた。その「古き良き時代」の最も良い例がバンガード・プライムキャップ・ファンドと、その後のバンガード・キャピタル・オポチュニティ・ファンドである。

一九八四年に、決して簡単ではない思い切った試みを通じて信頼できる友となったパートナーたちも、間違いなく成功した。プライムキャップ・マネジメント（巨大なファンド複合体における、比較的小さくて運営しやすい組織）は、バンガードを信頼した出資者に対して並外れたリターンを実現することにより、多額の投資顧問料を得ると同時に、アクティブ運用ファンドにおけるバンガードの評判を高めてくれた。

もちろん、バンガードも、プライムキャップも変わった。懐古の情に浸るわけではないが、投資という職業も、金融システムも、国も、世界も、世界の中に存在するほぼあらゆるものが変わってしまった。だが、過去を誇りに思い、投資戦略や人間としての価値観を守り続ける限り、バンガードは今後も、想像しうる限り、堂々と屹立し続けるだろう。

第15章　債券ファンド

ミューチュアルファンド業界の形成期には、債券ファンドはほとんど存在しなかった。だが、一九五一年七月にウェリントンに入社したその初日から、債券で収入を得てリスクを減らし、株式で資本を増やすというウェリントン・ファンドのバランス理念を教え込まれ、すっかり受け入れてしまった。

当時、債券ファンドはファンド業界ではごく小さな要素に過ぎなかった。一九六〇年、業界に一六一あったミューチュアルファンドのうち、債券ファンドは一二しかなく、ファンドの総資産に占める割合はわずか六％だった。

一九七〇年には、当時ミューチュアルファンドの最も重要な情報源だった『ワイゼンバーガー投資会社』年鑑から、債券ファンドのカテゴリーがなくなってしまっていた。だが、私は逆張り派である。六五年にウェリントン・マネジメント・カンパニーのCEOになった時にも、ウェリントンの保守的なメニューに債券ファンドを加える考えを捨て去ることができなかった。

威勢のいい新しい雑誌、インスティテューショナル・インベスター誌の一九六九年五月号に、債券を批判する記事が出て、逆張り投資家としての確信が強まった。それは特集記事で、表紙には、巨大な恐竜の絵に「債券市場は生き残れるか？」という見出しが付いており、何を言いたいのかはすぐに分かった。

私は、本来保守的ではあるにもかかわらず、一九六六年には、業界の大手であるウェリントン・マネジメント・カンパニーと、ボストンの小規模な投資顧問会社、ソーンダイク・ドラン・ペイン&ルイスとの合併を決定した。第3章で述べたように、同社の四人のパートナーたちは、つかの間に終わったゴーゴー時代の星の一つ、アグレッシブなアイベスト・ファンドを運用していた。アイベストはまるで隕石のように、ぱっと光を放つと燃え尽き、灰になってゆっくりと地に落ちることになる。

一九七〇年――「債券は過去の遺物、未来は株式にある」？

アイベストの新しいパートナーたちは、債券を毛嫌いしていた。一九七〇年に私が債券ファンドを提案すると、すぐに「債券は過去の遺物だ。未来は株式にあることが分からないのか？」と遮られてしまった。これは、一九七二～七四年に相場が五〇％下落する直前だったが、最終的には説得して、債券六〇％、有配株式四〇％のインカム・ファンドを組成した。この投資アイデアは長続きし、半世紀近く後の二〇一八年現在、バンガード・ウェルズリー・インカム・ファンドとして資産は総額五四〇億ドルに達している。

その後、時代は少し変化し、一九七三年七月に、最初の「純粋な」債券のみのファンド（現バンガード長期投資適格（ロング・ターム・インベストメント）ファンド）を組成したが、これは、やがて業界の債券ファンド分野において圧倒的に優位になるための第一歩となった。

一九七四年にバンガードが誕生すると、ファンドの取締役たちは、バンガードがファンドの投資顧問業務を行うことを禁止し、この重要な役割をウェリントン・マネジメント・カンパニーに委ねた。だが、CEOである私の職務には、投資顧問会社（まさに、数カ月前私を解雇した会社）によって運用されるファンドの投資パフォーマンスを評価する責任が含まれていた（第3章参照）。その規定こそが、バンガードがやがてファンド業界で隆盛を誇るきっかけとなった。

地方債ファンド——扉が少し開く

一九七四年九月、私たちは独立した。幸いなことに、扉が少しだけ開いて、生まれたばかりのバンガードにも、債券ファンドを追求する予期せぬチャンスがもたらされた。一九七六年、議会が、ミューチュアルファンドに、地方債の利子所得を出資者に無税で「パススルー」することを認める法案を可決したのだ。地方債ファンドはすぐに、新しい投資カテゴリーになり、業界の永久的なファクターとなった。

その最初のファンドは「(専門家が）運用する」地方債ファンドだった。第5章で述べたように、ポートフォリオ・マネージャーによって運用され、ポートフォリオの満期プロファイルを長期にするか短期にするかは、見方によって制限なく決めることができた。しかし私には、彼らのような専門家（にしろ誰にしろ）が、債券価格の主な決定因である金利の変化のタイミングをうまく計ることができるとは思えなかった（その二年前に私が最初の株式インデックス・ファンドを作ることになったのも、同じ疑いからだった）。

そこで、もちろん、バンガードは違ったアプローチを取ることにした。三つの「満期確定型」債券ファンドのシリーズ（長期、中期、短期）を組成した。[*1] いずれも、特定のマンデートに従って、満期の違いにではなく投資適格性に重点を置いて保有するので、投資家は自分の投資目的に最適なリスクと利回りの組み合わせを、自ら決定することができた。

＊1　バンガードは、長中短期の地方債ファンドの他に、高利回りの非課税ファンドと、期間限定の非課税ファンドも提供していたほか、七州に特化した満期確定型非課税ファンドも運用していた。

扉が大きく開く——バンガード、債券ファンドの運用を開始

この革新的なソリューションは、バンガードにとって競争上の大きな強みになった。債券ファンドを満期別に三つに分けることにより、「（専門家に）運用される」地方債のパフォーマンスの「ノイズ」の大半を消すことができた。ファンドの相対的なパフォーマンスを満期別に分ければ、最もコストの低いファンドが勝つ。

バンガードでは、ミューチュアル構造と最低限のコストにより、満期が明確に決まっている債券ファンドに重点を置く戦略を取った。そして、いつの間にかファンド業界で最も低コストの債券ファンド提供者になっていた。

この戦略を最大限に発揮するためには、提供する債券ファンドの種類をコントロールして、パフ

ォーマンスに対する責任を直接負う必要があった。それまでNAやウェリントン・マネジメント・カンパニーに代わって、自ら地方債ファンドやMMFを運用する時が来ていた。

次のステップは、バンガードがファンドの投資運用に対し、直接責任を負うことを禁じる以前の規定を廃止することだった。フィクスト・インカム・ファンド（債券ファンドとMMF）は、バンガードにとって、アクティブ投資運用に参入するための素晴らしいチャンスだったので、状況が整って大きな一歩を踏み出せるようになるまで、私たちは待つことにした。

バンガードのフィクスト・インカム・ファンドの運用

最初の満期確定型債券ファンドを作るという私の単純な決定が「素晴らしい」ものだったとするなら、新しいミューチュアルファンドの外部運用会社の選択は全くその逆だった。私たちは大手のシティバンクを選んだが、同行の投資グループは全く成績を挙げられず、一九八〇年の初めに、契約の解除を決定した。

その頃、大規模な（四億二〇〇〇万ドル）MMF運用でも、当時の運用委託先であったウェリントン・マネジメント・カンパニーに多額の報酬を支払っていた。私はバンガードの取締役会に対し、「シティを地方債ファンドの運用から外し、ウェリントンもMMFの運用から外し、並行して、社内で運用スタッフを育成する」という大きな一歩を提案すべき時だと思った。[*2] これを組み合わせれば、スケールメリットを得るための「クリティカル・マス」が手に入る。

この、バンガードの設立趣意書の大転換について話し合うための取締役会は、一九八〇年九月に開催され、議論が分かれた。パフォーマンスの不振から、シティバンクを地方債ファンドの顧問から外すことは問題にならなかった。一方、ウェリントンとの関係解消に対しては、多くの出資者のコスト節減になるにもかかわらず、昔からの偏見が持ち出された。また、バンガード社内で債券のプロとなるスタッフを維持することには、それ自体のリスクがあった。

＊2　既に一九七五年、バンガードS&P500インデックス・ファンドを作り、ミューチュアルファンドの投資顧問会社として動き始める足がかりを得ていた。

本格的なファンド複合体としての始まり

最終的には、バンガード・フィクスト・インカム・グループという名称で債券ファンドを内部運用するという私の提案が通り、バンガードの責任拡大に向けたもう一つの大きな一歩となった。

一九八〇年が終わると、バンガードはミューチュアルファンド複合体として本格的に機能し始め、全ファンドの管理・販売と、その多くの投資運用を行うようになった。また、新しい課税対象債券ファンドに満期確定型のコンセプトを適用し、新しく編成した社内のスタッフに運用させることにした。

債券インデックス・ファンドへの参入

新しいフィクスト・インカム・グループの最初のリーダーになったのはフィラデルフィアのジラ

ード銀行出身のイアン・A・マッキノンで、私が採用した。私はイアンが毎月開いていたスタッフ・ミーティングに自ら参加し、この経験豊かな少数精鋭の資産運用のプロたちなら、もっと多くの責任を引き受けられるという確信を得た。一九八六年には、広範な米国債券市場に連動するインデックス・ファンドの運用を成功させられるだろうと確信した。

バンガード・トータル債券市場インデックス・ファンドの設立もまた、フィクスト・インカム投資における優位性につながる革新的な動きとなった。二〇一八年半ばには、二つの（ほぼ同じ）ファンド（トータル債券市場インデックス・ファンドとトータル債券市場インデックス・ファンドII）の資産は総額三五五〇億ドルとなり、群を抜いて世界最大の債券ファンドとなった。バンガードの債券ファンドのラインナップを合わせると一兆ドルとなり、フィクスト・インカム・ミューチュアルファンドでは現在、世界最大の運用会社である。

バンガード——最も有力な債券運用会社

債券インデックス・ファンドが、内部運用の資産基盤に加わったことで、三つのアドミラル（コストが最も低い）米国債ファンド（一九九一年）、中期投資適格（課税対象）ファンド（九三年）、短期・中期・長期の債券インデックス・ファンド（九四年）という、七つの重要な債券ファンドが加わることとなった。この七つのファンドの波はゆっくりとではあるが着実に伸び、二〇一八年初め現在の合計資産は一四五〇億ドルとなった。

バンガードは、バランス型ファンド・オブ・ファンズ、ライフストラテジー・ファンド、ターゲ

図表 15.1 債券ミューチュアルファンドの業界資産に占めるバンガードの割合、1974～2018年

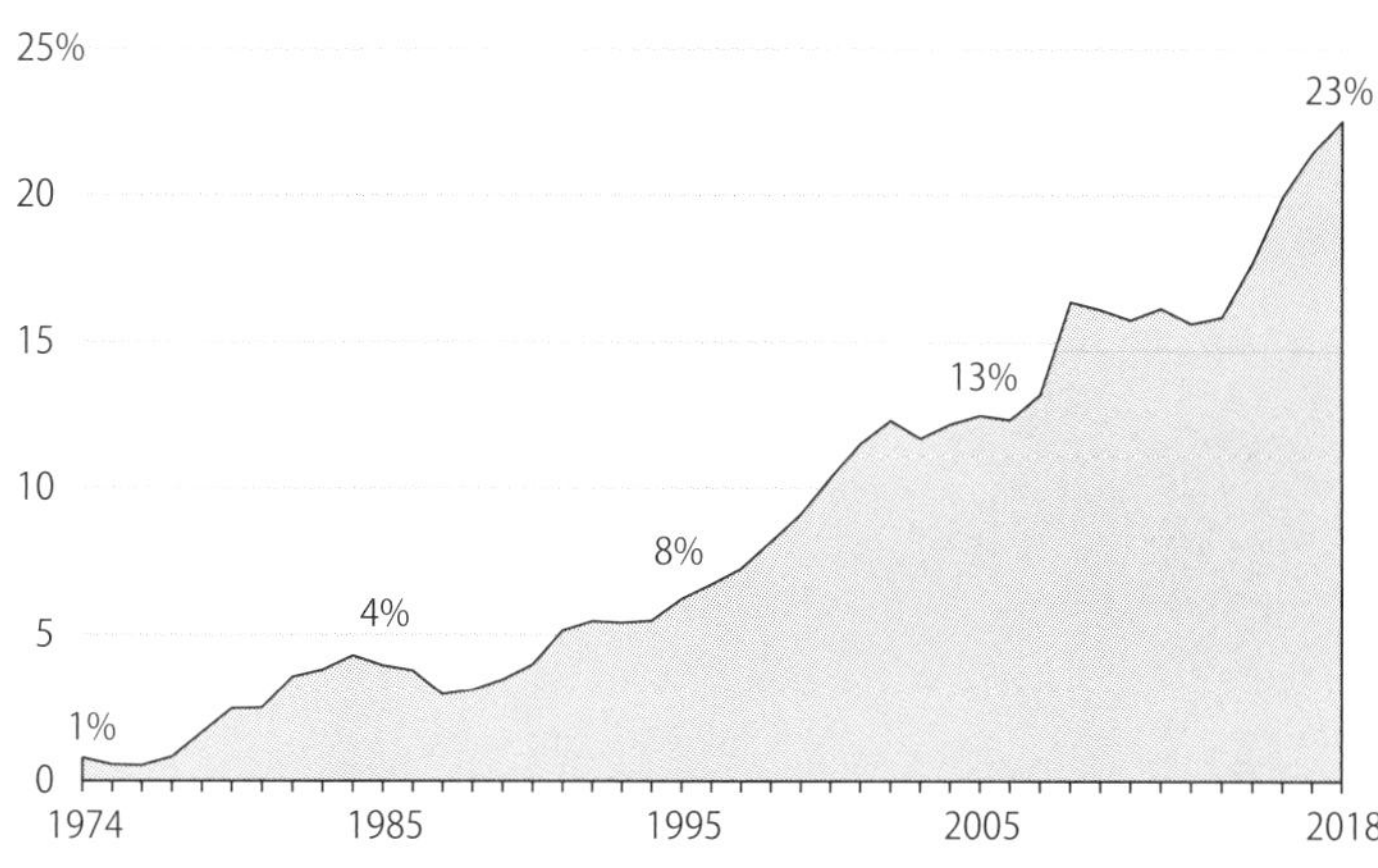

出典：ワイゼンバーガー投資会社年鑑、ストラテジック・インサイト・シムファンド

ット・リタイアメント・ファンドに約一五〇〇億ドルの債券を保有して運用しており、MMF資産でも二二〇〇億ドル以上を運用している。合計すると、バンガードのフィクスト・インカム・ミューチュアルファンド資産の合計額は、業界で群を抜いて最大である（図表15・1参照）。

業界をリード

債券市場インデックス・ファンドと満期確定型債券ファンド（と、もちろん、最低限のコスト）の組み合わせにより、バンガードは債券ファンド分野をリードすることが可能となった（図表15・2参照）。三〇年前には債券ミューチュアルファンド資産に占める割合は四％に過ぎなかったが、二〇〇五年には一三％、現在は二三％となり、競合先上位三社を合わせたよりも多い。

時間の経過とともに、債券ファンドに対する

図表 15.2 債券ミューチュアルファンドの運用会社、2018 年半ば現在

	社名	資産（単位十億）	シェア
1	バンガード・グループ	$1,041	23%
2	ブラックロック	418	9
3	ピムコ	329	7
4	フィデリティ	285	6
5	アメリカン・ファンズ	146	3
6	フランクリン・テンプルトン	134	3
7	T・ロウ・プライス	115	2
8	ヌビーン	110	2
9	JP モルガン・ファンズ	104	2
10	ロードアベット	99	2
	その他	1,833	40
	合計	$4,612	100%

投資家の見方も変わった。三層（以上）の満期確定型アプローチは、業界標準となった。二〇一八年半ば、バンガードの最初の地方債ファンドはすべて、業界の上位一〇位にランクインした。バンガードの課税対象債券ファンドも、一九七七年にバンガードが開拓した満期確定型戦略を取っている。

債券インデックス・ファンドの役割

何が、債券ファンドにおけるバンガードの優位性の源となったのだろうか？　バンガードの全ファンドの特徴であ

図表15.3 債券ミューチュアル・ファンドの経費率、2017年

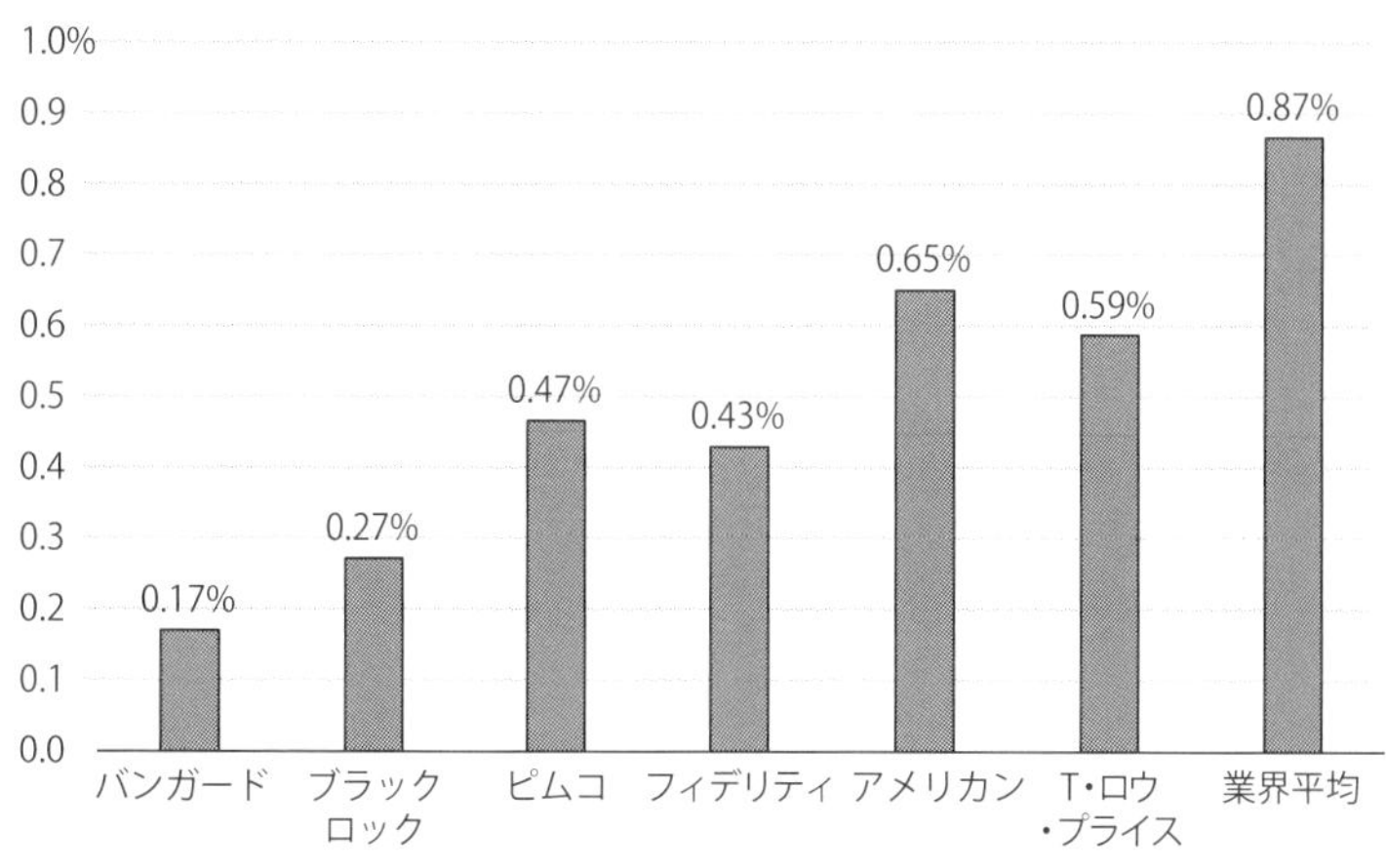

出典：モーニングスター

るコストの低さと、債券インデックス運用戦略の重視の組み合わせにあることは間違いない。現在、債券ミューチュアルファンド資産〔業界全体〕の約二四％がインデックス運用されている。

バンガードはこのインデックス分野でもトップにあり、債券インデックス・ファンド資産の五八％を占めているが、次席のブラックロックが占める割合は二四％である。

コストの低さ＝利回りの高さ

バンガードの成功は、経費率の多大な優位性（インデックス運用戦略とバンガードのミューチュアル構造から生じる）によるところが大きい（図表15・3参照）。バンガードの債券ファンドの平均年間経費率は現在わずか〇・一七％で、次席の競合先（〇・二七％）を約四〇％、業界水準の〇・八七％をなんと八〇％も下回る。

他の条件がすべて同じなら（満期確定型債券フ

図表15.4 債券ファンドの利回りと経費率、2018年

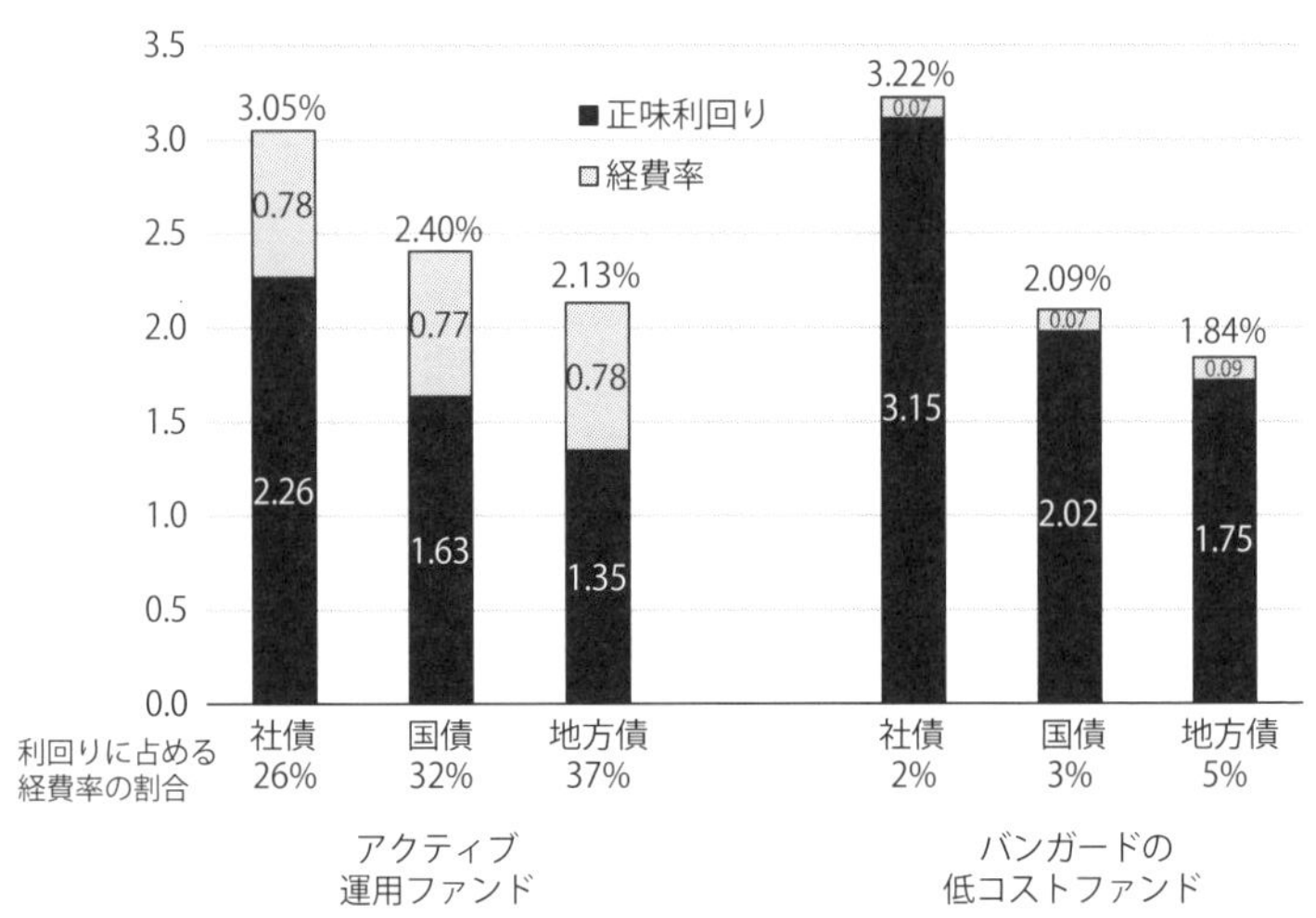

出典：モーニングスター

ァンドの世界ではほぼそうだが）、ファンドの経費率が低ければ、ファンド投資家が受け取る所得利回りは高くなる。債券投資家にとって重要な、バンガードの債券ファンドの利回りの高さは、経費率の多大な優位性によるところが大きい。また、バンガードのファンドには販売手数料がかからないので、債券ファンドの個人投資家や、従業員に不要な販売手数料の負担を掛けたくないと考える従業員貯蓄制度の管理者にはずっと魅力的である。

「利回りの増加こそが重要なのだ、愚か者」

まず、債券インデックス・ファンドと、アクティブ運用型債券ファンドのファンド経費率（ファンド資産に対する年間経費の比率）を比較して検討してみよう。[*3]

利回り自体の差だけでなく、ポートフォリオ利回りのかなりの部分が、アクティブ運用型債券ファンドの投資家が負担する経費として持っていかれてしまう。

三つの債券カテゴリーについて考えてみよう。平均的なアクティブ運用型社債ファンドの直接利回り（図表15・4参照）の経費率は〇・七八％で、三・〇五％のグロス利回りの二六％を占め、実際の利回りは二・二六％となる。

この結果をバンガードの社債インデックス・ファンドと比較すると、グロス利回りは三・二二％で経費率は〇・〇七％なので、グロス利回りに占める割合はわずか二％である。純利回りは三・一五％で、アクティブ運用型社債ファンドよりも三五％も高い。

同様に、アクティブ運用型国債ファンドが所得の三二％なのに対し、低コストファンドでは三％である。アクティブ運用型地方債ファンドでは、所得の三七％なのに対し、低コストファンドでは五％である。投資家の純利回りは二・二六から三・一五％（社債）、一・六三から二・〇二％（米国債）、一・三五から一・七五％（非課税地方債）に上がる、それも、リスクを増やすことなく。コストの問題を無視するなど、愚かな投資家と言うほかない。

＊3　バンガードのアクティブ運用型債券ファンドの経費率は、業界平均や、外部の運用会社に運用されているファンドの経費率よりもずっと低い。例えば、資産二五〇億ドルのバンガードGNMAファンドの経費率は〇・一四％で、運用を担当しているウェリントン・マネジメント・カンパニーの投資顧問料はわずか〇・〇一％である。だが、ウェリントンに代わって嘆く必要はない。二〇一七年には、GNMAファンドの投資顧問料を二五〇万ドル、バンガードの債券ファンド資産（一四〇〇億ドル）の運用報酬として合計五七五〇万ドルを支払っている。

販売手数料という重荷

販売手数料もまた重要な要素である。債券インデックス・ファンドの場合には、「ノーロード」のみで提供されているものがほとんどだが、アクティブ運用債券ファンドでは、なんと二三〇〇ものシェアクラスが、証券会社と投資顧問会社に販売手数料を支払わなければ手に入らない。現在、債券ファンドの販売手数料は一～四％で、平均約二・五％である。二・五％とはどのくらいか？　もしこんな手数料を払えば、ファンドの投資口を保有し始めた年の投資収益以上が消えることになる。それほどの犠牲を払う合理的な必要性はまったくない。

いずれ、受託者責任がミューチュアルファンドの運用会社と販売会社にとっての標準となれば、債券ファンドの販売手数料の多くはかなり減るか、まったく廃止されることになるだろう。

受託者責任

ミューチュアルファンドのマネージャーとファンドの取締役は、投資家の利益を最優先させる受託者責任を負う。だが、ある債券ファンドでは経費が利回りの三七％を占める一方で、類似のインデックス・ファンドではわずか二％だとしたらどうか。

「こんなに負担の大きな投資顧問契約を承認するなんて、ファンドの取締役は、出資者に対する受託者責任に違反していないのか？　このファンドを販売するファンドスポンサーは、受託者責任に違反していないのか？　こんなファンドを顧客に売るなんて、証券会社は、顧客の利益を優先して

図表 15.5 ブルームバーグ・バークレイズ総合債券指数の利回り、1976～2018 年

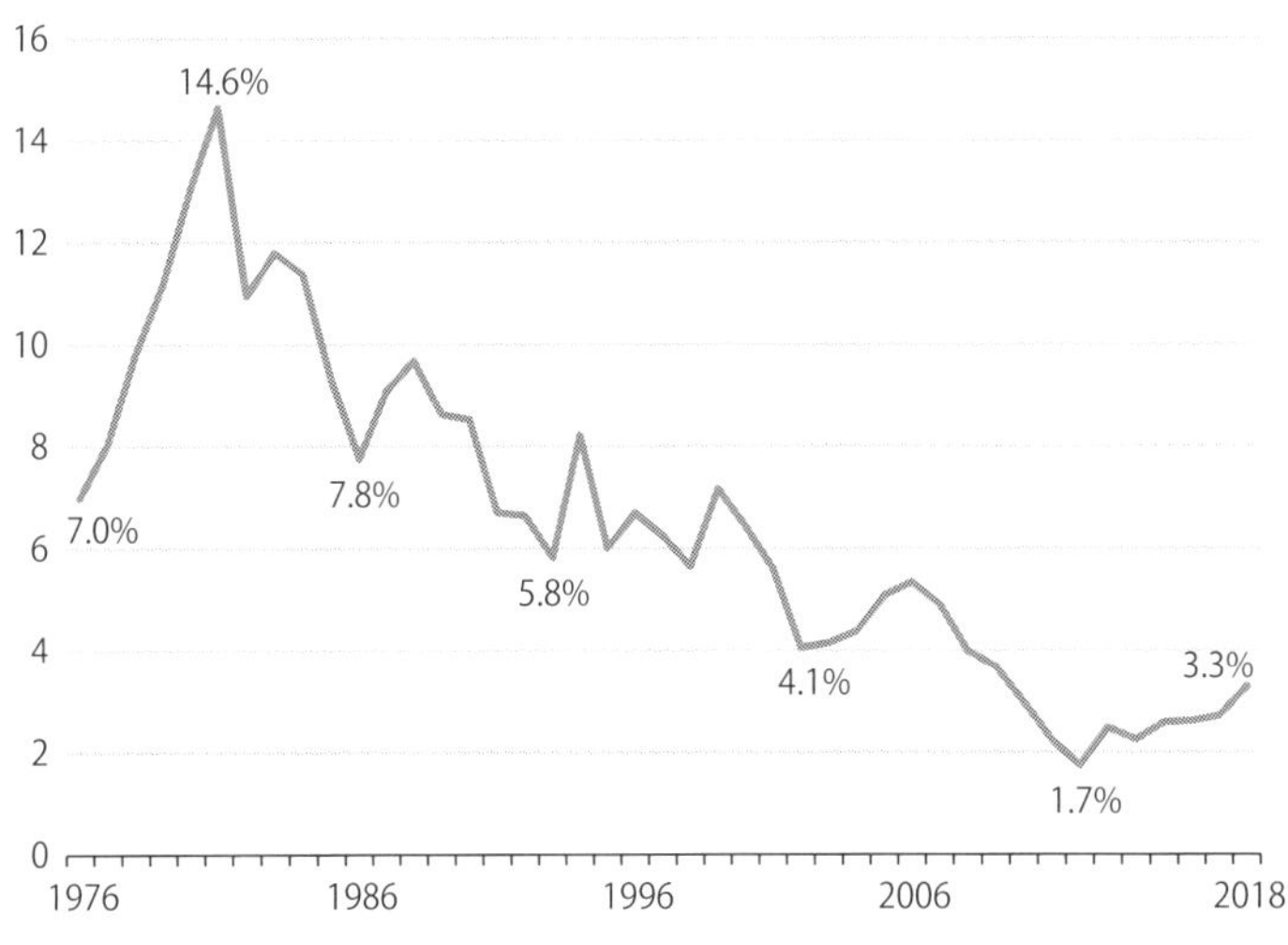

出典：モーニングスター

いないのではないか？」

こうした疑問がわくのも当然だろう。業界関係者は、圧倒的多数のアクティブ債券ファンドにおいて、過剰なファンドコストが投資収益の多大な部分を占める問題について、検討すべき時だろう。

債券、そして債券ファンドの将来

今日の債券投資家の大半は、三五年あまり前に起きた、債券ファンド利回りの連続的な急落（と、それに伴う債券価格の上昇）を経験している。ブルームバーグ・バークレイズ総合債券指数の利回りは、一九八一年末の一四・六％（信じられない）から現在は三・三％と、驚くべきことに、七七％も下落している（図表15・5参照）。

現在、低金利のせいで、債券ファンド

バブルが起きているのであって、すぐ破綻して利回りが上昇し価格が下がるだろうと言う専門家もいる。金融市場では何が起きても不思議はないので、この予想も当たるのかもしれないが、私は、バブルの破綻を懸念するのは、債券価格中心の短期的な投機家であって、将来の経済生活に備えようとしている長期的な投資家ではないと考えている。

結局のところ、利払いが年三％の三〇年物米国債を保有する投資家は、その後三〇年間契約が破られることはないので、バブルとは関係ない。半年ごとに、予定通りに利払いを受けて、満期には額面金額の払い戻しを受ける。

投資家の大半にとっては、市場価格のつかの間の変動から利益を得ようと無駄に試みて債券を売買するのではなく、相対的な価格安定性（短期債）と収益の高さ（長期債）のバランスを取りながら債券を購入して、長期保有することが得策である。

現在の低金利環境にも関わらず、債券ミューチュアルファンドは隆盛を誇っている。二〇一七年、債券ファンドには総額三三五〇億ドルの資金が流入したが、そのうち、約五〇％（一六二〇億ドル）が債券インデックス・ファンドへの投資だった。バンガードの長期インデックス・ファンド戦略の著しい優位性（低コスト、販売手数料なし、投資収益が減らない）により、債券ファンドに流入する資金や資産に占めるインデックスの割合は、歴史的な上昇を続けるだけでなく、さらに加速していくだろうと考えている。

今後の展望

金利は今後も変動し予測がつかないので、債券の質が重要になるだろう。だが、投資家優先のシンプルなミューチュアル構造に基づく並外れたコスト優位性や、投資家のために達成した圧倒的なスケールメリットにより、バンガードは今後も、現在の基盤をさらに拡大し、債券ファンド業界をリードし、今日債券市場に影響を及ぼしている問題に積極的に関わっていくことになるはずだ。

私は底抜けの楽天家(ポリアンナ)ではないから、今後のことを考える時に、時代が変わることは理解している。将来は過去に酷似していると考え、投資(と人生)における避けられない不確実性を無視すれば、歴史の教訓を忘れることになる。これについては、第Ⅲ部で詳しく述べる。

第16章　問題と展望

第11章から第15章まで――バンガードのファンドの歴史――は、大まかに言って、バンガードで最も古く最も規模が大きい、しっかりしたコンセプトと投資家へのリターンの実績のある、今も生き残っているファンドを中心に取り上げてきた。もちろん、ファンド戦略や投資顧問会社の選択に関する決定が容易であるとか、成功が保証されているという印象を残したいわけではない。

本書では既に、バンガード特化型ポートフォリオ（一九八四年）とバンガード・ホライズン・ファンド（一九九五年）を作った時に犯した間違いのことは、正直に告白した。この二つの例は、マーケティングを重視して投資判断をすれば、ファンドに資産を預ける投資家の利益にはならない可能性が高いという現実を証明している。

落胆した投資家（怒ることさえある）はいずれ離れてしまうので、最終的には決定を下したマネージャー自体の利益にも反することになる。

だが、ファンドの失敗は、前提の欠陥ではなく実行の欠陥により、何年（時には何十年）も好調に運営された後に起きることがある。最後に、その例であるバンガード・USグロース・ファンドとバンガード・アセットアロケーション・ファンドを簡単に分析して、バンガードのファンドの歴史を締めくくろうと思う。その後で、ご都合主義的目論見で始まったが、ひどいタイミングの犠牲（正直に認める）となった、バンガード・グロース・エクイティ・ファンドについても述べなくてはなるまい。

バンガード・USグロース・ファンド

バンガードのUSグロース・ファンドはもともと、一九五九年に、ボストンの昔のパートナーたちがアイベスト・ファンドとして作ったものである。アイベストは六〇年代に急上昇した後、七〇年代には暴落し、八二年に、バンガード・USグロース・ファンドとバンガード・インターナショナル・グロース・ファンドの二つのポートフォリオに分割された。どちらのファンドも、ウェリントン・マネジメント・カンパニーとの投資顧問契約はすぐに解除して、新しい投資顧問会社を使うことになったが、いずれも賢明な選択だった。

USグロースには、シカゴを本拠とし、経験豊かなプロをそろえたリンカーン・キャピタル・マネジメントを選んだ。リンカーンが運用を開始したのは一九八七年八月三一日で、わずか六週間後、一〇月一九日にブラックマンデーが起きて相場が暴落し、一日だけでS&P500が二三％下落した。だが、新しくポートフォリオ・マネージャーとなったリンカーンのリーダーであり、業界の伝説的な存在、J・パーカー・ホールは、まったく動じなかった。キャリアを通じて成長株を重視してきたので、高いボラティリティは前にも経験したことがあったからだ。

パーカー・ホールと配下のチームは、一九八七年半ばに同ファンドを引き継いで以来、素晴らしい実績を打ち立てていた。二〇〇〇年半ばまでの一四年間、USグロースは連続して年一七・一％ものリターンを記録した（S&P500は一五・六％）。リンカーンが担当していた間、ファンドの資産は一億五〇〇〇万ドルから一九〇億ドルに増加したが、その後、徐々に失われ始めた。

パーカー・ホールは、ニューエコノミーのIT銘柄が大暴落し、株式市場が大混乱していたさ中の二〇〇一年半ばにリタイアした。〇〇年八月の最高値から、リンカーンがファンドの投資顧問を解任される〇一年六月まで、S&P500は一四％下落したが、USグロース・ファンドの下落は四四％を超えていた。

新しい投資顧問会社の失敗

USグロースの問題が始まった時、つまり、投資顧問会社を変えた時、私は最早バンガードのCEOではなかった。記録を見ると、二〇〇一年六月に、バンガードはリンカーン・キャピタルをアライアンス・キャピタル・マネジメントに変えている。新しい投資顧問会社の下でもUSグロースの苦闘は続いた。たまたま、アライアンスが引き継いだばかりの頃、私は新しいマネージャーのジョン・ブランダンに会ったことがある。フロリダ州ウェスト・パーム・ビーチのレセプションで、私は夜スピーチをすることになっていたが、今思えば興味深い会話を交わしている。ジョンは「私がS&P500を上回れるとは思っていないと伺いました」と言ったので、私は卒なく、「誰にとっても難しいことだろうからね」と答えた。ジョンはとても感じよく、「私の実績をご覧になりました？」と訊いた（私は、ジョンがスターマネージャーだったことしか知らなかった）。

投資顧問会社の変更後すぐに、USグロース・ファンドの投資家にとって状況はさらに悪化した。二〇〇一年の最高値から〇二年の最低値まで、USグロース・ファンドの累積リターンは七〇％下がり、S&P500の四〇％下落よりずっと悪かった。

二〇一〇年、バンガードはアライアンスとの投資顧問契約を解除した。それ以降、USグロースはマルチマネージャー戦略を取っており、ウィリアム・ブレア・インベストメント・マネジメント、ベイリー・ギフォード・オーバーシーズ、ジェニソン・アソシエイツ、ジャクソン・スクエア・パートナーズ、ウェリントン・マネジメント・カンパニーがそれぞれ、ポートフォリオの一部分を運用している。

二〇一〇年以降、USグロース・ファンドの年次リターンは平均一八・七％で、S&P500（一六・四％）と平均的な大型株グロース・ファンド（一六・七％）のいずれをも優に上回っている。

この例からは、四つの重要な教訓を得ることができる。

(一) 優れた投資マネージャーであっても、永遠に売買を成功させ続けるわけではない。
(二) マネージャーの戦略が失敗したら、後継者を選ぶ時には幸運を祈ること。
(三) マネージャーの過去のパフォーマンスは将来の序章だと騙されて信じないこと。
(四) マルチマネージャー戦略は、それを採用したバンガードのファンドには功を奏したが、特効薬ではない。特効薬などというものは存在しない。

図表16.1 USグロース／S&P 500の累積リターンの比較、1961～2018年

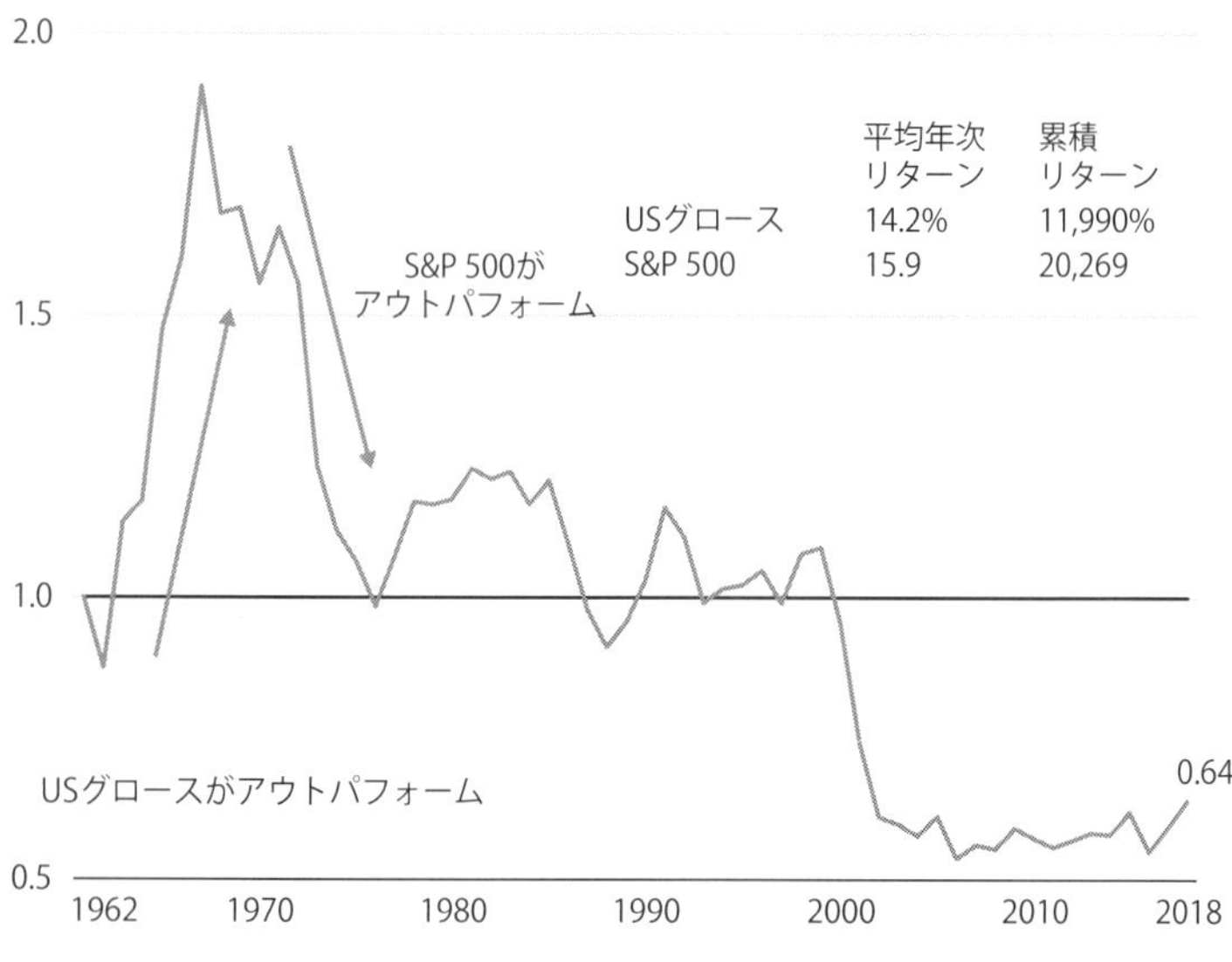

出典：バンガード、モーニングスター

図表16・1に、Ｓ＆Ｐ５００と比較したＵＳグロース・ファンドの累積パフォーマンスを示す。つまり、一九六一年に各ポートフォリオに一ドル投資したとして、ＵＳグロース・ファンドとＳ＆Ｐ５００指数の両方の累積リターンを計算し、ＵＳグロース・ファンドのリターンをＳ＆Ｐ５００のリターンで割る。グラフが上昇している時には、ファンドが指数をアウトパフォームしており、下降していればアンダーパフォームとなる。これを私は一／一（ワン・オーバー・ワン）チャートと呼んでいるが、ミューチュアルファンドの長期的な成功や失敗を評価するには非常に便利である。

Ｓ＆Ｐ５００の五七年間の累積リターンが二〇二六九％だったのに対し、ＵＳグロース・ファンドが一一九九〇％だったことを考えると、オーナーは喜ばないだろう（相対的リターンが〇・六四以下のチャートはあまり見たことがない）。図表の平均への回帰（RTM）を見ると、もっと驚かれるかもしれない。一九六〇年代終わりから七〇年代初めのゴーゴー時代の間、当時のアイベスト・ファンドは大きく羽ばたき、S&P500の累積パフォーマンスをほぼ二倍に上回っていた。だが、七三年から七四年の下げ相場ではRTM（と、それよりもずっと悪いもの）が生じ、USグロース・ファンドは大幅にアンダーパフォームした。

その後、控えめなアウトパフォーマンスの中期的なサイクルが二回起き、アンダーパフォーマンスが続いた後に、二〇〇〇年代初めの下げ相場を受けて、USグロース・ファンドは完全に失敗し、投資家にとっては悲惨な状況となった。それ以降、バンガードUSグロース・ファンドはS&P500をやや上回り、大したオーバーパフォーマンスもアンダーパフォーマンスも起きていない。

バンガード・アセットアロケーション・ファンド

バンガード・アセットアロケーション・ファンドの誕生は危ういところだった。

私は、伝説的なクオンツ投資家、ウィリアム・L・ファウスと彼が設立した会社、メロン・キャピタル・マネジメントの長期的な記録には感銘を受けており、メロンを新しいアセットアロケーション・ファンドの投資顧問会社にしたくてしかたなかった。

このファンドのマンデートでは、投資顧問会社に、戦術的なアセットアロケーションに対する完全な裁量権が与えられることになっていた。つまり、ファンドは、将来の市場リターンに関する投資顧問会社の確信次第で株式と債券の比率を変更することができた。バンガードの取締役の何人かは、このようなファンドが長期的に成功するという見方をひどく疑っていた。

それでも、取締役会は渋々ながらこのファンドを承認し、アセットアロケーション・ファンドは、一九八八年一一月三日に運用を開始した。

基本的には、アセットアロケーション・ファンドの初期設定は株式六〇％（S&P500指数）、長期米国債四〇％だった。メロンは、長期米国債の利回りとS&P500の株式益とのスプレッドに主に基づく手法を用いて、ファンドの株式比率を増減することにしており、ファンドの成功については、配分比率をS&P500指数六〇％、米国総合債券指数四〇％に固定したバランスド・インデックスのポートフォリオのリターンを比較基準として評価することになっていた。

この相対的利回り手法は、一貫して超過リターンを生むには単純過ぎるように思われるが、実際には非常にうまく行った。一九八九年から二〇〇七年までの二〇年近く、バンガード・アセットアロケーション・ファンドは一一・二％の年次リターンを挙げ、六〇／四〇の固定配分比率による基準リターンである、一〇％を大きく上回った。二〇〇七年末には、アセットアロケーション・ファンドの資産は一一六億ドルに達していた。

うまく行っていた……うまく行かなくなるまでは

その後、突然、メロンのアプローチはうまく行かなくなってしまった。二〇〇七年末、株式市場が当時の史上最高値から五〇％下落しようとしていた時には、ポートフォリオの一〇〇％が株式に

図表 16.2 アセットアロケーション／バランスド・インデックスの累積リターンの比較、1989 ～ 2011 年

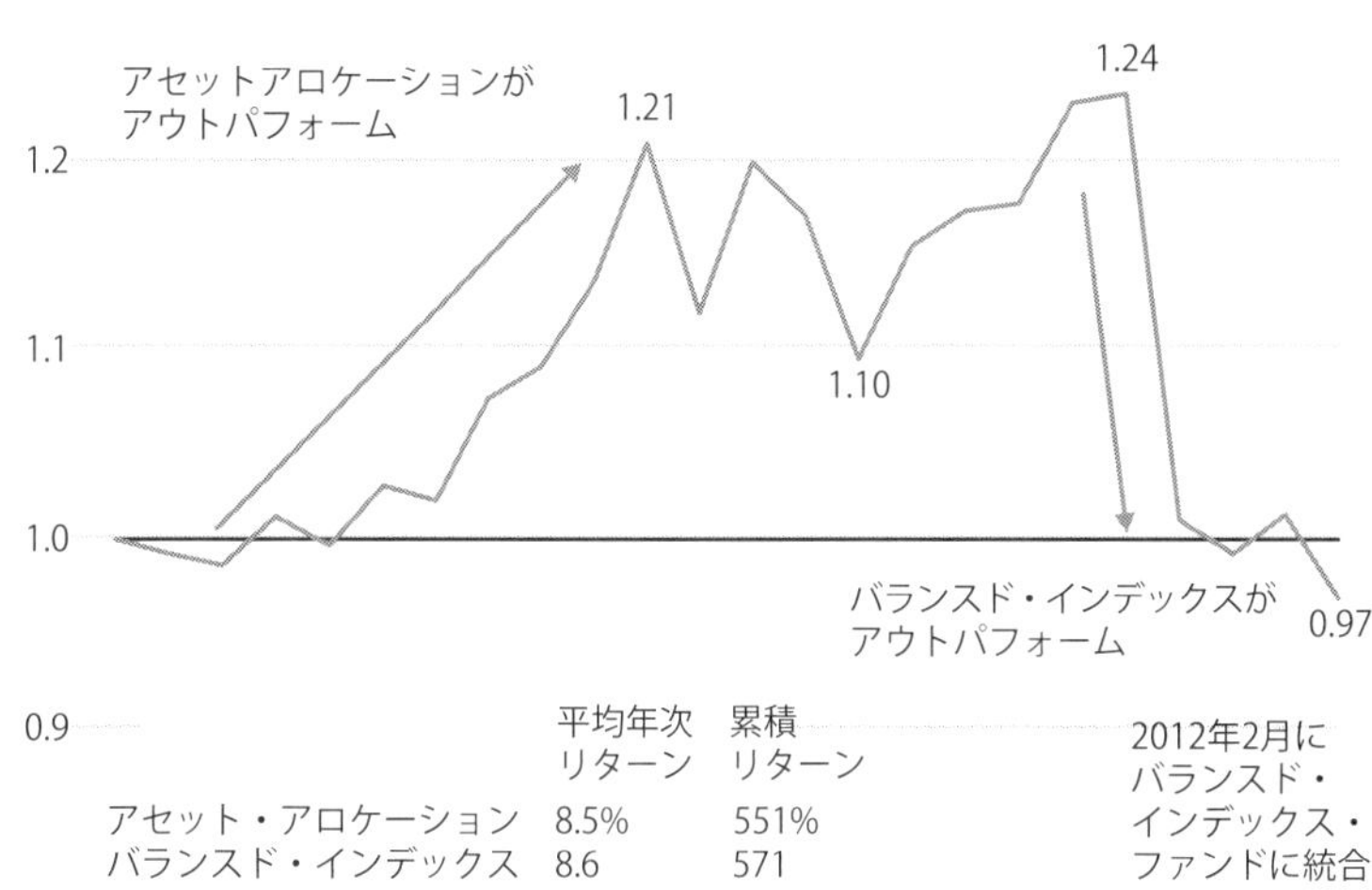

出典：バンガード、モーニングスター

投資されていたが、私は既にバンガードを経営する立場にはなかったので、どうしてそうなったのか説明することはできない。

二〇〇八年のリターンは－三六・三%で、基準となるバランスド・インデックス・ファンドの－二二%をはるかに下回っており、〇九年と一〇年にも、ほとんど巻き返しを図ることができなかった。〇七年から一一年までの丸四年間、目標であるバランスド・インデックス・ファンドの累積リターンが＋一〇・〇%だったのに対して、アセットアロケーション・ファンドの累積リターンは－一三・七%だった。

二〇一二年が始まる頃には、同ファンドの資産は二〇億ドルを下回り、バンガードの経営陣は、株式／債券の比率を六〇／四〇に固定したバンガード・バランスド・インデックス・ファンドに統合することを決定した。

一／一チャートから分かるように、アセットアロケーション・ファンドの累積生涯リターンは、株式／債券が六〇／四〇のバランスド・インデックス・ファンドのリターンとほぼ同じである[*1]（右下の〇・九七という数字は、完全一致を示す一・〇に近い）。一九九八年まで上がり続けてから、二回下がり、二〇〇六年まで再び上がってから大暴落とは、なんと激しいことか。メロンの戦略は失敗し、最終的に姿を消すことになった。

＊1 一九九二年の組成前のバランスド・インデックス・ファンドの年次リターンは、六〇／四〇の連動基準に基づいて計算している。

バンガード・グロース・エクイティ・ファンド

私は、一九八三年に「新しい」バンガードUSグロース・ファンド、八八年にはバンガード・アセットアロケーション・ファンドを作り出した責任者ではあるが、九六年には、どちらも後継者たちに引き継いでいる。そのため、私はグロース・エクイティ・ファンドの採用には関わっていない。バンガードによる発表は二〇〇〇年三月の株式市場のピーク時の直後で、私はそれより四年も前にCEO職を辞している。

バンガード・グロース・エクイティは、もともと、一九九二年に、投資顧問会社ターナー・インベストメント・パートナーズが、ターナー・グロース・エクイティ・ファンドとして設立したものである。バンガードのファンドになる前には、S&P500指数の年次リターン、一九・四％をはるかに上回る、平均二三・四％という素晴らしい実績を記録していた。

ターナーが運用していた時には、株式市場におけるニュー・エコノミー・バブルの波に乗って、テクノロジー銘柄を主に重視していた。ただ資産基盤は小さく、一九九九年末の時点でわずか二億ドルだった。バンガードは同ファンドを自社のファンドグループに加えて、取締役とポートフォリオ・レビュー・グループに管理させ、ターナーには投資顧問業務を委託し続けることを提案した。

過去は序章ではない

これは、ターナーの過去の実績を利用して、ファンドをもっと大きくしたいと考えたからだった。私たちは「情報化時代（インフォメーション・エイジ）の到来という当時の流行に飛びついたファンド」という本質を隠してしまった。しかしテクノロジー・バブルは破綻し、グロース・エクイティ・ファンドは急落した。

このファンドを採用してから数カ月間は、パフォーマンスを追求する投資家（と投機家）から、毎月何億ドルも流れ込んだ。資産は、一九九九年末の二億ドルから、二〇〇一年初めには一〇億ドル近くにまでに増加した。

だが、日和見投資家たちの希望は果たされず、ターナーとバンガードはいずれも評判を落とすことになる。二〇〇〇年から、市場が最安値を付けた〇三年初めまでの間の累積リターンは、S&P500の－三八％に対してグロース・エクイティ・ファンドは－六一％となり、投資家にとっては

図表 16.3 グロース・エクイティ・ファンド／S&P 500 の累積リターンの比較、1992 ～ 2014 年

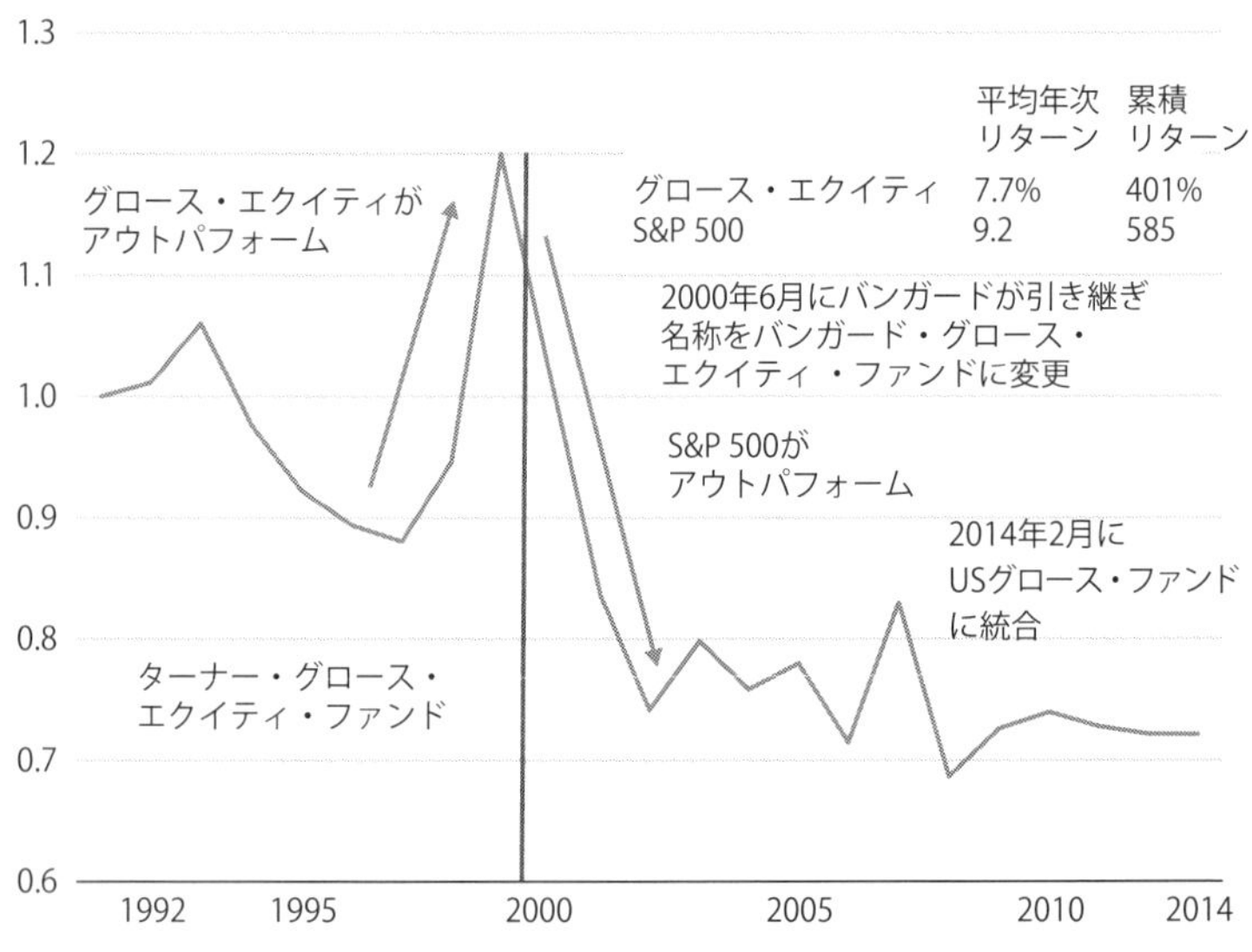

出典：バンガード、モーニングスター

耐え難い失敗となった。

二〇〇二年末には、資産は五億四〇〇〇万ドルに減少。その後、〇七年末には再び一二億ドルに上昇した（主に株価の上昇によるもの）が、Ｓ＆Ｐ５００が再び五〇%下落した時に、五億ドルにまで落ち込んだ。この頃には、パフォーマンスはＳ＆Ｐ５００と密接に連動しており、バンガードが最初に取得した時とは大きく異なるアプローチを取っていた。

バンガード・グロース・エクイティの命運は、二〇一四年二月二四日に、バンガードＵＳグロース・ファンドに統合された時に尽きた。一／一チャートから分かるように、グロース・エクイティ・ファンドは、ニューエコノミーの上げ相場中に、一気に大きくアウトパフォームしたが、バンガードがターナー・ファンドを取得した頃から急落し始め、二度と元には戻らなかった。

三つの悲しい話、三ファンドの困難

ＵＳグロース・ファンドとアセットアロケーション・ファンドの投資顧問会社の選定に関する私の判断と、グロース・エクイティを取得した時の後継者たちの判断について、もう一つだけ言っておきたい。「これは難しい仕事（ハード・ビジネス）だ」ということだ。トルストイが言ったように、時には、「最も優れた将軍でも間違いを犯す」。だが、間違いの中には恐らく、次の七つの戦略を取ることで避けられるものもある。

つまり、（一）もう少し判断力を使う。（二）ファンドの投資ポートフォリオの内容をもっと徹底的に見直す。（三）大抵のファンドは、マネージャーよりも寿命が長いということを認識する。（四）マーケティング上のよい判断が、優れた投資判断であることは滅多にないということを理解する。（五）過去のパフォーマンスは将来のリターンを生み出す上ではほとんど意味を持たない。（六）「剣を頼りにする者はみな、剣で滅びる」。そしてもちろん、（七）「相対的予測可能性」も重要だ。

いつものことだが、過去を理解さえすれば、将来同じ間違いを犯すことは避けられる。

Ｓ＆Ｐ５００と連動する等、伝統的なインデックス・ファンドを利用すれば、右の七つの警告をどれも生かせると言っていいと思う。バンガードの設立以来約半世紀の間、私はずっとそう言ってきた。単純かもしれないが、バンガードの投資家／オーナーや会社自体の利益にも十分貢献してきたことは事実である。

資産基盤の変化

もう一つ、ここまでこの本で歴史を読んできた人なら、バンガードとその前身であるウェリントン・ファンドのビジネスの中心が、それまでとは全く異なる、様々な投資アプローチに取って代わられたことに気づいているだろう。例えば、一九二八年から五八年までの間には、ウェリントンの資産基盤は一つのバランス型ファンドで一〇〇％だった。二〇一八年には、アクティブ運用バランス型ファンドは、バンガードの資産の四％を占めるに過ぎない。

バンガードの資産にアクティブ運用株式ファンドが占める割合は、一九七九年の四五％のピークから、二〇一八年にはわずか九％、アクティブ型債券ファンドは一九八六年の三九％のピークから、二〇一八年には九％になってしまった。ＭＭＦは一九九〇年の三九％のピークから、二〇一八年には五％。現在、インデックス・ファンドがバンガードでは最大の投資クラスで、一九七五年にはゼロだったのに、現在は総資産の七四％を占める。

インデックス・ファンドは一九九〇年の時点でも、バンガードの資産基盤の九％をやっと占めるに過ぎなかった。初期のインデックス戦略がついに利益をもたらすようになるまでは、初期に進出していた様々な戦略や様々な「商品」で生き延びた。

インデックス・ファンドが資産に占める七四％という割合は、今後も増え続けると確信している。

図表 16.4 バンガード（ウェリントン時代含む）の資産構成、2018 年

カテゴリー	資産に占めるピーク時の割合（年）	資産に占める現在の割合
アクティブ・バランス	100%（1929 ～ 1957 年）	4%
アクティブ株式	45（1979 年）	9
アクティブ債券	39（1986 年）	9
MMF	39（1990 年）	5
インデックス・ファンド	74（2018 年）	74

出典：ワイゼンバーガー投資会社年鑑、ストラテジック・インサイト・シムファンド

もちろん、バンガードもそのインデックス・ファンドも、これからの時代には厳しい課題に直面するだろう。現在の株価評価は過去の標準から見て高いので、投資家が過去の収益率が再度起きると期待しているのであれば、落胆せざるを得なくなるだろう。また、インデックス・ファンド資産は、バンガード、ブラックロック、ステート・ストリートのわずか三社に集中しており、この三社が所有する企業の割合が急増していることがいずれ問題視されるのは間違いない。課題の一部については、第Ⅲ部、「投資運用の将来」で取り上げる。

第Ⅲ部　投資運用の将来

第Ⅰ部と第Ⅱ部では、バンガードとその主なファンドの歴史を中心に取り上げたが、第Ⅲ部では異なったアプローチを取る。

このセクションでは、投資運用の将来について述べる。少数のブティックファームが優良銘柄の分散ポートフォリオを提供していた時代から、株価高騰のゴーゴー時代、MMFの台頭、スター・ファンドマネージャーの個人崇拝時代、最初は伝統的なインデックス・ファンド（ＴＩＦ）、続いて上場インデックス・ファンド（ＥＴＦ）によって起きたインデックス革命に至るまで、ミューチュアルファンド業界の歴史は常に変化してきた。良かれ悪しかれ、この変化のプロセスはこれからも続くだろう。

第Ⅲ部では、将来、投資運用という職業が直面する恐れのある三つの大きな課題について予測を試みる。

第17章では、ミューチュアルファンド業界の大手三社が投資家の利益を最優先させるように、「ミューチュアル化」をする必要性について述べる。

第18章では、存在そのものを脅かそうとする見当違いの研究者たちから、S&P500のような広範な市場を対象とするインデックス・ファンドを守るための戦いと、インデックス・ファンドが企業の所有者として持つ支配の影響に焦点を当てる。

最後に、第19章では、ミューチュアルファンド業界に大きな影響を及ぼすだけでなく、あらゆる種類の既存の投資運用会社にも影響する連邦法の可能性を探る。私はこれを、独断で選んだ年を冠して、仮に「二〇三〇年金融機関法」と呼ぶ。主に、今ではほとんど存在しなくなった「クローズエンド型」ファンドの運用会社の行動規制を目的としていた、時代遅れの一九四〇年投資会社法に代わるものだ。一九四〇年の法では（必然的に）、企業の所有者としての現在のインデックス・ファンドによる支配の影響等、今日の資産運用会社が直面している問題の多くが無視されていた。第19章の終わりでは、その他いくつかの新しい重要な問題について取り上げ、第Ⅲ部の各章がどのように、「投資家優先」という一つのテーマにつながるかということについて、麗々しく締めくくる。

第17章　ファンド業界のミューチュアル化

ミューチュアルファンド業界――一九五一年と二〇一八年

この章を、一九五一年のプリンストンの卒業論文に私が書いた最後の文で始めたいと思う。

［ミューチュアルファンドは、］経済の成長に貢献し、個人投資家と機関投資家にその成長を共有させるという二重機能を発揮することにより、最適な経済的役割を果たすことができる。

ご存じの通り、一九五〇～五一年に私が研究した時には二五億ドルと小規模だったミューチュアルファンド業界は今、二〇兆ドルという巨大な規模を持つようになった。一九五一年には一％だった米国企業全体の議決権に占める割合は、現在、約三〇％とはるかに増えている。第二次世界大戦直後に始まったと言われる長期的な株価上昇のおかげで、ファンド業界は飛躍的な成長を遂げたにもかかわらず、ミューチュアルファンド全体では、「経済成長と公開企業の価値を最適な形で分かち合う」という暗黙の約束を十分には果たしていない。分かち合ってはいるが、最適な形ではない。

価値付加の失敗

一九二四年に、米国初のミューチュアルファンドが設立されてからほぼ一世紀が過ぎた。だが、バンガードが自ら証明した、「株式のリターンは究極的には企業が生み出すものであり、金融システムはそのリターンから価値を差し引く」という真実を投資家が完全に受け入れるようになってからは、まだ数十年に過ぎない。

繰り返して言えば、ミューチュアルファンドの王様〔運用会社〕は「市場を上回るプロの運用」という王衣を身に着けているのではなく、丸裸なのだ。実際のところ、王様だけでなく、ミューチュアルファンド王国のほぼ全体が裸なのだ。ファンドの投資家が得るリターンが過剰なコストによって減らされてしまえば、業界は暗黙の約束を果たせなくなってしまう。

全体として、「ファンドマネージャーは、顧客の資産に価値を付加することはできない」という考え方は、かつては異端視されていたが、今では広く受け入れられるようになっている。これが主にインデックス・ファンドの台頭に牽引されてミューチュアルファンド業界の破壊的革命につながった。そして、このインデックス革命を先導してきたのがバンガードである。

ポール・ボルカーからの賛辞

異端と言われたこの考え方を抱いてきたのは私だけではない。我が国で最も優れた歴史に残る金融リーダーのひとりで、一九七九年から一九八七年までFRB議長を務めたポール・A・ボルカーの意見でもある。

時間が経つにつれて、インデックスファンドの価値に対する圧力は、明確な論理、つまり、「アクティブ」な運用会社の大半は、ほとんどの場合、市場を「打ち負かす」ことはできないという、明白な証拠に裏付けられた論理に影響されるようになった。結局のところ、現在において、ミューチュアルファンドはほぼ市場と同等である。

コストがなく、完全に効率的に運用され、非課税だったとしても、平均すれば、〔アクティブ運用会社は〕市場を上回ることはできていない。そしてこうした障害により、一貫して平均を上回ることができるファンドというものはほとんどない。

これは、ファンドマネージャーには受け入れがたい結論だろう。ジョン・ボーグルは、同業者たちにはあまり人気がない。また、彼自身も、自分がバンガードに植え付けた独自のガバナンスや運用スタイルは簡単に真似できるものではないと、認めるにやぶさかではないだろう。ミューチュアルファンドをはじめとする集団投資機関に資産運用を任せている者は全員（つまりほとんど全員）、ジョン・ボーグルが投資家の利益を最優先するよう主張してくれたことに、感謝すべきである。[*1]

＊1　ポール・ボルカーによる『John Bogle on Investing: The First 50 Years』序文 (Hoboken, NJ: Wiley, 2001) からの引用。

バカげた構造

ポール・ボルカーの最後の文は、ファンド投資家の利益を「最優先」すべきであるという私の一貫した主張の土台となるものである。

私にとってその主張は、「ミューチュアルファンドは真に〝ミューチュアル〟たるべきであり、その投資家自身に所有・支配されるべきである」ということを意味する。現在、バンガードという唯一の例外を除けば、こうした構造を持つファンドは存在しない。

バンガードは、ファンドが自ら運用を行っている唯一のミューチュアルファンド複合体であり、他のすべてのミューチュアルファンドは、(一)未公開、(二)公開、(三)国内外の金融コングロマリットの所有、のいずれかの外部企業と契約を結んでいる。

これら三つのどの形態にしても、それぞれ所有の異なる会社が、主に、自分たちが運用するファンドから受け取る報酬を増やすことにより、資本に対する自分たちのリターンを最大化しようとすることになる。だがこの目標は、投資により自分たちのリターンを最大化するという、投資家の目標と直接対立してしまう。運用報酬は全額、投資家の負担になるからだ。

一見して、例えば、一〇〇〇億ドル規模のミューチュアルファンド複合体(運用額数兆ドル)が、業務の管理やファンド出資者の投資管理、運用ファンドの投資口の販売を外部の会社に委託する必要がある、というのはバカげているように思える。大規模なファンド会社は、なぜ自分たちで運用しないのだろうか?

米国の公共政策と矛盾する構造

答えは、「ずっとそうやってきたから」。確かにその通りだ。だが、この外部運用構造はファンド業界の準拠法[*2]に文字上は違反していないとしても、その精神には違反している。

証券取引委員会は、一九八一年に次のように判断している。

本法は、ファンドは、投資顧問会社や引受会社等の利益ではなく、出資者の最善の利益のために運用・運営されるべきであるということを基本方針のひとつとしている。（中略）［バンガードの］ファンドは、この目標を促進するものである。[*3]

それよりも前の一九六六年に、一九六四年から六九年まで証券取引委員会の委員長を務めたマニュエル・F・コーエンも、この現実について述べていたことは、第2章で触れた。手厳しく正確に表現されているので、ここに再掲する。

ファンドが作られ、売られる主な理由は、販売者と運用者が利益をあげるためなのだ。

ミューチュアルファンドを、運用会社が利益を挙げることを目的として作られた構造の下で運用・運営することは間違いなのだろうか？　そうかもしれないし、そうではないかもしれない。だが、そのような構造は、一九四〇年投資会社法に定める政策基準に直接矛盾する。

＊2　一九四〇年投資会社法。
＊3　SEC行政手続・整理番号三‐五二八一、一九八一年二月二五日。

「独立した精査」？

一九四〇年投資会社法では、投資会社は適切かつ独立した精査を受けなくてはならない、とも定められている。しかしながら、この規定は「遵守より違反に名誉が与えられる」（シェイクスピア『ハムレット』）。大半の独立取締役（表向きにはファンドの運用会社と直接的な関係がない）は、ほとんど何もせず、倫理的ではない経営陣の行動や、ひどいファンドパフォーマンス、既存の過剰な報酬や、誤解を招くマーケティングキャンペーンを暗黙のうちに（目に見える行動なく）受け入れることにより、多くの報酬を受け取る。[＊4]

ミューチュアルファンドの独立取締役による責務の遂行について、疑いを抱いているのは私ひとりではない。ウォーレン・バフェットは、独立取締役は「ドーベルマンのように」行動すべきであるのに、「尻尾を振るコッカースパニエルのように」行動していると言っている。[＊5]

＊4　ミューチュアルファンド会社上位五社の独立取締役の平均年間報酬は、四〇万ドルを超える。
＊5　バークシャー・ハサウェイ年次株主総会、二〇〇九年五月二日。

赤ん坊は育つもの

ミューチュアルファンドは、運用会社という親の赤ん坊として生まれ、乳を与えられて育った。親たちの恐らく大半は、子供／顧客のために働こうとしているかもしれないが、その中には時々、一時の流行に過ぎない「ホット」なファンドを作り、多額の報酬を生み出すヤマ師がいる。運用会社には、ミューチュアルファンドのフランチャイズを利用して、新しいオーナーに自分たちの会社を売却するところもある。[*6]ウォーレン・バフェットは、受託者責任を収益化し、最も高い入札者に売却しようとするファンドマネージャーの行為についても、次のように遠慮なく指摘している。

［経営陣が会社を売却しようとしている、ミューチュアル］ファンドの取締役は、なぜ、単純に、入札者の中から最もいいと思う相手を選んで、その相手と直接契約しないのだろうか？　そうすれば落札者は、一銭も受け取る資格のない、スチュワードシップの原則をないがしろにする前運用会社に多額の「支払」をしなくて済むし、当該のファンドを、もともとよりもはるかに低い継続報酬で運用することができるはずである。本当に独立した取締役なら、このやり方で新しい運用会社を確保するよう、主張すべきである。

子供と同じで、ファンドも成長する。成熟することさえある。親の子育てがうまければ、子供たちは独立し、自活し、自分たち自身で基準を決める。ミューチュアルファンド業界ではそうはならず、子供であるファンドには、独立して自主的にビジネスを運用するチャンスは与えられなかった。

トマス・ペインも、大英帝国に対しアメリカ植民地の放棄を求める一七七六年の『コモン・センス』の中で、同じ喩えを使っている。

人生の最初の二〇年は、次の二〇年間の前例になると（中略）主張したくなるのも分かるが、（中略）大陸が永遠に島によって統治されるというのは、非常に不条理である。

＊6 私は、「二人の主人に仕える」（運用会社の株主と、ファンドの投資家）ことの異常さと、ファンド運用会社の株式公開による悲惨な結末のいずれについても、何度も書いている。『Common Sense on Mutual Funds: New Imperatives for the Intelligent Investor』一〇周年記念版（Hoboken, NJ: Wiley, 2001）参照。

「バンガード・エクスペリメント」

バンガードの場合は全く違う。ミューチュアル化は、一九七四年の誕生（再生と言ってもいい）と同時に始まった。これは一部には、既存の一連のファンド（特にウェリントン・ファンド）は十分育ったので、独立すべきであるという単純な認識の下に設立されたものだった。[*7] 私たちはこれを、ミューチュアルファンドのガバナンスにおける「バンガード・エクスペリメント」と呼んだ。業界の伝統的な構造からの一八〇度の転換が直接、インデックス・ファンドの誕生につながり、現在、バンガードの資産基盤の四分の三近く、また、全株式ミューチュアルファンドの資産の半分近くを占めるようになっている。

インデックス・ファンドの原則は、伝統的なインデックス・ファンド（TIF）をはるかに超えて上場投資信託（ETF）でも広く採用されている。バンガードのインデックス戦略も広く模倣（コピー）（必ずしも模造（イミテート）とは言うまい）されているが、ミューチュアル構造の方は、四四年間も成功が証明されているにもかかわらず、まだ誰にも模倣されていない。[*8]

＊7　第1章の図表1・1に関する説明参照。

＊8　私は、「誰もついてきてくれないのなら、誰からもリーダーと認められていないのではないか？」と自問することがよくある。

来るべきミューチュアル化の時代

私は、大手ミューチュアルファンド会社すべて（バンガード以外）の特徴である停滞した構造は、今後一〇～二〇年間で変わり始めると予測する。現在の非生産的な構造の歪みだけでなく、投資家に低コスト負担で投資を成功させることの決定的な重要性に関する認識の高まりも、変化を推し進めることになるだろう。そう、コストを長期的に複利計算する暴挙を許さず、リターンを長期的に複利計算すれば、マジックが働くのだ。[*9]

バンガードは間違いなくファンド市場で成功しているが、ファンド業界にはまだ、ミューチュアル化への動きは見られない。私はできる限りこの福音を伝えるように努力してきたが、その機会にはあまり恵まれなかった。

＊9　株式市場のグロスリターンが五〇年（現代の若い投資家の投資寿命より短い）にわたって年七%だったとすると、一ドルが二九・四六ドルになる、ということを認識している投資家はほとんどいない。だが、年間コストが年二%であれば、ミューチュアルファンドの正味リターンは五%になり、一一・四七ドルにしか増えない。

ストライク・ワン――IBMファンド

私は、バンガードに続く初のミューチュアル化に参加するチャンスを待った（ひたすら）。そのチャンスは、一九九四年にやって来た。

IBMでは、従業員の退職手当を積み立てるため、インデックス・ファンドを中心に、子会社のIBMクレジット・インベストメント・マネジメントが管理する一連のミューチュアルファンドを設立した。一九九四年の資産は六億五〇〇〇万ドルで、IBMはこのミューチュアルファンド子会社を公開売却に付して価値を収益化することを決定し、コンサルティング会社に、最も高値で買収してくれる相手先を探すよう委託した。

この売却案を耳にした時、すぐにチャンスだと思った。私たちは、親会社のIBM（売却で多大な利益を得ようとしていると思われた）にではなく、IBMのファンド自体の独立取締役に直接提案しようとした。

ファンドの取締役たちに提案を説明しに訪れた時には、歓迎されたとまでは言えないにしろ、少なくとも、言い分を述べることは許された。

私たちは、バンガードのマネージング・ディレクター、ジェレミー・G・ダッフィールドと共に、プレゼンを行った。バンガードは、IBMのファンドを同等の、バンガード・インデックス・ファンドに統合するが、IBMには何も払わない。ただし、最低限のコストにより、ファンドの出資者（IBMの従業員と退職者）にとっては、初年度は一二〇万ドル、以後長年にわたって何百万ドルもの節減になる。[*10] しかし私たちの提案は受け入れられず、このIBMの子会社は、一四〇〇万ドルでロードアイランドのフリート・ファイナンシャル・グループに売却された。[*11]

＊10　私たちの提案では、バンガード500インデックス・ファンドの経費率は当時〇・一九％で、IBMの〇・四〇％と比べると、五〇％以上のコスト削減になるはずだった。二〇一八年までには、バンガードのファンドの経費率は七九％減の〇・〇四％にまで下がっている。

＊11　フリート・ファイナンシャルあるいはその後継企業との取り決めは最早存在しないが、IBM401（k）確定拠出年金は現在、大半がインデックス・ファンドに投資されており、平均経費率は〇・一二％である。

これほど明確な対立はない

私は、この決定に腹を立てた。思うに、このファンドの独立取締役たちは、自分たちが明確な受託者責任を負うIBMファンドの出資者の利益よりも、親会社であるIBMの株主の利益を優先させたのである。あまりにもうんざりしたので、私は、それまでしたことのないことをやった（以後一度もやったことはない）。

ウォール・ストリート・ジャーナルの記者、サラ・キャリアンに会い、経緯を話したのである。その二日後の一九九四年四月二六日版の一面の金融ページに、本来であれば注目されなかったであろうこの出来事について、「IBM、ファンド売却計画を激しく非難される」という見出しでサラの記事がでかでかと載った。

サラは、この詳細な記事を書くに当たり、ファンドの三人の独立取締役に電話を掛けた。一人はコメントを拒否した。二人目は決定を擁護した。三人目のコロンビア大学のマイケル・タッシュマン教授は「〝私には何も分からない〟と言って電話を切った」と書かれている。

ストライク・ツー――パトナム

一〇年後の二〇〇七年に、二度目のチャンスが到来した。パトナム・マネジメント・カンパニーは、ミューチュアルファンド業界の初期のパイオニアの一つだったが、一九六五年にIPOを行って株式を公開し、七〇年には保険会社のマーシュ・アンド・マクレナンに買収された。

この買収は、（一）マーシュにとっては金脈、（二）パトナム・ファンドの出資者にとっては大惨事となった。その例が、パトナム・ハイインカム・ガバメント・トラスト・ファンドの誤解を招くような広告と宣伝である。長期米国債の利回りが六％だった時に、一二％の利回りを提供すると謳っていたのだ（なぜかは訊かないでほしい）。

そして、その約束をひどく裏切ることになった。配当は大幅に減少し、資産価値は下落し、ファンドからの収入に生活費を頼る退職者が大半を占めていた出資者たちに、大きな損害を与えることになった。

その後、二〇〇〇~〇三年の下げ相場でも、パトナムのアグレッシブな株式ファンドの大半は急落した。破綻のすべてが、パトナムへの投資からのリターンを最大化したいと考えたマーシュの責任とはいえないかもしれないが、収益を上げるための提案には、アグレッシブな戦略による高リスクファンドの組成と、アグレッシブなマーケティングが含まれていた。パトナムの資産価値は、市場平均を大幅に下回った。

倫理の破綻

パトナムでは、パフォーマンスだけでなく、倫理も破綻していた。同社のマネージャーたちは、ファンドの出資者をないがしろにしてファンドマネージャーの懐を肥やす、「時差取引」の不祥事に深く関与していた。元来、大規模な投資家は、国際的なファンドにおいて、純資産価値はニューヨークで午後四時に算出されたものを、市場終値は約一四時間早いアジアのものを使って売買を行うことにより、アービトラージのチャンスを利用していたが、ニューヨークのエリオット・スピッツァー知事がこの不正な行為を暴いた時に、「チャンス」は消えてしまった。

結局のところ、パトナムのローレンス・ラッサー社長には、「時差取引」スキームによりファンドの資産を希薄化して、パトナム・ファンドの出資者の利益を減らしながら、パトナムのオーナーであるマーシュ・アンド・マクレナンを裕福にさせた対価として、大金の報酬（数億ドルともいわる）が支払われていた（ラッサーは不正行為によりSECから罰金が科されたが、その金額は七万五〇〇〇ドルだった）[*12]。

＊12 パトナムの件については、自著『The Clash of the Cultures: Investment vs. Speculation』（Hoboken, NJ: Wiley, 2012）で詳しく取り上げている。

完璧なケース

投資の破綻と倫理の破綻が組み合わさっていたのだから、ミューチュアル化のテストケースどころか、完璧なケースだろう。二〇〇八年初め、私はパトナムの取締役会長と面談したが、彼は、以前マーシュ・アンド・マクレナンの上級役員だった経歴があるにも関わらず、「独立取締役」とみなされていた。他にも、会った中には二人の「独立」とされる取締役がいた。

私は、今こそ、ミューチュアル化し、既存のスタッフは維持したまま、新しい独立取締役を採用して投資顧問料を引き下げ、会社も使命も新たにする時ではないかと伝えたが、三人の答えは「ノー」。「ノー」。そして「ノー」だった。

その後、マーシュは、カナダの金融コングロマリットであるグレート・ウェスト・ライフコに、三九億ドルという驚くべき金額でパトナムを売却した。今回も、運用会社のオーナーにとっては素晴らしく、ファンドのオーナーにとっては悲惨なことであった。その後の一〇年間ずっと、ぱっとしない（か、それよりも悪い）リターンしか得ることができていない。

それはまた、買収したグレート・ウェストにとっても悲惨なことだった。パトナムのミューチュアルファンド資産は二〇〇〇年の二五〇〇億ドルから、一八年には七二〇億ドルに下落した。株式市場の累積リターンが一四〇〇％だった期間に、資産を七〇％も減少させたことになる。パトナムが生き残るのは大変だろう。

ツーストライクでも粘る

今回、ＩＢＭやパトナムのファンドの独立取締役たちに提案したミューチュアル化の例を伝えられたことに、いくらかは満足している。どちらの努力も実らなかったが、ファンド株主の利益を最優先させるための戦いは、少しも終わったわけではない。

もちろん、ファンド界の現状を見れば、私の楽観主義はいかにも青くさいか、バカげているように聞こえるかもしれない。ファンド業界の金銭的なインセンティブは、ファンドマネージャーが得をするようになっている。だが、いずれ変わるだろう。

（一）資産基盤が大きい。（二）パフォーマンスが悪い。（三）コストが高い。（四）経営陣が非倫理的な行動を取ったことがある。（五）運用会社買収案の条件が厳しく精査されている。（六）ファンドの取締役会の力が強く、強力なリーダーがいる。（七）ファンドの役員および取締役に関する厳しい受託者責任基準が米国の公共政策として根付く。

これらの条件に該当するファンドグループは特に変容を迫られるだろう。

また、必要性もある。各社は、競争がますます激化する業界において、投資家の利益となるように価格競争をしていく上で、「消費はすべての生産の唯一の目標であり目的である」という金言を認識して、ミューチュアル化する必要があるだろう（「投資家の利益こそ、ミューチュアルファンドの唯一の目標であり、目的である」と読み替えられる）。ミューチュアル化は必ず起こる。

SECの発言

証券取引委員会は、一九六五年の「投資会社の成長が公共政策に及ぼす影響」（PPI）と題する連邦議会宛報告書で、ミューチュアル化（「内部化（インターナライゼーション）」という用語が使われている）の問題を取り上げている。以下はその抜粋である。

> 当委員会は、今回は全投資会社の運用機能の強制的な内部化について、抜本的な法定要件を提言する準備はできていない。運用報酬の分野における業界の外部運用構造から生じる悪影響や、ファンドと外部の業務委託組織との関係におけるその他の側面について直接取り組むことになるからである。
>
> 投資会社の振興において、ファンドが適切な規模に達した後の投資顧問契約から生じる利益の見込みが最大の動機になってきた。（中略）当委員会では、運用の強制的な内部化の抜本的な解決策に代わる手段を十分に試すべきであると考える。それは、運用報酬に妥当性基準を適用することである。[*13]（中略）この規制アプローチは、投資会社の運用報酬という分野に存在す

る問題も解決できる。解決しなければ、より徹底的な措置を検討する必要があろう。

同法（一九四〇年投資会社法）と現在の業界慣行の間の矛盾を公共政策が容認すれば、「より徹底的な措置」を検討してミューチュアル化を推進するための規制的対応どころか、法的対応をも危うくする恐れがある。

SECがこの文章を書いた一九六五年に比べると、アクティブ運用株式ミューチュアルファンドの資産は、当時の三五〇億ドルから七・五兆ドルに増加している。ところが、これらの株式ファンドの資産加重ベースの経費率は、〇・五〇％から〇・七八％に上昇し、投資家が支払った経費の総額は、一九六五年の一億七六〇〇万ドルから五七〇億ドルに増えた。資産が二万一〇〇〇％しか増加していないのに、経費の増加率は三万二〇〇〇％となっているのである。

つまり、莫大なスケールメリットを実現する業界では、節減額のほとんどを、ファンドマネージャーが不当に占有し、自分たちの利益にしていて、ファンドの出資者のものになったのはゼロである（実際、ゼロよりも少ない）。「より徹底的な措置」を検討すべき時だろう。

＊13　PPIは、一九七〇年に行われた一九四〇年投資会社法改正の根拠となったが、SECが設けようとしたこの妥当性基準は、ファンド業界やそのロビイストたちによって弱められてしまい、本来提案されていた厳しい文言は骨抜きにされてしまった。

第18章　S&P500インデックス・ファンドに対する批判[*1]

私は、業界の大手企業をミューチュアル化しようとする戦いの他に、我々が知っているミューチュアルファンド、つまり、大規模で分散しており、一業種の多数銘柄を保有することが多い投資ポートフォリオの、生き残りを賭けた戦いも続けていく。数多くの学術研究でそれらの存在そのものが疑問視され、またS&P500インデックス・ファンドが攻撃の標的となっているように思えるからである。

正直なところ、インデックス・ファンドは「個人投資家のために生み出された最も重要な金融イノベーション」[*2]とみなされることが多いのに、その存続を擁護する必要があることに、ショックを受けている。

本書を通じて指摘している通り、インデックス・ファンドはミューチュアルファンド業界において目覚ましい成功を収めている。一九八七年には株式ファンド資産のわずか二%しか占めていなかったインデックス・ミューチュアルファンドは、まもなく、米国の株式ファンド資産の半分以上を占めることになるだろう。インデックス・ファンドには、投資運用についての考え方を変えてくれたこと、そしてコストの重要性を明らかにしてくれたことに感謝したい。

その成功にも関わらず（もしかしたら、そのせいで）、近年、インデックス・ファンドは様々な面で攻撃を受けている。投資家に、株式・債券市場で生じたリターンの公正な取り分を得ることを可能にしたイノベーションが今、アクティブ型ファンドのマネージャーと結びつく嫉妬深い競合先のみならず、学術界からも攻撃を受けているとは、バカバカしく思えて仕方ない。

＊1　この課題は、すべての大規模で分散型の株式ポートフォリオにも当てはまる。
＊2　バートン・マルキールがこの文言の引用を本書に許可してくれたことに感謝したい。

ウォール・ストリートからの批判

もちろん、ウォール・ストリートはインデックス・ファンドをあまりよく思ってはいない。インデックス・ファンドの場合、アクティブ運用が投資家のリターンを増やすという考え方の妨げになるし、投資顧問料は生み出さないし、ポートフォリオの入れ替えも少ないことが多い。しかし一部の資産運用会社によるインデックス運用に対する嫉妬に満ちた批判は、利己的で未熟なもので、真剣に答えるには値しないと考える。

たとえば、資産運用会社のアライアンス・バーンスタインがホワイトペーパーに書いた、「パッシブ投資はマルキシズムよりも悪い」というのは間違っている。最近のウォール・ストリート・ジャーナルの「パッシブ投資家は投票しない」という論説の結論も容認しない。資産運用会社ジャナス・ヘンダーソン・インベスターズは、インデックス・ファンドは議決権をアクティブ運用ファンドに譲るべきだ、と主張しているが、「株式の所有者が自分の議決権を、株式をレンタルしているだけの者に譲る」など、バカバカしいにも程がある。

学術界からの批判

学術界から生じた攻撃については、はるかに真剣に受け止めている。この攻撃は、執筆者たちの言う「共同所有」の問題が中心である。競合企業の株式を多数保有するファンドは、競争阻害的な動機を生む、と主張する文献は、少数だが増えている。例えば、S&P500インデックス・ファンドは、株式を公開している全航空会社の大株主なので、「ファンドは、明示的もしくは黙示的に、航空会社の経営陣に、お互いに競争しないよう働きかけている」と批判する。[*3]

この仮想上の問題の存在を裏付ける有力な証拠は一つも提示されていない（全くない）にもかかわらず、すでに改善策を提案している研究者もいる。「機関投資家の競争阻害力を制限するための提案[*4]」において、シカゴ大学ロースクールのエリック・ポスナー教授、マイクロソフト・リサーチ主任研究員兼イェール大学客員上級研究員グレン・ウェイル、イェール大学のフィオナ・スコット・モートン教授は、アクティブ運用ファンド同様インデックス・ファンドも含め、「大規模な機関投資家は、一業種に対し一社にのみ、投資することが認められるべきである」と提言している。

＊3　この点を主張するのに、常に引き合いに出されるのが航空業界のみだというのは興味深い。他の業種はほとんどすべて無視されている。

＊4　Antitrust Law Journal, 2017, 81(3).

一業種一社

その主張は、ある業種の全企業の株式を多数保有している者は、利益を最大化するために、それらの企業に対し、賃金を引き下げ、価格を引き上げることを、少なくとも黙示的には奨励する、というものである。もしこのような行為が立証されるのであれば、競争阻害的とみなされ、一九一四年クレイトン反トラスト法の違反となるだろう。

大規模な投資家を一業種一社に制限する提案が法制化されれば、アクティブ運用会社によって運営されているミューチュアルファンドの伝統的な目的である、広範な投資分散が損なわれてしまうだろう。さらに、S＆P５００インデックス・ファンド等、インデックス投資を崩壊させることになるだろうし、大規模な投資プールには広範な分散という、広く受け入れられている原則をも、実質的に違法なものにしてしまうだろう。

しかし「業種」を定義することは難しい。執筆者たちは、順守するためには一インデックス・ファンドが一体いくつの銘柄を売却する必要があるのか、具体的に示していない。この提案が法制化されるとしたら、S＆P５００インデックス・ファンドは一体何銘柄保有することが許されるのだろうか。S＆P５００は「S＆P１４３」か、「S＆P２１５」か、それとも「S＆P３５０」になるのだろうか？　私はこの単純な質問に対する答えを求めて、二年以上も手紙を送り続けているが、まだ回答は受け取っていない。

業種はいくつあるのか？

この論文の執筆者たちは四九業種を特定しているが、「業種」とは何かを明確にすることは困難な作業である。もっと細かく分類していくことになるので数は増える、と彼らも言っている。S&Pでは一三五の業種と下位業種を特定しているから、厳密に解釈すれば、S&P500ではなく「S&P135」ということになるだろう。

執筆者たちは、業種について、自分たちの定義を提示しようとはしておらず、その責任を反トラスト法執行機関（米国では、DOJとFTC）に付託している。米国政府の官僚たちが業種の定義を決定するのであれば、悪い状況がますます悪化する。

誰がインデックス・ファンドを崩壊させようとしているのか

だが、これは最も小さな問題に過ぎない。もしそうなれば、現在のS&P500インデックス・ファンド（と、トータル株式市場インデックス・ファンド）はそれぞれ、各業種の様々な企業を選んで、見通しが変化したら売買することになるので、アクティブ運用の一形式が増えるだけで、コストも高く、最早インデックス・ファンドではなくなってしまう。

もともとS&P500インデックス・ファンドだったはずのファンドが挙げるリターンはそれぞれ異なることになり、優れたリターンを求めて互いに競合するようになり、「コストが違いを生む」という概念は、競争の混乱の中に消え去ってしまう。先ほどの提案は、実際、投資の世界の民主化と（正しく）表現されているインデックス・ファンドを、明らかに崩壊させてしまうだろう。[*5]
執筆者たちはまた、インデックス・ファンドが、長年にわたって蓄積してきた数百（S＆P500インデックス・ファンドの場合）もしくは数千にも及ぶ保有銘柄（トータル株式市場インデックス・ファンドの場合）を現在よりもずっと低い株価で処分した場合に、個々のファンド投資家が被るであろう悲惨な税務上の影響を軽率にも無視している。多分、実現されるキャピタルゲインは二〇〇〇億ドル程度になるので、約二五〇〇億ドルの税金が課されることになるだろう（課税繰延退職金口座のインデックス・ファンド投資家は課税されないが）。

＊5　五〇〇〇億ドルの規模を持つ、連邦政府の指数連動型スリフト・セービングス・プラン（公務員向けの確定拠出年金制度）も成り立たなくなる。

パスカルの賭け――結果は確率に優らなくてはならない

私は、神の存在に関するパスカルの有名な賭けを思い出さずにはいられない。パスカルは「結果は常に、確率に優らなくてはならない〔神の存在する確率が仮に低かろうが、存在する方に賭けた者に、良い結果がもたらされる〕」と結論した。

インデックス・ファンドに一業種一社方針を適用することにより、いくらかでも企業の独占力が減じられる確率は曖昧で、定量化は不可能である。この方針の影響により、大規模な資本プールによる分散投資はすべて崩壊する。今我々が知っているS＆P500インデックス・ファンドは姿を消してしまうだろう。資金をインデックス・ファンドに委託した投資家たちが被る損害は計り知れない。この方針が必要であり、かつ公益に資する可能性はわずかだが、及ぼす影響は途方もなく、はるかに重い。

課題に直面しているインデックス・ファンド

機関投資家の保有銘柄を厳しく制限するという提案には、批判すべき点が多々あるが、インデックス・ファンドや、金融機関が運用するその他の資本プールの目覚ましい成長が、公共政策の問題を引き起こさないと言うつもりはない。引き起こすに決まっている。今までの傾向がこのまま続くとしたら、いつの日か、少数の巨大な機関投資家が、米国のほぼすべての大企業の議決支配権を握ることにもなりかねない。

確かに、米国のインデックス・ファンドは巨大な規模に成長している。保有する米国株が時価総額に占める割合は二〇〇二年の三・三%から〇九年には六・八%に倍増し、さらに一八年には一四%に再び倍増したと見積もられている。その他のミューチュアルファンドは現在、企業株式の二〇%を保有していると推定され、ミューチュアルファンドを合計すると三五%近くになり、普通株の単独の保有者としては、我が国最大となる。

米国の全金融機関（年金基金や貯蓄基金、ミューチュアルファンドを含む）の保有割合は、全株式の六三%である。

私たちは、機関投資家による圧倒的な支配と、それが金融市場やコーポレート・ガバナンス、公共政策に及ぼす影響を注意深く見守らなくてはならない。これは、今後の時代における大きな論点となるだろう。

インデックス運用における集中

また、インデックス運用セクター自身が、寡占の特徴を多く持つという現実についても、考慮する必要がある。[*6] わずか三社がインデックス・ファンド資産全体の八〇%を占め（バンガードが五〇%、ブラックロックが二〇%、ステート・ストリート・グローバルが一〇%）、この分野を支配している。大手の三社による寡占は、ある業界における企業競争とは別の問題だとしても、我が国の政策立案者たちが必然的に、機関投資家による株式所有の力と集中に目を向けた時には、必ず生じると思われる問題である。

この寡占はもちろんおかしい。これが存在する主な理由は、インデックス運用分野に新規参入者が少ないからだ。そしてそれは参入障壁の高さのせいではなく（この大手三社が得ているスケールメリットを新規参入者がすぐに達成するのは難しいには違いないが）、価格（経費率）がコモディティ同様のレベルになってしまっているからである。二〇一八年初めには、インデックス・ファンド市場で競合するために必要な経費率は、資産のわずか〇・〇四%（四ベーシスポイント）に下がっている。

＊6　古典的な寡占は、少数の売り手が、多くの買い手が支払う価格を引き上げようとすることと説明されるが、インデックス・ファンドの「寡占」（があると仮定して）では、価格の引き下げを競争し、取引に最も高い価格をつけることを目指す潜在的な競合先を阻止しようとする。

「利益は全部ファンドの投資家のところに行く」

価格の低さは運用利益の低さにつながる。実際、バンガードは「実費」ベースで運営しているので、ファンド業務からは利益を得ていない。端的に言えば、ファンド運営会社の大半がインデックス・ファンド分野への参入を避ける理由は、「利益が全部ファンドの出資者のところに行く」からだ。

そもそも、人々が寡占や独占を懸念する大きな理由の一つは、それが、消費者にとっての価格を引き上げてしまう傾向にあるからだ。しかしインデックス運用の場合は違う。投資家が投資コストの悪影響を理解するようになり、インデックス・ファンド会社のスケールメリットが高まるにつれて、インデックス投資家が支払う経費率がゼロに向かうのは避けられない。実際、二〇一八年八月に、フィデリティは経費率〇％の二つの新しいインデックス・ファンドを発表している。

現在の我が国の企業における所有の集中は、巨大でありながらさらに急速に拡大しているので、インデックス・ファンド分野にはもっと競合先が必要だが、アクティブ型のファンド運用会社には、この戦いに加わる金銭的なインセンティブがほとんど、あるいはまったくないどころか、かなりマイナス（報酬が下がる）である。

インデックス・ファンドによる企業所有の割合は、現在のまま成長し続けると多くが予想しており、もっとインデックス運用を増やし、アクティブ株式運用は減らすべきだと考える向きもある。八〇％ぐらいまでは何の問題もないと考える人たちもいるが、私はそうは思わない。少数のインデックス運用会社が企業の全議決権の八〇％を保有すれば、最大の会社は三〇％以上も保有することになる。このような集中が、国益に資するとは思えない。

独占力？

インデックス・ファンドが受けている攻撃について懸念する大きな理由がもう一つある。インデックス・ファンドを、我が国の人々の間で不平等を増し、第二の「金メッキ」時代に向かわせようとする、社会に対する広範な脅威の一部とみなす者たちがいるのである。この攻撃の裏にいるのがグレン・ウェイルとエリック・ポスナーの二人で、二〇一八年五月一日のニューヨークタイムズ紙に、「現代の新たな金メッキ時代の後ろにいる本当の悪党（リアル・ビラン）」と題する論説を書き、「独占力（モノポリー・パワー）」の責任を糾弾した。その主張はこうである。

過去二〇年間、米国の成長率は世紀半ばの半分ほどに落ち込んでしまった。上位一％の人々が所得に占める割合は一九七〇年代の二倍に増えているが、全労働者が得る所得の割合は一〇％近く減少している。新しい金メッキ時代の印である。

私もまた、これらの問題を深く懸念している。全員ではないにしても、思慮に富む人のほとんどが、同じ懸念を抱いているのではないかと思う。だが、この研究者たちは、労働市場に対する企業の権力や、独占力を実現しようとするその他新たな方法よりも、機関投資家による競合企業株式の保有をまず第一の要因に挙げて糾弾している。執筆者たちは「機関投資家のシェアが増えれば消費者の支払う価格は上がる」と主張しているが、因果関係の証明がないことが却って顕わになっている。

新たな金メッキ時代？

現在の社会に、一九世紀の金メッキ時代の特徴が多くみられることは否定できない。今日の資産の多くは、金融セクターで生まれたものである。だが今後、投資運用の将来に関心があるなら、機関投資家とその顧客に甚大な影響をもたらし、「幅広く分散された、低コストの株式市場インデックス・ファンドに投資して保有する」という、一般の人々が投資により資産を蓄積するための唯一にして最善の選択肢を失わせてしまう、このほとんど根拠のない理論と戦うべきである。

資金を運用する会社が、投資家や国民、社会の最善の利益になる判断を行うためには、抽象的な統計証拠や、事例証拠や、大雑把な一般論では足りない。結局のところ、パスカルは正しかった。結果は確率に優っていなくてはならない。

第19章　「二〇三〇年金融機関法」

分かり切ったことを言うようだが、投資運用の将来は、公共政策の立案者によって重要な部分が決められる。現在、投資運用において最も重要な形式となったミューチュアルファンドは、八〇年近く、一九四〇年投資会社法の規制を受けており、一九四〇年以降、ファンド業界は数えきれないくらいの変化を遂げてきた。当時、業界の総資産は四億五〇〇〇万ドル、つまり現在の二〇兆ドルの〇・〇〇二％に過ぎず、オープンエンド型ファンドは六八しかなかったが、現在は七九五六に増えている。

ミューチュアルファンドの世界は、成長だけでなく、まさにその特徴という意味でも、根本的に変わった。一九四〇年の法が、インデックス・ファンドを予期できたはずがない。しかしながら、今日、インデックス・ファンド（資産七兆ドル）はミューチュアルファンド資産の三五％、全株式ファンド資産の五〇％近くを占めている。一九四〇年の法は、ＭＭＦ（現在二・七兆ドル）や上場インデックス・ファンド（三・四兆ドル）も予期してはいなかった。現在の投資会社は、一九四〇年に存在していた業界とは、規模においても、範囲においても、権力においても、大いに変わってしまっている。

実際のところ、一九四〇年投資会社法は、クローズエンド型投資会社を規制することを公共の目的としていたが、現在これらの会社の総資産はわずか二七五〇億ドルで、投資会社の資産の一%を占めるに過ぎず、オープンエンド型（ミューチュアル）ファンドが圧倒的に優勢である。

ファンドとファンド複合体

一九四〇年投資会社法の最大の不備の一つとして、大半の運用会社が一つか二つしかファンドを扱っていなかった時代に、個々の投資会社を規制することに重点を置いていた、という点がある。現在は、マルチファンド複合体で事業が運営されていることがほとんどである。上位一〇のファンド複合体が業界の資産に占める割合は六三%で、平均一八四ファンドを運用している。ファンド運用会社を新たな規制単位にするのは当然だろう。

恐らく、ファンドとファンド複合体の違いは、一九四〇年投資会社法における、ミューチュアルファンドが一企業の議決権の一〇%以上を所有することを基本的に制限する規定に最もよく表れている。[*1] 私はここで、ファンド複合体の総投資にこのような制限（あるいは、より一般的な制限）を適用すべきだと主張するつもりはない。だが、ファンド業界のこのような著しい変化の後に、個々のミューチュアルファンドに重点を置いていた規制が永遠に通用すると考えるなら、甘いといわざるを得ない。

＊1　厳密に言えば、この制限は、投資会社の資産の七五％にしか適用されない。現実として、この区別は意味を成していない。

運用会社の株式公開

一九四〇年投資会社法では、ファンド運用会社の株式公開も想定していない。かつての大手の一つ、インシュアランス・セキュリティーズ・インクは、ファンド運用会社として初めて、自らを新しいオーナーに売却しようとした。SECはこの売却に激しく反対したが[*2]、長々と続いた法廷闘争の末、一九五八年に負けた。一九六〇年になる頃には、運用会社の株式公開が急増し始め、すぐに十数社がこれに続いた。巨大な金融コングロマリットが公開・非公開のファンド運用会社を買収し始めるまでには時間はかからなかった。

現在、ミューチュアルファンド業界では、株式公開は例外ではなく、主流である。分散型のファンド運用会社の上位五〇社のうち、四一社が、株式公開している（一四社）か、金融コングロマリットに所有されている（二七社）。残りのうち八社は非公開のままで、出資者に所有されているのは、ただ一つ、バンガードのみである。私は規制の大賛同者ではないが、業界の本質と構造が変わり、小規模経営が中心の業界が巨大になり、また、余りにも多くのファンド運用会社の行動に国民の厳しい目が集まる時代には、このミューチュアルファンド業界にも、もっと適切で意義のある規制が課されるべきだ。

＊2　株式公開の他の側面については、第Ⅲ部で既に取り上げている。

機関投資家とコーポレート・ガバナンス

一九四〇年投資会社法では、コーポレート・ガバナンスにおけるオープンエンド型投資会社の役割という広範なテーマがほとんど完全に無視されている。来たるべき「二〇三〇年金融機関法」（年は私の推測）では、同じ不備を繰り返してはならない。米国の企業が確実に、株主／オーナーの利益のために運営されるようにする上で、米国企業の株式の約六三％の保有者（ミューチュアルファンド、年金基金他の機関投資家）が決定的な役割を果たすことは、間違いないのだから。所有には権利もあるが、責任もある。現行法は、これらの責任の履行を確保するには不十分である。機関投資家に、代理投票権の行使責任を負わせる要件を含め、他人の資金の運用を受託する機関に対し、委託者の利益を最優先させることを求める、受託者責任に関する連邦基準が必要である。過去一〇年間、ミューチュアルファンドや他の金融機関による行動主義的なガバナンス・ポリシーの策定は大きく発展したが、まだやるべきことは沢山残っている。新たな法律では、運用会社全体と、運用会社がコーポレート・ガバナンスに果たす役割の問題に対処する必要がある。

一九四〇年投資会社法の範囲の狭さ

一九四〇年投資会社法における最大の不備の一つは、投資会社のみを対象としている点にある。理由は簡単で、当時、企業年金基金は存在していなかったのである（最初の年金基金が設立されたのは、まる一〇年後の一九五〇年)。

当時、寄贈基金はほとんど重要ではなかった。銀行の信託基金が群を抜いて最大の機関投資家で、連邦や州の銀行法で十分規制されていると思われていた。

一九四五年に様々な機関投資家が所有していたのは、株式公開している米国企業の議決権の五%に過ぎなかったが、現在は、合計で六三%近くに上っている。[*3] 実質的に、米国企業の所有は、自らの利益を代表する個人株主から、委託者(主にミューチュアルファンドの出資者や年金基金の受益者)の代理人として投資を管理し、委託者の利益を代表する義務を負う法人株主に移行している。

この企業所有におけるパターンの変化は、一見するよりもずっと複雑である。最大のミューチュアルファンドの運用会社が、大規模な年金基金の運用会社を兼ねるからである。二〇一八年には、米国の株式の機関投資家上位三〇社で、米国株式を一七兆ドル保有していると推定されているが、これはウィルシャー五〇〇〇の時価総額の七〇%に相当する。この保有の約半分をミューチュアルファンド、もう半分を年金基金とその他の投資家が占めている。それぞれに異なる規制を適用するような合理的な制度を想像することは難しい。

*3 その結果、世帯の株式保有は九五%から三七%に下落した。

インデックス・ファンドによる支配の影響

インデックス・ファンドは、我が国の資産運用会社が株式を所有し、集団的に支配する企業のガバナンスにおいて怠慢であると、頻繁に批判の矢面に立たされてきた。狙いやすい（大きな）ターゲットだからである。ただし、インデックス・ファンドはパッシブ投資家でありながら、オーナーとしてのアクティブさを増している。それは、受託者として、議決権を行使する以外選択肢がないからである。

アクティブな資産運用会社は、企業の経営陣や業務運営、戦略に不満であれば、単純に株式を売却する。インデックス・ファンドは、本質的にこれができないので、経営陣に改善を要求するか、経営陣を変えるしかない。まもなく、インデックス・ファンド全体が持つ議決権が、このためだけに行使されるようになるだろう。

この議決権の集中（実際には議決支配）は、米国証券取引委員会や連邦政府、そして社会が速やかに注目すべきテーマであり、一九四〇年投資会社法の前文にいう「国の公益と投資家の利益に貢献する」機関投資家の行動と業務に関する原則と基準を策定する必要がある。

学術界でも、多くの研究者が私と同じ懸念を抱いている。ハーバード大学ロースクールのジョン・C・コーツ教授は、二〇一八年九月二〇日の論文草稿で、インデックス運用とそれによるコーポレート・ガバナンスの改革について、「米国の公開企業の大半に対する実際的な権力、無類の力を持つ少数の個人によって支配されている」と書いている。[*4]

コーツ教授は現状を好ましく思ってはおらず、暫定的な政策の選択肢（必要なものもあるが、どれも検討するには骨が折れる）を提示している。教授は、「問題は解決しそうにない」と結論しているが、疑いようのない事実である。

＊4 「The Future of Corporate Governance Part I. The Problem of Twelve（コーポレート・ガバナンスの将来　第一部　一二の問題）」一二は、無類の力を持つ少数の個人の、大体の人数を表す数字として使われているが、私に言わせれば六くらいである。

投資に関するその他二つの問題

資産運用会社による運用にまつわる問題は数多く、ここでは取り上げきれないが、懸念している二つの問題について簡単に触れておこうと思う。まず、私たちは、株式や債券のリターンが過去の基準を下回る時代に直面する可能性が高い。他人のお金を運用する者は、個人投資家や年金基金、退職基金も同様に、この可能性について認識するよう、ベストを尽くさなくてはならない。

私は、特に年金基金（特にでいあって、過剰にでいはないが、州や地方自治体の年金基金）について、多額の赤字の報いを受けるのではないかと心配している。年金の運用者は、自分の投資ポートフォリオの想定将来リターンについて、自分の意見を知らせる義務を負うとも考えている。現在一般的に想定されている将来リターンの七・五％は、余りにもアグレッシブ過ぎるように思える。

次に、一般に優れていると思われている、オルタナティブ投資戦略のマネージャーとの取引を斡旋する仲介業者に対する「斡旋手数料」について。年金の受託者は、州や地方自治体の年金基金が支払うことの多いこの「定額課金制」報酬の使用と乱用に、常に慎重になるべきである。

「二〇三〇年金融機関法」はこのような報酬を禁止するか、最小限に抑えるべきか、投資顧問会社に支払われる報酬をすべて開示するよう求めるべきではないか。各運用会社が得たリターンを明確に開示することも必要だろう。

受託者責任――第Ⅲ部のテーマ

第Ⅲ部のこれまでの三章で述べてきた「将来の投資運用」に関する重要な提言には、一つの共通点がある。いずれも、直接または間接的に、約三〇兆ドルの資産を金融機関に委託している我が国の個人投資家に資することを目的としているのである。

これらのすべての課題（大小に関わらず）の先には、機関投資家は、何をおいても顧客の資産の受託者であり管理者でもあることを、徐々にでも認識することが必要である。トランプ政権は、投資家に退職金制度を販売する業者を対象としていた、労働省の見識あるフィデューシャリー・デューティー・ルール（受託者責任規則）を廃止してしまっており、SECがこの問題にどう対処するかは不透明である。だが、政府の規制があろうとなかろうと、資産運用会社の行動はすべて、受託者基準に基づいて形成されるべきであり、他人のお金を扱うあらゆる個人や組織に、受託者基準が適用されるべきである。

資産運用会社は、何よりも顧客の利益を優先し、真の受託者として行動しなくてはならない。業界は、我が国の金融、投資、コーポレート・ガバナンスといった制度を主に牽引する者として、政策立案者と協力して、この機会をとらえ、運用会社による所有や、インデックス・ファンドの現在の構造の保全、見識ある法令等、これからの時代の問題を解決しなくてはならない。投資家の利益と国益の双方に資する政策を目標とすべきである。

第Ⅳ部　思い出

投資をする人なら大抵は、これまでの章で詳しく述べてきた、私のキャリアやインデックス運用における反乱、投資理念について、少しは知っているのではないかと思う。この最終章では、私がどういう人間かについて触れてみたい。

どのように、社会に貢献しようとしてきたか。人生における喜びや悲しみ、そして不安（注意深く読んでほしい）。長い人生の間、他人を助けることでどれだけの喜びを得たか（遠い昔には、他の人たちが私を助けてくれた）。自分の人生に影響を及ぼした人たちにも感謝したい。感銘を受けた文章もいくつか引用している。

このいわば回顧録では、私に知性を深め、社会に貢献する機会を与えてくれた組織や、今ある自分を助けてくれた人々、私の個性を形作っている特徴等、私にとって大切な物事をアルファベット順にまとめている。普段の私の執筆スタイルとはかなり違うが、楽しんでほしいと思う。

確かに、こうした内容をアルファベット順にまとめるというのは、奇抜とは言わないまでも、変わっているかもしれない。アルファベットの二六文字を全部使うという衝動には抗った。そんなことをすれば型にとらわれることになり、結果は悲惨なものに終わっただろう。読者には、参考になることがあれば心に留めて、楽しんで読んでほしい。

第20章　本当に大切なこと

——回顧録

アドバイス（Advice）

人生の避けようのない浮き沈みや、絶好調の時や最悪の時を過ごす上で、私が知る最良のアドバイスは、「これもまた、過ぎ去ってしまう」というペルシャの古い諺である。

アメリカン・インディアン・カレッジ・ファンド（American Indian College Fund）

我が国の歴史について学べば学ぶほど、アメリカ初期のアングロサクソン系ヨーロッパ人の入植者は、他の人たちに属する土地を、自分たちのものと主張したのだ、という思いを強くするようになった。コロンブス以降、アメリカン・インディアンの人々は、侵入者や連邦政府、社会によってひどい扱いを受けてきた。私はこの過ちを正す義務があると感じ、ネイティブ・アメリカンの約五〇〇人の若い男女に奨学金を支給するアメリカン・インディアン・カレッジ・ファンドに、毎年、少額（私にとっては多額）の寄付をすることにした。一九九六年から二〇〇二年までこのファンドの受託者を務め、今でも毎年、社会のそれぞれの立場でベストを尽くしている若い学生たちから、笑顔や、まじめな顔の写真が送られてくる。

「鷲と熊」

一九九六年、心臓移植を待つ間、「万が一に備えて」、アディロンダック山地のプラシッド湖にある別荘に何か記念になるものを残そうと思った。そこで、ワシントン州北西部のルミ部族を通じて、トーテムポールを注文した。

ネイティブ・アメリカンのアーティスト、デール・ジェームズによって彫られたもので、高さは約二五フィート〔七・六メートル〕もあり、二二年間丘の上に立って湖を見守っている。

大きな杉の木を彫って作られたこのトーテムポールには、「鷲と熊」という独自の伝説が捧げられ、添えられている。

鷲は人間の彫刻師に呼び掛けて言った。「もうあまり時間が残されていないかもしれない。二つの世界に引き裂かれようとしているのを感じる。妻と子供を見る時、大きな愛と優しさを感じる。彼らを覚えておくために、記念になる素晴らしいポールを彫ってほしい。私たち家族のことを伝えるポール。鷲の心を持った男と熊の心を持った女の愛、そして、私の話を自分らの子供たちの子供たちにまで伝える、私たち二人の六人の子供たちのことを物語るポールだ」

ブレア・アカデミー（Blair Academy）

このニュージャージーの素晴らしいボーディングスクールは、私の長い人生の重要な土台のひとつであり、それは今でも変わらない。

双子の兄のデイビッドと私は、一九四五年九月にブレアに入学し、四七年六月に卒業した（さらに上の兄のウィリアムは、四五年六月に卒業している）。

ストレスが多かった家を離れられることは何よりも嬉しかった。

学費を払う手立てはなかったが、最愛の母が、無償で入学させてくれるようブレアを説得してくれた。私たちは奨学金を得、アルバイトをしてしのいだ（食堂のウェイター。卒業の年にはウェイターのリーダーになっていた）。

ブレアの経験豊富な先生たち（うち四人は、一九一二年にブレアでの教職に就いている）は、私の中に何か、価値あるものを認めてくれたようで、ちゃんとやらないと容赦してくれなかった。ジェシー・ゲイジ先生は最初、算数の試験で四〇点しかくれず、私はへこたれたが、その年の最後の試験では一〇〇点を取った。ヘンリー・アダムズ先生とマーヴィン・G・メイソン先生は怒りながら、赤ペンで私の英語の答案を直してくれた。点数はあまり見て嬉しいものではなかったが、お二人の指導により書く力が身に付いた。

遅れたスタートを克服しようと決心した私は一生懸命勉強して優等（クム・ラウデ）で卒業し、「最も優れた生徒（ベスト・スチューデント）」

に指名された。それが、私が気概を得た最初の時だったかもしれない。

お返し

私は、たくさんのものを与えられたので、何かお返しがしたかった。ボーグル兄弟奨学金基金はこれまで、一六〇名以上の若い男女をブレアに入学させており、毎年、十数人ずつ増えている。ボーグル・ホール（一九八九年）とアームストロング・ヒプキンス・センター・フォー・ジ・アーツ（一九九九年）は、両親や祖父母に敬意を表して名付けたものだ。

また、一九七三年から二〇〇二年までは主にメンバーとして、その後今日までは名誉会長として、会長職にあった一六年を含め、四五年間評議会に関わって母校に貢献してきた。学校の評議会のトップを務めることには、それなりの困難があるが、私は幸運だった。優れた前任者の故J・ブルックス・ホフマン医学博士（一九三六年度卒業生）が私のメンターになって、進むべき方向を示してくれた。

ブレアの再興

会長にとって最も重要な仕事は、新しい校長の選出である。私の場合は一九八九年だった。私は、ブレアに最大の能力を発揮させることのできる、魅力的でエネルギッシュな若い人間を探した。T・チャンドラー・ハードウィック（三六歳）がその職を引き受け、妻のモニーと共に、ブレアの再興を率い、母校を我が国でトップクラスのプレパラトリースクール（アイビーリーグなどの名門大学を目指す」として復活させてくれた。

望ましいガバナンスには、評議会の会長と校長との揺るぎない関係が重要である。ブレアが優位を保つのにこれは不可欠で、自分自身で課して守った（大抵の場合は）「校長がボスで、会長は校長に頼まれたら助ける役割」というルールによって強化されたと私は信じている。ハードウィックはブレア・アカデミーに二四年間勤めた後、二〇一三年に退任した。妻のイブと私が夫妻と築いた友情は今も続いている。

ブレア・アカデミーの使命とは何か？　二〇〇七年の卒業式での私のスピーチを引用したい。

わが校の前には、難事が待ち受けている（中略）この自由な教育の源泉、チャンスの島、指導と学習のコミュニティを守ること。ブレア・アカデミーでは、我が国で最も有望な若者諸君に、他で学べる以上のものを学び、他で達成できる以上のものを達成し、他で伸ばせる以上の個性や価値観を伸ばすための機会を提供している。もしもこれが大した目標ではないと思えるとしたら、私自身が、これ以上のものはないと保証しよう。こうした若者は我が国の文明の中核であり、今後長年にわたって私たちの希望となるのである。

本（Book）

私は本を書くのが好きだ。そして、ミューチュアルファンド業界とは「痴話喧嘩（ラバーズ・クォレル）」をしている。

この組み合わせから、一二冊の著書が生まれたが、そのうち一〇冊は、第10章で述べたように、全く新しい産業を作りだそうとする業界の反逆者、「十分なサービスを受けていない顧客のために業界や業界基準に戦いを挑む革新勢力」のひとつであるバンガードの成功を牽引してきた。

私はなぜ書くのか？　書くのが好きだから。書くためには、頭に浮かぶとりとめのない考えを、集中して明確に、時には熱意を込めてまとめなくてはならない。そして、本は、人間の短い命を超えて生き残るからだ。

一冊目の『Bogle on Mutual Funds』（一九九三年）と六冊目の『The Little Book of Common Sense Investing』（二〇〇七年）は読者に特に人気があり、残りの九冊も好調である。[*1]私の著書は二〇一八年半ばまでで（今のところ）合計九四万一〇〇〇冊を売り上げている。アマゾンでは一〇〇〇人近くがレビューを投稿してくれているが、圧倒的に好評である。好意的な批評よりも、厳しい批評の方をよく覚えているが、『The Little Book of Common Sense Investing』（一〇周年記念版、二〇一七年）に対して寄せられた二件の称賛のことは当分忘れないだろう。レビューのタイトルも内容も、著者として非常に嬉しかった。

①投資家として成功するつもりなら、誰もがいずれ飲まなくてはならないオアシス。

②今読み終えたばかりだが、こんなに面白いとは思っていなかった。読んでいてあまりにも楽しかったので、読み終えてしまって悲しいくらいだ。投資に関する素晴らしいアドバイスで、非常に読みやすく書かれている（親友が率直にアドバイスしてくれているかのようだ）。

この本が最近アップデートされたのもよかったと思う。でも、一〇年後でも、私はこの本をとても正確で的を射ていると評価すると思う。ボーグルはこの本で、投資の世界に改めて大きな貢献をしたと思うし、是非読むべきだと思う（私は既に、家族へのプレゼント用に二冊目を買った）。

＊1　本書『航路を守れ』は一二冊目で、最後の本になる。

バフェット、ウォーレン（Buffett, Warren）

このオマハの賢人は、バンガード500インデックス・ファンドのセールスマンとしては、私よりも優れていると言われてきた。バークシャー・ハサウェイの年次報告書の七冊で推奨してくれており、S&P500は一部のヘッジファンドを上回ると請け合い、自分の妻の資産の受託者に、その九〇％をバンガード500インデックス・ファンドに投資するよう指示する等、投資において有言実行を守っている。二五年前に知り合った時からずっと、地に足の着いた紳士のまま変わらないウォーレンは、私の著書の多くを推薦してくれている。

個人的に最も記憶に残っているのは、オマハの巨大なアリーナで約四万人の投資家を前に開催されたバークシャー・ハサウェイの二〇一七年の年次総会の時のことで、バフェット氏は、惜しみなく私に賛辞をくれた。

ジャック・ボーグルは、アメリカの投資家のために、この国の誰よりも多くのことを成し遂げてきました。（中略）ジャック、立ってもらえますか？

拍手が雷鳴のようにとどろいた。私は当惑し、圧倒されていたが、嬉しかった。

コミュニケーション（Communication）

私は常に、人間というものは、直接、共感を持って、率直に、他人を介さずに、できれば上品なやり方で、お互いにコミュニケーションを取る必要があると認識してきた。私のコミュニケーション・アプローチは、長年力になってくれた友人であるジェレミー・ダッフィールドの評価に頼っている。ジェレミーは間違いなく、私が出会った中で最も素晴らしく、優れた教育を受け、誠実さに富む人間のひとりである。

ジェレミーはオーストラリア人で、一九六九年に米国にやって来て、七九年にバンガードに入社し、九六年にオーストラリア子会社を設立し、二〇一〇年に退社するまで優れた経営手腕を発揮した。私のコミュニケーションスタイルについては、次のように評している。

優れたコミュニケーションのためには、何かに取りつかれたかのように、徹底的にのめりこんで厳しく取り組むことだ。最初に学ぶべきは、必死に、一生懸命に取り組むということである。数多くの著書や五七五回のスピーチ、ジャーナル・オブ・ポートフォリオ・マネジメント誌やファイナンシャル・アナリスト・ジャーナル誌に発表された「今では二九を数える」論文、一〇〇回のテレビ出演、投資家向けに書いた二五〇件の年次報告書。

恐らく、ジャックの影響力の秘密は、ドラマを数式に当てはめる能力にあるだろう。その多くは、ジャックが投資家の苦境について抱く、道徳的な公憤に由来する。ジャックの考えには、あいまいなものは一つもない。これが、道徳絶対主義である。

「バンガードの海に」

ジェレミーはまた、私への弔辞として読み上げるための詩も書いてくれた。これもまた、彼自身のコミュニケーション能力を示す良い例である。「バンガードの海に」を読み、私は深い感銘に打たれた。

バンガードの海は未だ波打ち、
水面には泡が打ち寄せ、
彼の休息の場を覆い、空では、
カモメが勇敢に歌いながら飛んでいる

地上では銃声にかき消され聞こえないが……
敵との闘いを再び始めよう
衰え行く手で私が君に投げる
その松明(たいまつ)を高く掲げよ
汝、死者を裏切るなかれ
私は眠らない、風はまだ吹いている
バンガードの海を越えて。

決断力 (Determination)

何年も前に、私は何人かの友人や家族のほぼ全員に、私の特徴で重要なものを一つ挙げるとしたら何か、質問したことがある。全員が異口同音に「決断力」と答えた。間違ってはいないと思うが、同時に私は、決断力は目標を達成するためには必要だが、それは、あまり好ましいとは言えない頑固さにつながることもあると思っている。

私は、逆張り家としても有名である(「もっといい方法があるはずだ」)。また、果敢さや回復力、根性や自信でも知られている(行き過ぎて傲慢にならないよう祈っているが)。

ディラン・トマス（Dylan Thomas）

あの良き夜のなかへおとなしく入ってゆかないでください。怒ってください、怒ってください、光の死にゆくのを怒ってください。

（松田幸雄訳『ディラン・トマス全詩集』青土社、二〇〇五）

機関車（Engine）

『ちびっこきかんしゃだいじょうぶ』には、キャリアを成功させるための最も優れたアドバイスが書かれていると思う。

できるよ、できるよ、できるよ……できたよ、できたよ、できたよ。

家族（Family）

家族はまさに天の恵みで、私の人生を叶う限り完璧なものにしてくれた。中心は結婚して六二年になる妻のイブである。彼女は愛情にあふれ、親切で強く、聡明で立ち直りが早い。何年か前に聴衆の前で、私たちが五〇年目の結婚記念日を祝うところだと話した時、質疑応答の五番目の質問は「秘訣は何か」だった。私はためらうことなく、「秘訣は二つです。一つ目は、聖人のような相手と結婚すること。二つ目は、『イエス、ディア』という、英語で一番大事な二つの言葉を忘れないことです」と答えたが、一二年経った今でも、これ以上の答えは見つからない。

私たちは本当に幸運で、六人の子供と一二人の孫に恵まれた。全員が良き市民で、健康で、幸せで、人が人生で出会う困難にうまく立ち向かっている。ひ孫は、二〇一八年に二人生まれて六人になった。全員が男の子だ。

最近、「ワークライフバランス」についての記事をよく目にする。まるで、仕事は人生の一部ではないかのようだ。だが、「ワークファミリーバランス」ということになれば、自分が仕事に傾きがちだったことは否めない。それでも、家族にはベストを尽くしたし、家族からは、及第点以上がもらえると思う。

許し (Forgiveness)

かつては、「目には目を、歯には歯を」という考え方が気に入っていたが、すぐに、もう少し和らげて「許せば、相手には必ず悔い改めてもらえる」と思うようになった。

一九七四年に、ボストンの元パートナーたちは、突然私のウェリントン・マネジメント・カンパニーでのキャリアを終わらせた。会社を破綻させかけたのは自分たちの投資の失敗だったのだから、これはゴリ押しの政治的駆け引きだった。そこで、「後悔なんかしてもらわなくていいや、復讐あるのみ！」という、最初の信条に戻ったが、この格言を守ろうとすると、自分の心がむしばまれていくことにすぐに気づいた。

その後、ジョン・アダムズとトーマス・ジェファーソンという二人の元大統領の間の確執のことを知った。二人はジェファーソンが大統領を退任した一八〇一年まで政敵だったが、その後不和を解消して友人になり、長期にわたる文通は、独立宣言の署名からちょうど五〇年後の一八二六年七月四日まで続いた。二人とも、この同じ日に亡くなったのである。

私はこの話に感銘を受け、一九六六年六月六日に合併契約に署名してから二五年後の一九九一年に、相手が悔い改めないとしても、自ら率先して後継者たちを許し、関係を修復することにした。

私は、自分の首を切った首謀者（敢えて言おう）のボブ・ドランとニック・ソーンダイクに会い、「二五年は十分だ。友達になろう」とだけ言い、私たちは友人になった。実際、ザ・カントリー・クラブ（知らない人のために言うと、ボストン近くの）で大勢の聴衆を前にしてスピーチをした時に、彼らが少人数の素敵な晩餐会を開いてくれたのは、この許しのおかげだったに違いない（私は英雄ではないから、「目には目を」という言葉を忘れられないのも事実だ）。

神（God）

神は存在するか？　もちろん。

守護天使（Guardian angels）

第10章の結びに書いたように、誰も一人では生きられない。私は人生を通じて他の人たちの世話になってきたが、心臓病との長い闘いでは本当に助けられた。

最初に心臓発作が起きたのは、一九六一年にテニスコートにいた時で、私はまだ三二歳だった。それが催不整脈性右室異形成（ARVD）という遺伝的疾患であることが分かったのはそれから一〇年後だった。心臓細動が突然起き、すぐに治療しなければ死んでしまうこともある。イブは一〇度ほど、心臓が正常の鼓動に戻るよう電気ショックを受けさせるため、私を大急ぎで病院に運ばなくてはならなかった（当時は三人、その後は六人の幼い子を持つ母親にとっては、簡単なことではなかった）。

この処置にうんざりした私は、我が国で最高の心臓専門医を探し、ボストンのピーター・ベント・ブリガム（現ブリガム・アンド・ウィメンズ）病院のバーナード・ラウン医師ということで皆の意見が一致した。一九六七年から、私はこの素晴らしい医師（八五年にノーベル平和賞を受賞した〔核戦争防止国際会議の〕一員であり、人柄も優れている）の患者になった。

ラウン先生は熱心に、深い思いやりを持って私の治療をしてくれ、二〇年間私の守護天使の役割を務めてくれていたが、一九八七年に、頻繁な入院やボストンの自分の診察室への訪問が、私にかなりのダメージを与えているとの判断を下した。

心臓移植が必要

その頃までには、フィラデルフィアで治験薬の治療を受けて、ＡＲＶＤの発作もそれほど頻繁ではなくなっていた。だが、一九九六年には、心臓の半分が機能しなくなってしまった（幸運にも、止まったのは右半分で、左側は動いていた）。新しい心臓が必要だった。

六五歳の私は見込みの薄い患者だったが、スーザン・ブロゼーナ医師は、フィラデルフィアのハーネマン病院の移植プログラムに私を受け入れた（移植科には、「出口なし（ノー・エグジット）」と書かれたドアがあって、私は不安になった）。

心臓移植を受けようとする患者は、「交通渋滞同様に民主的な」（と私は思った）手続で入院して、順番待ちをする。静脈内投薬を受け続けた挙句、私の心臓は、一九九六年二月二一日に新しい心臓（二六歳の男性のもの、彼に祝福あれ）が到着するまで、一二八日間鼓動し続けた。移植に慣れるまでしばらく苦労した後で、二週間後に帰宅することができた。私はひざまづいて、大地にキスをした。

Ｂ先生

以来、スーザン・ブロゼーナ医師（「Ｂ先生」）が私の担当心臓専門医となったが、彼女もまさに守護天使だった。聡明で経験豊富かつプロフェッショナルで、快活で、チャーミングで、最新の移植治療の薬理や複雑さ（私が生きている間の抗拒絶反応薬等）に通じており、私が二二年間（六五歳の移植患者としては記録だと思う）、寿命を延ばして満喫できているのはほとんど彼女のおかげである。

ブロゼーナ医師とラウン医師は、紛れもなく、素晴らしい守護天使だった。最初は欠陥があり、二つ目も完全ではない二つの心臓を使って生きてきたこの長い人生において、私は、他にも十人以上の守護天使たちに見守られてきた。本人たちには分かっていると思うが、私は全員に、心の底から、多大な感謝を送りたい。

心臓病やその後遺症を乗り越えて、六〇年近くも生きてこられたのには、精神的な理由もあると思う。ラウン医師の言葉を借りて表現しよう。

心臓の鼓動や収縮が不安定な時、大きな実績を挙げることができるものでしょうか。私はあなたの鉄のような意志に感嘆を禁じ得ません。医学の進歩があなたの命を延ばしたのは確かですが、科学だけでは、ジョン・ボーグルの奇跡は説明できません。かなり状況が不利でも生き延びるためには、科学の基準では容易に測定できない目には見えないもの、何よりも、自己認識をつかさどる精神力が必要だという深い真理を、あなたには教えられました。これには、他人への献身、無常を恐れないこと、変化を起こすことへの喜びが含まれます。あなたは、このようなセルフイメージによって、愛情深い家族や親しい友人たちとの関係を育み、可能性がわずかな時にも未来との絆を築いてこられたのだと思います。こうして、あなたは有意義な人生を手に入れられたのです。

ハリネズミとキツネ（Hedgehog and the fox）

紀元前六七〇年頃のギリシャの哲学者、アルキロコスの詩篇より。

> キツネはたくさんのことを知っているが、
> ハリネズミは大事なことを一つだけ知っている。

我が国の資産運用会社はこの言葉から洞察を得るべきだろう。複雑な市場や、高度なマーケティングの知識を使って生き延び、繁栄しているズル賢いキツネが大勢いる。

この分野のハリネズミは「投資の成功は、明瞭な業務提供と誠実なスチュワードシップという、単純さに基づいている」という一つのことしか知らない（でも、この分野にハリネズミはほとんどいない）。バンガードはどちらのカテゴリーと運命を共にすべきと私が思っているのかは、言うまでもないだろう。

いだろう。

公平な観察者（Impartial spectator）

アダム・スミスの『道徳感情論』（一七五九年）からそのまま引用する。何も付け足す必要はない。

他者の、より大きな利益のために、自分自身の利益を犠牲にさせるものは、いったい何だと言えば良いのか？

それは公平な観察者である。彼は我々の激情のなかでもっとも差し出がましい部分を驚かせるような声で、「我々は多数のうちの一人であり、仲間の誰と比べてもまったく差別待遇されない」と告げ、さらに、「他者に対して恥じるだけでなく、知らぬ顔をする選択をした場合には、自分自身が怒りや嫌悪や憎悪にふさわしい対象になる」と必ず我々に知らせる。

自分自身が、実際に取るに足りぬものであることを我々が学ぶのは、彼からなのである。物惜しみしないことの適合性や、不正の醜さ、他者のより大きな利益のために、自分自身の最大の利益を放棄することの適合性、自分自身にとって最大の利益を入手するために、いささかでも他者を侵害することの醜さ、それらを我々に知らせるのは、公平な観察者なのである。

多くの場合、このような神々しい徳の実践を我々に促すのは、我々がもつ隣人愛でも、人間愛でもない。そうした場合に一般的に生じるのは、さらに強い愛であり、より強力な心的傾向、名誉ある高貴なもの、つまり高尚さ、さらには、我々自身の品性の気高さと卓越性への愛なのである。

〔高哲男訳（講談社学術文庫、二〇一三）参照〕

できれば、この文章をもう一度、できれば二度、読んでみてほしい。

インベストメント・カンパニー・インスティテュート（Investment Company Institute）

私は、一九六九年から七四年まで、ICIの理事を務めた。私のキャリアの中心的な時代である。そこで、ICIのロバート・オーゲンブリック理事長と、当時フィデリティの副社長だったD・ジョージ・サリバン会長という、二人の素晴らしいメンターに出会った。二人とも、完璧なリーダーで、私に進むべき方向を教えてくれた。

現在のICIのトップが考えていることは理解できない。投資家の利益を犠牲にすることもいとわずに、我が国のミューチュアルファンドを支配している投資運用会社をすぐに弁護しようとする。実際の役割を反映して、名前を「インベストメント・マネージャー・インスティテュート」（IMI）に変えるべきではないか？

ファンド業界には改革が必要である。投資顧問料は高過ぎるのではないか？　マーケティングがアグレッシブ過ぎて手に負えなくなっていないか？　ファンドの取締役たちは本当に独立しているのか？　インデックス・ファンドのリターンは、なぜ、アクティブ運用ファンドの大半を上回っているのか？　仲介手数料は、投資家の利益のために使われているのか、それとも運用会社の利益のためなのか？

これらの疑問は、私が、ＩＣＩの年次会員総会（ＧＭＭ）で議題として取り上げられるべきだと考えている数多くのテーマのほんの一例に過ぎない。どれも、一度も取り上げられたことはない。これらや、その他の問題が少しでも顧みられるのではないかという希望を抱いて私は毎年総会に出席するが、結局、何も得ることなくバンガードに戻ることになる。

ＩＣＩ会長、一九六九～一九七〇年

実を言うと、私は五年間、ＩＣＩの執行委員会の委員を務めた。一九六九年から七〇年までは、ＩＣＩの会長として、一九七〇年改正投資会社法の妥協案の策定に取り組んだ（誇りに思うべきかどうか分からない）。後継の会長四人をファンド業界に参入させた。私が生み出したインデックス・ミューチュアルファンドは、今では、会員の株式ミューチュアルファンド資産のほぼ半分を占めている。また、ＩＣＩの最大の会員である会社を創設し、最も多額の会費を支払っている。ロンドンのザ・タイムズ紙が二〇一七年の私についての記事で書いていたように、これだけの実績があっても、私は、ＩＣＩの二〇一七年度年次会員総会の来賓としてスピーチするには値しなかったらしい。不思議なことだ。

「ジョー」。ジョゼフィン・ヒプキンス・ボーグル（"Jo", Josephine Hipkins Bogle）

私の母、ジョー（一八九六〜一九五二年）は、聖女のような人だった。美しく、本当にチャーミングで快活で、知り合いになった人みなに愛された。

今でも、母がどうやって、困難な結婚や、絶え間ない経済的な不安を乗り越えたのか、私には分からない。最初の子供は双子の姉妹で、死産だった。でも私は、母が直面した困難について、眉を顰めたり、泣いたり、文句を言ったりする姿を見たことがない。

母は自分の人生を三人の息子たちに捧げ、私たちが大人になっても信頼できる友人を持ち（ホームラン）、考えられる限り最高の教育を受けられるように最善を尽くしてくれた（グランドスラム）。三人の息子をブレア・アカデミーに、そして、末の息子はプリンストン大学に入学させた。幸運にも、母は卒業の時まで生きて、私が経済学で「極めて優等（マグナ・クム・ラウデ）」を得て卒業証書を受け取る様子を小さなホークアイカメラでスナップに収めてくれた（まだ持っている）。それから八カ月後に、母はこの世を去ったが、私の永遠の愛や記憶が消え去ることは決してない。

レーク・プラシッド（Lake Placid）

一九五八年からずっと、イブと私はニューヨーク州のプラシッド湖にある別荘で過ごすようになったが、夏の間はずっと、子供たちや孫、ひ孫たちが過ごしにやって来る。
私たちはこの古い家や、広いボートハウス、特に電動ボート（ブルーヘブン号）と湖を気に入っている。私は、この湖を記念して、次のような祈りを捧げている。

美しい地球と
天に栄えあれ
そこにあり続ける山々に
大切なプラシッド湖に
神よ、心からの感謝の祈りを捧げます
アーメン。

人生（Life）

ソーントン・ワイルダーは、一九三八年の戯曲『わが町』で、ニューハンプシャー州のグローバーズコーナーに住む平凡な人たちの姿を描いた。主人公はエミリー・ウェブという名前の若い女性で、結婚するが、二番目の子供を出産した後に死んでしまう。数年後、エミリーは墓地の霊に、墓を離れてグローバーズコーナーの家族の元を訪れることを許されるが、生きている人たちが日常生活にほとんど喜びを感じていないことに苦悩し、すぐに墓に戻ってしまう。下がエミリーのセリフである。

さよなら母さん、さよなら父さん。さよなら世界。(中略) こんなに早く過ぎ去るものだとは思わなかった。人生で起きることに、誰も気づかないのよ。ああ、地上の世界は、あまりにすばらしすぎて、誰にも理解してもらえないのね。生きているあいだの一瞬一瞬に、地上の世界のすばらしさがわかる人間が果たしているのかしら? (中略) 人間ってそんなものね。何にも見えてないのよ。

メンター、弟子、友人 (Mentors, protégés, and friends)

この項目だけでまる一章費やすことができるが、要約して、必要に応じて名前だけ挙げていこうと思う。

最初に素晴らしいメンターになってくれたのはプリンストン(一九四七年学士号取得、一九五〇年博士号取得)の同窓生でプリンストン大学体育協会の学生チケット売り場のマネージャーだったジェームズ・P・ハリントンである。ジムは工学士号を持っていて、彼が立てていた責任、信頼、時間厳守、勤勉、几帳面さという基準を、私は生涯、ベストを尽くして守ろうと思った。私は、最初はアシスタントマネージャー、その後マネージャーになり、ジム(とその妻のアン)とは二年間一緒に仕事をした。私たちの友情は、やがて距離が離れてしまうまで続いた。

一九五一年に、私はプリンストンを卒業してウェリントン・マネジメント・カンパニーに入社した。創設者のウォルター・L・モルガンは、プリンストンの一九二〇年次卒業生で、私のメンターだったが、彼だけではなく、ジョゼフ・E・ウェルチ副会長や、営業担当バイスプレジデントのA・J・ウィルキンス、総合弁護士のアンドリュー・B・ヤングも、長いキャリアを通じて蓄積した知識を惜しみなく私と分かち合ってくれた。私を、指導するに足る人間だと認めてくれたのだろう。ウォルター・モルガンとの関係は、彼が一〇〇歳でこの世を去る時まで、五〇年続いたが、亡くなった後で、私のことを「自分が持つことのなかった息子」だと思っていたことを知った。

弟子

私は、キャリアを通じてほとんどの時を「社長アシスタント」に頼ってきた。大抵は大卒の若い男性だったが、大学院の卒業生もいた。こうした弟子は十数人いて、長年一緒に仕事をしてきたが、キャリア面では、ビジネスで大成功を収めた者も、それほどでもなかった者もいて、様々である。

何人かとはまだ友情が続いていて、忙しいはずなのに、二〇年以上も私に連絡をくれている。事実を言えば、私は、一般論として「今日の弟子は明日の友人である」と考えるのは賢明ではないという結論に達した（メンターに感謝するのは確かにいいことだが、永遠に感謝し続けろと言っているわけではない）。全体として、アシスタントたちは、私の人生を明るくしてくれた。

その他の友人たち

今では、私の親友リストはとても長くなったし、非常に多岐にわたる。

オルタナティブ投資戦略に注力する大手企業のトップとして、我が国で最も尊敬されているリーダーのひとり。金融学の優れた教授が二人。プリンストン大学一九五一年次卒業の同期たち（大分姿を消してしまった）と、一九四九年次卒業の同窓生である、連邦準備制度理事会の元議長。ブレア・アカデミーを二四年間指導してくれた夫妻。幼い時から七五年間も共に過ごしてきた特別な友人。大手ミューチュアルファンド複合体の元ＣＥＯ。中西部出身の上院議員。ビジネスジェットをチャーターして、イブと私、そして子供たちをオマハのバークシャー・ハサウェイの二〇一七年度年次総会に招待してくれた、思いやりのあるファミリーオフィスの投資家。我が国の二大大学寄贈基金の運用責任者。三人の編集者（大手地方紙の編集長と、優れた金利評論家と、タイム誌の元編集局長）。

＊

最後に、バンガードの食堂で毎日社員に素晴らしい食事を出してくれているエリカとロレッタ、また、時間通り安全に私を会社に送り届けてくれるボブとビリーやその仲間たちにも、感謝の意を表したい。

友情は結局、自分で見出すものである。ミュージカル『南太平洋』の歌にあるように、「友だちを見つけたら、決して離れてはいけない」。

国立憲法センター（National Constitution Center）

一九九八年に、国の役に立つ機会がやってきた。それが、国立憲法センターの会長への就任である。私の前任者のフィラデルフィア市長、エド・レンデルは、民主党全国委員会の委員長に指名された時、会長を辞任すべきだと思い、当時理事長だったジョー・トルセラと共に、私に次の会長を引き受けてくれないかと頼みに来た。

私は、「もっと相応しい候補がたくさんいるだろう。どっちにしても、私には時間がない」と断った。

「本物の会長？」

だが、二人は譲らず、結局「本物の会長を見つけるまでの間だけ」というTOE条項付きで、私は同意した。八年後の二〇〇七年に、私は会長職を辞して米国の元大統領（ジョージ・H・W・ブッシュ）に引き継いだが、その後継者もやはり元大統領（ウィリアム・ジェファーソン・クリントン）であった。八年間は、理事会を指揮したり、資金を調達したり、計画を立てたり、議会で証言したり、この素晴らしい仕事のアイデアを現実のものにしたりと、瞬く間に過ぎた。もちろん、ジョーの力が大きかったことは間違いない（本章始めの「ブレア・アカデミー」の項における会長の役割についてのコメント参照)。

国立憲法センターの記念館は、フィラデルフィアのインディペンデンス・モールの北にあり、南側には独立記念館がある。二〇〇〇年の起工式で、私は、クリントン大統領の感動的な「アメリカ合衆国の国民であるということ」という演説の前に、スピーチを行った。開館式は二〇〇三年七月四日に行われたが、私は、憲法を身近なものにするというアメリカの素晴らしい使命に貢献できることに感動していた。ローズ奨学生だったトルセラ理事長(二〇一六年には、ペンシルバニア州財務長官に選出された)と仕事をするのは貴重な経験で、私が我が国とその価値観や制度に情熱を傾けた時代に、素晴らしい(シニア)パートナーになってくれたといえる。

大統領たち (Presidents)

一九六四年、ニューヨーク万国博覧会で、ちょうどミケランジェロのピエタを通り過ぎて、動く歩道を降りたところだった。よく知った顔の人が、ボディガードなしで、一人で立っているのを見つけた。それはハリー・S・トルーマンで、アメリカの大統領〔在任一九四五 - 五三〕と握手をしたのはそれが初めてだった。

二度目に握手したのは一九七〇年五月二七日のホワイトハウスでのこと。株式市場が急落した後、私は他に三五人の、ウォール・ストリートにある会社のCEOや役員と一緒に、ホワイトハウスでのディナーに招かれた。投資家の神経をなだめるために催された集いだった(真実はとても奇妙だ)。

「閣下……」

リチャード・M・ニクソン大統領が質問を求めた時、誰も立たなかったので、私が立って、「閣下(ミスター・プレジデント)、国民を一つにまとめるという公約についてですが、世代間や人種間において格差が広がっていることについては、どう対応されていますか?」と質問した。大統領は、普段なら友好的なウォール・ストリートの聴衆からこういう質問が出たことに明らかにたじろぎ、不安そうな様子で回答した。ステート・ダイニング・ルームを退出する時、顔を合わせて挨拶し、握手をしたが、大統領はあまり嬉しそうには見えなかった。

その後、ニューヨークシティで開かれた約三〇人の晩餐会でリンドン・ジョンソンに会った。私と息子のために、サインした写真をくれたので、額に入れて息子に渡した。

他の二人の大統領

憲法センターの会長を務めていたので、私の後に会長を務めた、ジョージ・H・W・ブッシュとウィリアム・ジェファーソン・クリントンとは、一緒に仕事をする機会を得ることができた。クリントン元大統領とはかなり親しくなり、私の著書『Enough: True Measures of Money, Business and Life』の二〇一〇年に出版された第二版には、素晴らしい序文を書いてもらっている。

彼らには、存在感、知性、演説力等、多くの共通点があるように思われるが、気質はそれぞれ違っていた。トルーマンは飾り気がなかった。ニクソンは緊張した様子だった（理由は分からない）。ジョンソンは、傲慢ともいえるほど自信にあふれていた。クリントンは、一対一で会っても、一般教書演説の時と同様のカリスマ性を発揮していた（親切にも私の孫のために、『Enough』の一二冊に、序文の執筆者としてサインしてくれた）。ジョージ・H・W・ブッシュは、自分がなりたかった厳格なテキサス人というよりは、コネチカット生まれの領主のように見えた。

ひたむきに前に進め（Press on, regardless）

この金言は、聖パウロの「前に進め」という教えに由来する〔新約聖書「ピリピ人への手紙」第三章一四節〕。私には、グリーニッチ（コネチカット州）ヨットクラブで長年会長を務めた、叔父のクリフトン・アームストロング・ヒプキンスから、家訓として伝えられた。叔父はこの言葉を自分のヨットの名前にしたが、なかなかの挑戦である。

この言葉は、困難な時だけでなく、余裕がある時にも「前に進め」と言っていることを忘れてはならない。それが、「ひたむき」の意味である。

プリンストン（Princeton）

プリンストン大学キャンパスのゴヒーン・ウォークには、二〇〇〇年以上前にソフォクレスが書いた「見知らぬ人よ、あなたは世界で最も崇高な場所にたどり着いたのだ」という言葉（『コロノスのオイディプス』からの引用）が彫られた銘板がある。この碑文は、今振り返って、プリンストン大学が私の人生に果たした役割が凝縮されているように思える。前に書いたように、学部生の時、私は十分な奨学金を得て勉学に励みながら、一年生の時には大学の壮大な食堂で、ウェイターとして働いた。

抜擢

二年生の時、私はプリンストン大学体育協会の学生チケット売り場のマネージャーだったジム・ハリントン（本章「メンター、弟子、友人」の項参照）に、食堂のウェイターから抜擢されて、自分のアシスタントマネージャーになるよう言われた。一年後にはマネージャーに昇進した。仕事の責任は重く、勤務時間は長く、忙しかった（タイガース〔プリンストン大学のフットボール・チーム〕がアイビーリーグで優勝した一九五〇年は特に）。キックオフは毎回見たが、試合を見たことはない（仕事があったから）。バスケットボールのシーズンはそれほど忙しくはなく、野球のシーズンは、チケットの売上という意味では、楽勝だった。

D＋からA＋へ

仕事は好きだったし、もっと責任を増やしたかったが、作業に時間を取られてしまうせいで、一九四八年の前期の成績はひどく、危険水域にまで落ち込んでいた。だが、学期ごとに良くなり、三

（C）と四＋（D＋）は二を経て最終的には一（BとA）に上がり、卒業論文では一＋を得た。これも、若い時代の「航路を守る」という決意の表れである。

大学生活はほぼ、「勉強や仕事ばかりで遊ばない（オール・ワーク・アンド・ノー・プレイ）」生活だったが、何人かの素晴らしい友人ができ、今でも、毎年のクラス同窓会には定期的に出席している。色とりどりの卒業生パレードにも毎年参加して、誇りをもって行進しているし、定期的なプリンストンのセミナーにも出席している（「倫理と金融」がテーマの時が多い）。

奨学金とフェローシップ

これまで一六〇名を数え、今も増え続けている、ボーグル兄弟奨学金を受けた優秀な若者たちとも、多くの時間を過ごしているし、ペース市民活動センターのスポンサーも務めている。二〇一六年には、息子のジョン・C・ボーグル・ジュニアとその妻リンがプリンストンに多額の寄贈を行い、「ジョン・C・ボーグル・市民サービスプログラム・フェローシップ」が設立された。

二〇一七年には、二〇二二年に卒業予定の二八人の新入生に、夏の間、市民プロジェクトでインターンを行うために必要な資金となるフェローシップが授与された。若者の進路を支援するというのは、なんという喜びであろうか。

私は母校から、ウッドロー・ウィルソン賞（一九九九年）、名誉法学博士号（二〇〇五年）、「史上最も影響力のあるプリンストン卒業生二五人の一人」（二〇〇八年）等、数えきれないほどの栄誉を受けている。

一九五一年版の大学の校歌より。

In praise of old Nassau, my boys（懐かしきナッソーを讃えよ）
Hurrah, Hurrah, Hurrah（万歳、万歳、万歳）
Her sons will give, while they shall live（生きるかぎり息子たちは）
Three cheers for old Nassau!（ナッソーに万歳三唱し続ける）

クエーカー教徒（Quakers）

洗礼は聖公会で受け、礼拝は家族とともに長老派教会に通っている（やや不定期ではある）が、内心、自分は、本当はクエーカー教徒だと思うようになった。個人的には、厳格なクエーカー教徒の価値観を守るように努めている。振り返れば、私の人生やバンガードを設立した意図には、質素、経済、倹約、効率、他人への奉仕、強い信念という、ウィリアム・ペン〔一六四四－一七一八〕が醸成したクエーカー教の基本的な価値観の多くが反映されているように思う。クエーカー教の創始者のジョージ・フォックス〔一六二四－一六九一〕の言葉を借りれば「真は道」なのだ（残念ながら、これ以外のクエーカー教徒の価値観、特に、同意、忍耐、沈黙、謙虚さについては、余り守れていない）。

スタッフ（Staff）

ベテランアシスタントのエミリー・スナイダー（バンガードでの勤続年数は三三年）とマイケル・ノーラン（一七年）、そしてアソシエートのキャシー・ヤンカー（一六年）がいなければ、今の私はない。この、バンガードとインデックス革命についての本（両方の創始者が書いた）は、スタッフたちの熱心な取り組みと限りない忍耐がなくても出版はされたかもしれないが、多大な努力を要したと思うし、もっと時間がかかった上に、ずっとつまらないものになっていただろう。

指導と学習（Teaching and learning）

よい人生を過ごす秘訣は何かと尋ねられた時には、「第一のルールは、朝ベッドから出ること」と答えることが多い。これをやらなければ、大したことは達成できない。それから、毎日、何かを教えて何かを学ぶこと。同時に、それまでに会ったことのない人でも、褒めるに値するなら惜しみなく実行すること。そうすれば、夜ぐっすりと眠れる。翌朝起きたら、同じルールを繰り返すこと。

テニスン（Tennyson）

アルフレッド・テニスン卿の詩、『ユリシーズ』（一八四二年）の最後の部分は、ユリシーズが最後の旅に出ようと、船が漕ぎ出される様子で始まる。

・

友よ、来たれ。
新しき世界を求むるに時未だ遅からず。
船を突き出し、整然と座してとどろく波をたたけ。
わが目的はひとつ、落日のかなた
西方の星のことごとく沐浴するところまで
命ある限り漕ぎゆくなり。

……………
失いしは多くあれど、残りしも多くあり
われらすでに太古の日天地をうごかせし
あの力にはあらねど、われら今あるがままのわれらなり
時と運命に弱りたる英雄の心
一に合して温和なれど

努め、求め、たずね、挫けぬ意志こそ強固なれ。

〔鈴木朗訳参照〕

T・ロウ・プライス（T. Rowe Price）

私は、この会社（ドッジ・アンド・コックスやディメンショナル・ファンド・アドバイザーズとトップの座を争っている）のプロらしいやり方や、控えめな（まったくないと言ってもいい）マーケティング、そして優れた人材をずっと称賛している。

かつては私のアシスタントで、当時はバンガードの副社長だった、ジェームズ・S（ジム）・リーペが一九八〇年にバンガードを離れてT・ロウ・プライスに入った時、私は後継者と見込んでいた相手を失って意気消沈したが、本人にとって相応しい場所を見つけたのであろうことは確信していた（私は正しかった）。

ただし、私はT・ロウ・プライスのせいで気まずい思いをしている。一九九四年、同業他社についての最新情報を集めようと、私は、プライス・ミューチュアルファンドの投資顧問会社で、株式を公開していたT・ロウ・プライスの株式に形ばかりの投資をすることにした。一株四二ドルで一〇〇株買ったので、費用は総額四二〇〇ドルだった。

素晴らしい投資

以来、私は同社の立派で、興味深い年次報告書を受け取っているが、株価にはほとんど注意を払わないで来た。だが、私の一〇〇株は五回分割されて、今では三二〇〇株保有していることになっており、二〇一八年半ばの株価は一株あたり一二一ドルで、一九九四年に思い付きで投資した四二〇〇ドルが、今では三八万四〇〇〇ドルになっていることが分かった。年間配当金は八九六〇ドルで、初期投資額の二倍以上である。投資としては素晴らしかったが、自分たちの大手競合先にこれほどの投資をするというのは本当にいいアイデアだったのか、と思うと、「気まずく」なる。

利益の大半を、運用会社のオーナーではなく、ファンドの出資者に返しているミューチュアルファンドの創設者として、T・ロウ・プライスや、他のミューチュアルファンド会社が、運用やマーケティングによるところもあるとはいえ、主に、上げ相場における株価の急上昇や、ミューチュアルファンドの運用における圧倒的なスケールメリットによって、多大な収益性を生んでいることには驚嘆している。ただ、運用会社の多くはこのスケールメリットの大半を自分のものにしてしまい、役員や取締役が奉仕する義務を負う顧客と分かち合うことはほとんどない。

仕事（Work）

私は九歳の時から、新聞配達や店員、郵便局員、ウェイターとして働いてきた。高校から大学まではテーブルで接客をした（夏休みや休暇の時も働いた）。大学を卒業すると、ミューチュアルファアンドビジネスでのキャリアを築き始めた。

キャリアを通じて、「労働」だと思ったのは、シーガート（ニュージャージー州）消防局のボウリングレーンでピンセッターをした時の一度切りだ。それ以外、仕事はいつも楽しかったし、生産的で深い満足感を得られ、精神的に高められることもあった。

トーマス・カーライルは、仕事の喜びを次のように美しく表現している。

> なすべきことを見つけた者は幸いである。その人に他の幸福を求めさせてはならない。（中略）
> 仕事には永続的な高貴さがあり、神聖さすらある。
> 〔『過去と現在』〕

リン・マニュエル・ミランダは、ブロードウェイのヒット作となったミュージカル『ハミルトン』で、アレクサンダー・ハミルトンが立てた仕事で成功するための基準を次のように表現している。

> 建国の父に父はなく、
> 頭の良さを生かして、自発的に行動し、
> 一生懸命働いて、大きなことを成し遂げた

ミランダは、ナショナル・パブリック・ラジオで、「ハミルトンは力強い文章を書き、言葉が変化を生み出す力を体現したのです」と評している。[*2]

ハミルトンも、カーライルの言葉の精神を支持すると思う。その精神は、よく歌われる讃美歌にも表れている。

働けよ、夜が来る
夕焼け空の下
まだ光があるうちに
働けよ、日の光が過ぎ去ってしまう
最後の光が消えるまで、
消えて暗くなるまで、
働けよ、だんだん暗くなって
仕事が終わるまで

＊2　www.npr.org/2017/12/26/572622911/lin-manuel-miranda-on-disney-mixtapesand-why-he-wont-try-to-top-hamilton.

あなたと、私と、そして宇宙（You…and me…and the universe）

最後に、親愛なる読者である皆さんと私、そして、地球上に存在するあらゆる人間に当てはまる、存在に関する問題で締めくくろうと思う。

私たちは自分を、地球上に七〇億（程度）いる人間のうちの一人に過ぎない、小さい存在だと思うかもしれない。私たちは、人生の美しさを享受しているが、ほんの一瞬、限られたスペースで生きているに過ぎず、やがてこの世を去る。だが、私たちの存在はもっともっと、取るに足りないものである。

地球は、太陽系の惑星の一つに過ぎず、太陽系は、直径約一〇万光年の巨大な天の川銀河系の一部である。天の川銀河系もまた、宇宙に二〇〇〇億ある銀河系の一つに過ぎず、銀河系にはそれぞれ、一〇〇〇億個以上の星がある。一人の人間の相対的な重要性がどのくらいか、計算してみてほしい。

だが――壮大な宇宙の仕組みにおける人間の無意味さについて思いめぐらすだけでは、何の役にも立たない。地球上には、すべき仕事があり、早く取り組んだ方がいい。手遅れになる前に、地球を救うための行動を始めよう。その他にも、充実した生活を送り、家族を育て、社会に貢献し、国やグローバルな社会に寄与すべきである。

私たち一人ひとりが、人生を進みながら最善を尽くし、他の人たち（特に、恵まれていない人々）

を助けなくてはならない。何かを見つけたら、見つけた時よりもよい状態で戻さなくてはならない。確かに、人生は短いが、一瞬一瞬をフルに生かす義務があると思う。

毎日、「たとえひとりでも変化は起こせる」ことを思い出すべきだ（この言葉を忘れずに自分に当てはめること）。

私は、こうして完璧とは言えない自分の人生を生きようと努力してきた。もしかすると、それがこんなに長生きした理由なのかもしれない。九〇歳になる今振り返ってみて、投資家に貢献するという私の使命と、私が一九七四年に設立したバンガードのために確立した価値観は、今後も生き続けていくと思う。

＊

航路を守れ（ステイ・ザ・コース）

私は普段、「航路を守る」という表現を、株式市場の毎日の変動は無視して、米国経済の長期的な成長を重視するという、投資を成功させるための重要なルールとして使っている。だが、この回顧録を書き上げるにあたり、「航路を守る」というのは、短い人生の間に必ず起きる浮き沈みを乗り越え、豊かで尊敬に値する人生を十分に生きるための優れたルールでもあることを、伝えたいと思う。

や行

ら行

わ行

アルファベット・数字

さ行

た行

その他事項索引

ファンド・金融機関名索引

［バンガードのファンド］

あ行

か行

た行

は・ら・わ行

アルファベット・数字

ま行

や行

ら行

索　引

人名索引

あ行

か行

さ行

2010　Common Sense on Mutual Funds, 10th anniversary edition, fully revised and updated

序文　デビッド・F・スウェンセン

2011　Don't Count on It! Reflections on Investment Illusions, Capitalism, "Mutual" Funds, Indexing, Entrepreneurship, Idealism, and Heroes

序文　アラン・S・ブラインダー

2012　The Clash of the Cultures: Investment vs. Speculation／『米国金融の仕組み——賢く資産形成するなら知っておきたい』武田玲子訳、ダイレクト出版、2018

序文　アーサー・レビット

2017　The Little Book of Common Sense Investing, 10th anniversary edition, fully revised and updated／『インデックス投資は勝者のゲーム——株式市場から確実な利益を得る常識的方法』長尾慎太郎監修、藤原玄訳、パンローリング、2018

2018　Stay the Course: A History of Vanguard and the Index Revolution／本書

序文　バートン・G・マルキール

（邦訳の書誌情報は2021年1月時点のもの）

ジョン・C・ボーグル著作一覧

1994　Bogle on Mutual Funds: New Perspectives for the Intelligent Investor
序文　ポール・A・サミュエルソン

1999　Common Sense on Mutual Funds: New Imperatives for the Intelligent Investor／『インデックス・ファンドの時代——アメリカにおける資産運用の新潮流』井出正介監訳、みずほ年金研究所訳、東洋経済新報社、2000
序文　ピーター・L・バーンスタイン

2001　John Bogle on Investing: The First 50 Years
序文　ポール・A・ボルカー／イントロダクション　ウィリアム・T・アレン

2002　Character Counts: The Creation and Building of The Vanguard Group

2005　The Battle for the Soul of Capitalism／『米国はどこで道を誤ったか——資本主義の魂を取り戻すための戦い』瑞穂のりこ訳、東洋経済新報社、2008
序文　ピーター・G・ピーターソン

2007　The Little Book of Common Sense Investing: The Only Way to Guarantee Your Fair Share of Stock Market Returns／『マネーと常識』林康史監訳、石川由美子訳、日経BP、2007

2008　Enough. True Measures of Money, Business, and Life／『波瀾の時代の幸福論——マネー、ビジネス、人生の「足る」を知る』山崎恵理子訳、武田ランダムハウスジャパン、2009／『人生のダイヤモンドは足元に埋まっている——強欲資本主義時代の処方箋』同、文響社、2021
（ペーパーバック版、2010）序文　ウィリアム・ジェファーソン・クリントン
／プロローグ　トム・ピーターズ

装丁　幻戯書房
デザイン協力　水瀬ケンイチ
帯写真　ＡＰ／アフロ（著者、二〇〇八年五月）

【著者略歴】

John Clifton Bogle（1929年3月8日～2019年1月16日）
投資信託会社バンガード・グループの創業者兼元会長。1974年にバンガードを設立。76年、世界で初めて個人向けインデックス・ファンドを発売。96年まで会長兼CEO（最高経営責任者）を、その後2000年まで名誉会長を務める。

【訳者略歴】

石塚順子（いしづか・じゅんこ）
早稲田大学政治経済学部政治学科卒業。石塚翻訳事務所代表。ロンドンにてデリバティブ取引に携わった後、帰国。大手投資銀行でのオンサイト翻訳を経て独立。
連絡先：jishizuka832@gmail.com

航路を守れ
バンガードとインデックス革命の物語

二〇二一年二月一一日　第一刷発行

著　者　ジョン・C・ボーグル
訳　者　石塚順子
発行者　田尻　勉
発行所　幻戯書房
〒一〇一―〇〇五二
東京都千代田区神田小川町三―一二
岩崎ビル二階
TEL　〇三（五二八三）三九三四
FAX　〇三（五二八三）三九三五
URL　http://www.genki-shobou.co.jp/

印刷・製本　中央精版印刷

ISBN978-4-86488-213-2　C0033